# 蔣介石、宋美齡的禮物政治學

安淑萍、王長生——著

contents

# 目錄

## ・宋美齡贈禮



## ・後記

# 自序：蔣介石夫婦送禮風格概述

古今中外，送禮都是普遍存在的一種社會現象。送禮是一門藝術，也是人際交往中的重要信物，更是學無止境的一門老專業、新課題，小事情、大名堂。中國是禮儀之邦，有「禮尚往來，往而不來非禮也」的古訓。禮品饋贈是一種綜合性的文化現象，正所謂「禮品如人品」，它能體現出贈送者的學養、智慧，足見禮品選擇的重要性。得體、適時的送禮行為（包括「禮」的內容、包裝、送的形式和地點），容易拉近雙方的感情距離，也是叩開事業成功的敲門磚，危難時的擋箭牌。

作為政治人物，特別是大政治家，他們送出的禮物，有時是自己的宣言書，有時是對方的護身符，有時給人以警醒，有時是無言的監督，有時是催命膏丹，有時能讓人們產生共鳴，有時不著一字，卻勝過千百字，有時會讓人領悟後欣然一笑，但也有時，針對各自的目的，雙方的禮物互贈往還，猶如一場鬥智喜劇那樣精彩。蔣氏夫婦都十分重視禮尚往來，又都是送禮高手，他們以獨到的眼光選擇禮品，確有標異領新、含義深刻的特點。蔣介石恪守「禮尚往來」的傳統，一生中大量、廣泛、豪爽的送禮，把送禮作為維繫正統、化解矛盾、建立聯繫、增進感情的一種方式。他在與宋美齡結婚後，又吸收西方的送禮文化，形成一種綜合性的送禮風格。

說到蔣介石與宋美齡的贈禮風格，可以體現在許多方面。其中，兩人既有相似之處，也有各自特點。如兩人都有各自的送禮代表，也有一個共同的送禮策劃人，同時此人也是他們贈送的執行者。但蔣的贈禮代表，要遠多於宋美齡。此外，兩人對耆老賢尊，都敬以「禮」上嘉賓，對部下甚至是普通人也多有禮贈。在送禮的目的上，都有「因權謀而送、為情意而贈」，但顯然，蔣的「因權謀而送」，要遠遠多於「為情意而贈」。而宋美齡恰恰相反，在禮品的籌備上，都有「精心準備、選擇時機」，禮重意永，含義深刻，同時又有「隨心所欲，信手拈來」而贈，禮輕義重。

雖然，蔣介石的秉政風格為事必躬親，巨細無遺。但在送禮方面，他更注重政治層面的影響和作用，高人一等。他的送禮藝術之精華，應該是以禮品為工具，起到拉攏、瓦解地方勢力和反對派的目的。如他在孫中山去世後，將孫中山寫給自己的二十三封信，影印精裝成冊，派四川籍的黃埔學生曾擴情，專程赴西南，分贈劉湘等數十位軍閥。贈送時，曾擴情按蔣的旨意，指著孫中山某一信中，對汪精衛、胡漢民有所批評的內容，進行闡述，暗示蔣介石才是孫中山的「法統繼承人」，汪精衛、胡漢民都不具備做最高領袖的資格。這對於打擊、瓦解、孤立汪精衛、胡漢民，起到了四兩撥千斤的作用，真是令人叫絕。劉湘等人不但對蔣表示服從，而且對這位送禮代表，也高看一等，大小將領，無不爭相向他送禮。由此，曾擴情還得了一個綽號：「鴨絨專員」，因為他收到不少鴨絨製品，如鴨絨枕頭、靠墊等禮物。

張學良因西安事變，被蔣介石羈押多年，曾兩次向蔣送手錶，委婉提醒他：看看時間，該放我出去了吧（審判判決，關押十年），蔣介石回贈一枝手杖，隱含：你就此養老而終吧！結果呢，果然如此了。總之，蔣介石的送禮風格，在政治內容的豐富方面，要超過宋美齡。

蔣介石一生，有三次大規模籌備大量禮品，以備廣泛饋贈。這三次，都是以慶祝他的生日為藉口，而要達到其他目的。第一次是一九四六年十月的六十大壽之前，第二次是到臺灣後的一九五六年七十大壽，第三次是一九六六年的八十大壽。這三次禮品的贈送對象，主要是外國政要、來訪的外賓、回國為他祝壽的僑團代表和僑領、國內的各界先進人物，以及為耆老賢尊祝壽等。除此之外，還有幾次重要的送禮，如對陳潔如、宋美齡的母親，每次見面都有禮物。

一九二七年四月，蔣下野後，於同年九月赴日考察。那時他沒錢，特意向浙江省政府借了五萬元。此行的目的有兩個：求援與求婚。

所謂求援是與日本首相田中義一會談，討論有關中日關係，以及為完成北伐而商借鉅款；求婚是為娶宋美齡而向其母倪太夫人求婚。為此他進行了精心的準備，帶去了大量的珍貴禮物，如送給未來岳母的有：杭州絲繡、宜興茶具、長白山野山參、大珍珠項鍊、翡翠手鐲及訂婚鑽戒等物品。不過，在准岳母看來，她最滿意的禮物，是那份蔣已與原配離婚的法律文書，並由此澄清社會上的一些流言蜚語。然而他的宗教問題尚未解決，仍令這位不苟言笑、矜持有度的老泰水心有芥蒂。

此外，他要拜會在日留學時的老師等日本政要，也都有所送禮。再者，他的隨行機要秘書陳舜畊，恰好於九月三十日晚在長崎結婚，他作為主婚人，理所當然的送了賀禮。此行在日本共逗留四十五天，花費二萬六千元。一九四五年毛澤東應邀赴重慶談判，第一次正式會面的一項重要內容，就是雙方互贈禮物。可見，蔣、毛兩人，不約而同，都十分重視「送禮」這個「開場白」和「潤滑劑」。

在中國傳統觀念中，人參不僅是一味良藥，也象徵著長壽、吉祥、富貴，甚至是辟邪的寓意。蔣介石特別喜愛送人參，而且講究對「參齡」的選擇和送時的再包裝。如對尊長者祝壽、探病、慰問等，常常饋贈此物。他的十餘位老師生日時，都曾得到過他送的「特大」人參。一九二八年他去「看望」馮玉祥的生日，也送了一封包裝精美的「五十年」老參，令馮玉祥記憶猶新，十年後，馮還在日記中有此追憶。就連這些政要名流的父母做壽，蔣介石送的仍然是此物。他的這種觀念和行為，也影響到宋美齡效仿。對方也都已獲得此禮為榮耀，認為是難得的大禮了，感念至深。

蔣氏夫婦都有送金銀器物的習慣，不過夫人愛送金銀首飾，而蔣介石則是送金鼎、銀盾、金幣、金錶等紀念物。「盾」是古代作戰時防身的專用器物，因此「盾」字、「盾」形又被引申為堅固、穩定、貴重之意。古時人們把金銀鑄成盾形，並在上面鐫有圖案、花邊或文字，具有紀念意義，比直接送金條、銀塊、元寶要委婉、含蓄，也容易使對方接受，更使器物本身價值倍增。同時，它即可暗藏，又可陳列觀賞，紀事寓情，因此，成為舊時上層社會常送的一種高檔禮物。蔣介石對體育比賽獲獎者、空軍飛行員立功等，多有饋贈銀盾的禮例。

蔣介石對於他欣賞、倚重的人，還喜歡贈房子，這顯然是「大禮」了。其目的，有的是尊崇，有的是獎勵，還有是為我所用的「留」，即便對方不接受，也可博得虛懷若谷、廣納賢才的美譽。如在抗戰期間，國府主席林森多次捐出自己的收藏，如字畫、金銀器皿、玉石等，總價值達上百萬元，由此帶動了社會各界此起彼伏捐贈熱潮，極大地支持了抗戰。蔣介石為表彰和感謝林森，將自己在重慶的臨時居所，送給林森，並改名為「林園」。

五、六〇年代，大陸瘋狂地迫害知識份子，蔣介石卻相反，對著名學者著力拉攏、撫慰。當他們到臺灣訪問時，蔣介石不但親自會見、熱情款待，還向他們贈房子。如胡適、錢穆、林語堂等人都曾



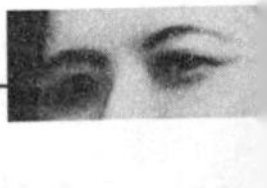

享受過蔣介石的這種禮遇，他們也都先後如蔣介石之所願，留居臺灣，使寶島呈現「人文之盛、百代佳話」的景象。

我們應該拋棄一種觀念，認為送禮，就是送實實在在的物品。一些值得傳頌的經典贈禮，尤為出自非實物性贈送。無論古今中外，凡作為政治人物，特別是大政治家，大多是非實物性贈禮大師：有的是精心策劃，而有的，則是在他們不經意間的一次握手、一句慰語、一個點頭、一絲微笑，甚至是一瞥的眼神，便足以改變一個人的命運、一件事情的結局、一項政策的出臺。

蔣介石的非實物性送禮，雖無法與周恩來相比，但仍不失可圈可點。例如，為下屬改名字，就是他常送的一種禮物。中央軍校每一屆學生畢業，都要舉行畢業典禮，作為校長的蔣介石，都要親自點名後贈送禮物——軍人魂（寶劍）。有一次他點到一位名字叫「蕭克拉斯」的湖南籍學生，就奇怪的問：你是外國人嗎？蕭赧然而答：不是。蔣沒有絲毫的不悅，只是和藹地說：這個名字不方便，改了吧！後來蔣為他改的名字叫「蕭亮開」，就很敞亮、易記。

如果說在二十世紀，世界上有兩位是贈送自己照片最多的人，那麼其中一位，必定是蔣介石（另一位是現仍在位的英國女王伊莉莎白二世）。英國女王送自己的照片，也只是一張一張的送，而蔣介石送起來，簡直豪爽的不得了，除了他親筆簽名贈玉照外，在忙不過來時，由數位秘書代為簽名，有時是幾百張、幾千張的送。當然，這樣的贈送，就不必簽名了。

蔣到各地、各部隊視察、檢閱時，凡前來迎接或陪同的官員、將領，大多獲贈他的照片。一九四八年他獲選總統後，用汽車拉到會場的，是一箱一箱的戎裝玉照，贈送給每一位國大代表、新聞記者、旁聽席上的外國來賓和政要。

從五〇年代初開始，蔣介石效仿中共的統戰策略，用大氣球攜帶米麵或食物，以及宣傳材料，借助季風向大陸飄撒。這就是他除軍事反攻之外的所謂「經濟反攻」和「人道反攻」。在每個氣球中，必不可少的就是他的照片，有時是幾千張夾帶式的「贈送」。到大陸三年經濟困難時期，借助氣球贈送照片，達到一個空前的規模。

宋美齡是二十世紀，在世界範圍內，集權利、財富、智慧、榮耀、義節、堅毅、美麗、奢華於一身的傳奇女性。羅斯福總統夫人稱她為「西方雕琢的東方美人」。她去世後，美國《時代》週刊稱她是「鋼鐵塑成的花朵」，並以此為主題發表悼念文章。

尼克森在他的《改變亞洲歷史的人物》一書中，對宋美齡評論道：「受過衛斯理大學教育的她，是一位優秀的譯員。除了具有流利的華語與英語外，她還能完全瞭解她丈夫的思想，所以她能正確地翻譯彼此的談話。」尼克森給宋美齡以很高的評價：

蔣夫人是一位極文明、美麗、整潔，極女性化及極堅強的女人。

……

只要有蔣介石出場的外事活動，總有宋美齡陪伴。在蔣介石接見外賓時，她是夫人、是助手、同時也是翻譯。在蔣介石的浙江官話和英語之間，她是最適合的翻譯；在蔣介石宴請外賓時，她精通西方禮節，並注意和東方文化相結合，是名實相符的女主人。

宋美齡將女性特有性格，加之接受西方高等教育所積累的內涵，充分運用到送禮上來，給人耳目一新的感覺。她似乎有這方面的特殊才能，往往通過送禮，來協助丈夫化解敵意、交結新友。古人的「杯酒釋兵權」，但在她這裡，成了「禮品釋兵權」。如一九二九年三月，蔣桂戰爭爆發後，在蔣介石拉攏韓復榘的宴席上，宋美齡就是主角，殷殷招待。最終，韓復榘背叛馮玉祥，投靠了蔣介石。

宋美齡的贈禮，為注重細節完美而面面俱到，送禮多、次數多且瑣碎，體現出濃厚的人情味。這一點，正好彌補蔣介石自我批評的那種「菩薩心腸，金剛面目」的不足。最能體現宋美齡的細心和人情味，是她與張學良被羈押後，六十多年間的禮尚往來，感人至深。在大節上，她的送禮，是服從和配合蔣介石政治利益的一種行為。一九三二年六月初，蔣介石在武漢的一次會議上講話，批評湖北人內部不團結，互相拆臺，他越說越生氣，脫口而出：怪不得人家說「天上九頭鳥，地下湖北佬。」湖北佬真是難纏得很。

「九頭鳥」這個稱呼，源自明朝神宗時，是對身為湖北人的首輔大臣張居正，再造大明江山的極高褒揚。但後來沒有多少人知道這個典故，反而認為是貶義。因此，原本對立的何成濬、夏斗寅等兩派，這時都團結一致，共同對蔣的「謾罵」極為憤怒。蔣介石深知自己犯了大忌，不該在公開場合得罪這麼多人。幾天後，宋美齡邀請湖北上層開茶話會，說了一大通湖北人的好話，會後還派人向他們送了「羊尾清筍」。宋美齡有許多東西可送，為什麼非要送竹筍？因為送禮代表特意向他們說明，這是委員長家鄉的特產，能夠清火爽肺，其含義不言而喻。湖北官場的不滿與糾葛，就此平息。

如果你以為宋美齡的贈禮，只是面面俱到，瑣碎的庸俗無味，那就大錯特錯了。一九四二年十一月，為了爭取美國對中國抗戰的軍事支持和經濟援助，應美國特使威爾基的邀請，蔣介石派宋美齡訪問美國。為此，她在黃仁霖的協助下，一手策劃了送給美國總統一項重大國禮——中國郵冊。那是一套自清末大龍票起，到抗戰前中國發行的所有紀念郵票。酷愛集郵的羅斯福總統欣喜萬分，為宋破例了許多項「第一」，如允許她住在白宮、在國會演講、在好萊塢廣場為她舉行大型歡迎會等。由此在美、加兩國颳起一股「宋美齡旋風」。

一九四三年十二月七日，經羅斯福總統提議，美國正式廢除實行了六十多年的《排華法案》，在美國居住的華人，都獲得美國正式居民的身分。到一九四四年年底，美國援華戰機超過五百架，每月援助各類物資四萬六千六百餘噸，美國對華貸款超過七億美元，美國社會各界捐款一千七百萬美元（以華僑捐款為主）。後來蔣介石曾自豪的對人說：宋美齡訪美的作用，勝過二十個陸軍師。國民政府還向她頒發青天白日勳章，連《新華日報》也對宋美齡這次訪美，給予熱情讚揚。可以說，宋美齡的贈禮，大有大的波瀾壯闊，小有小的清麗可喜，蔣介石對「小的」，不屑一顧，對「大的」，未必就能做得到，學得來。

宋美齡的對外贈禮，還側重於傳播中國歷史文化，如她喜歡穿旗袍，也喜歡以旗袍為禮物，多次向外國女友、政要夫人贈送。她曾兩次贈送給美國雜誌大王魯斯的夫人旗袍。向美國飛虎隊贈送一枚珍貴的中國古代錢幣，及幾次向美國母校衛斯理安女子學院所贈禮物，也都充分體現出這一亮點。一九四三年她第一次在美國訪問，特意回訪母校，並代表兩位姐姐宋靄齡、宋慶齡，贈送了六件高雅的上等白絹繡品給母校，其中兩件是象徵中美友誼長存的鳳凰及蒼鷹，其餘四件的畫面是表現四季變化的花鳥。這些繡品，至今仍存放在該校圖書館供人參觀。十年後，她第三次訪美，向母校贈送了一尊古鐘和敲鐘的古錘，這尊刻有圖案和銘文的古銅鐘，高約五十公分，原在中原一座古廟懸掛，鐘聲清脆遠播，有數百年的歷史。一九九五年六月，為慶祝衛斯理安學院建立百年，該校女校長特意來拜訪她，宋美齡將自己在美國住所的藏書、繪畫、照片、畫冊等，全部捐給了母校。該校為回報她這一難得之盛意，特別設立「宋美齡文化講座」，同時發表公開聲明，表示感謝，並稱她是該校歷史上最傑出的校友。

蔣介石的應酬式送禮，或被動性回贈，在上世紀三、四〇年代，要多於宋美齡。到抗戰勝利後，蔣介石的最高地位得以確保，這種現象出現反轉。這也是宋美齡配合蔣介石的政治目所需要的。

在禮品的選擇上，夫妻倆也有不同側重和偏好。蔣介石恪守中國傳統文化，適應社會風俗，延續「投其所好」、「投其所需」的古訓。他常送出的禮物有：人參、蟲草、藏紅花、鹿茸、金錶、自己的照片、古物、印章（刻有對方名字）、軍刀、瓷器、軍事書籍、家鄉土特產等，甚至是家鄉醃製的鹹菜。

宋美齡因生活經歷的原因，其選擇大多為食品和生活用品類，體現出實用與精神享受相結合的特點。如：鮮花、巧克力、洋酒（香檳最多）、賀年卡、聖誕樹、罐頭、蛋糕（甚至是她親手做的）、外文畫報、新款檯燈、《聖經》、領帶、絲綢、戒指、香水、草帽、手帕等。如果將兩人的特點，綜合在一起，是一種較為全面的選擇。但我們仔細想想，誰的禮物能給對方留下更深刻的印象，那就不言而喻了。

從大陸時期的四〇年代初起，到臺灣的六〇年代初，每年耶誕節前，蔣、宋都要聯名向在華、在臺美軍顧問贈送「聖誕禮物」，這些禮物有：領帶、手帕、飲料、菸酒、水果、瓷器、肉食等。這類送禮，大多是宋美齡個人，或與黃仁霖協商而為，蔣只是掛名而已。

宋美齡晚年，特別是遷居美國後，為了回贈來訪者，身邊常帶著一些昂貴的小禮物——銀盒子、銀盤子、琥珀串、鑲有珍珠翡翠的小工藝品、雕刻精美的柚木匣子、稀奇古怪的小玩具、小飾品等。有些物品事先被刻上某位名人的名字、或迷人的簡短祝詞。這一切足以給西方人留下深刻的印象，因為在她們的日常生活中，從來沒有遇到東方人的這種充滿智慧而有趣的小玩意。這些東西，有些可能是過去國內人士送給她的。

蔣介石對蔣經國與蔣緯國的培養，也是從送禮開始。蔣在灌輸他的政治經驗同時，對兩子還另有分工，蔣緯國後來回憶說：哥哥主要是送錢，我與內人則是送禮（物品），國外的老太太則透過老夫人（宋美齡）打理，與她們喝茶、話家常、送禮物。抗戰中期，河西走廊有哈薩克人作亂，局勢不太穩定，蔣介石為安撫西北「諸馬」（馬步芳、馬步青、馬鴻逵、馬鴻賓等）和盛世才，也為給兩子以鍛煉的機會，便派胡宗南的秘書熊向暉陪同兩兄弟，帶了二十多輛卡車，拉著衣料、布匹、生活用品、珍貴瓷器等，還用一半的汽車裝滿了一缸一缸的酒去慰勞他們，最終達到目的。

蔣介石甚至創造機會、或特別許可，讓兩子自己「製造」禮物，並通過送禮培植他倆各自的勢力和班子。如在四〇年代，蔣經國把他在蘇聯十三年期間的日記，每年選出一篇有代表性的，彙編成一本書，取名叫《冰天雪地》，一是為紀念他的母親毛氏；二是述說在蘇聯的生活經歷。但在書中，他沒有明顯的反蘇言論，真實地記錄當時在蘇聯艱苦的生活及工作情形。這本書是經過蔣介石審閱後特許才出版的，只印一百冊，未對外發行，是專門送給他最親近部下，和他要拉攏的人才。①

對於蔣緯國，蔣介石也有類似安排，只不過蔣緯國「不爭氣」，他的幾冊軍事著作出版的太晚，那時蔣介石已經去世了，用蔣緯國的話說，是未能如「父親所願」，最後只能帶到美國，作為送給「母親」宋美齡的生日禮物了。蔣緯國愛搞怪，喜歡說笑話，做事也愛搞笑，連送禮也不例外。在淮海戰役中，國民黨裝甲兵戰車第一團在陳官莊被包圍，蔣介石下令空軍向地面空投糧食救助。有時因無法開伙做飯，空投的是熱包子、熱饅頭。蔣緯國卻危急中還敢作樂，向愛好京劇的團長趙志華空投了一把二胡，真令人貽笑大方了。可惜趙團長沒有這個福分，夾帶在二胡中的「突圍」計畫，盡為中共所獲。

蔣介石不但重視送禮，也重視對所收貴重禮物的妥善保管與處理。一九二七年十二月與宋美齡結婚時，收到大量珍貴的禮物，這些禮物先是存放在南京官邸，不久就分類，一部分送到溪口祖宅。一九三〇年中原大戰，蔣介石打敗了各派軍閥，在表面上取得全國統一。這年的十月，也是蔣介石四十四歲生日，同時，他在溪口創辦的私立武嶺學校，舉行新校舍落成典禮，政要名流爭相慶賀，也都送了不少禮物。志滿意得的蔣介石，將王柏齡送的湘繡十二屏（內容為岳飛行書武侯前後出師表）等珍貴字畫，掛在武嶺學校豪華大禮堂的牆壁上，藉以教育學生，又為自賞。後來他在武嶺校內修建了一間房子，作為專門存放所收禮物的「保密室」。

他五十大壽和六十大壽，以及與宋美齡結婚二十週年紀念日，都收到不少珍貴禮物，這些禮物，有的存放於南京的幾處官邸、有的送往幾處別墅，如南京湯山溫泉別墅、西湖澄廬別墅、廬山美齡別墅等。另外，溪口的慈庵、妙高臺、豐鎬房、小洋房、武嶺學校的會客廳等處，都陳列了許多名貴古董瓷器。

一九四八年他就任總統不久，國共內戰的局勢讓他不樂觀了，連南京的總統府，也不放心，特令蔣經國打電話，讓武嶺學校派兩名得力教師去南京，兩天後押運回一汽車各種禮物，上檔次有近千件，其中有些是鑒定過的宋、元、明時期的古畫，清代曾、左、彭的書畫尤多。經過清點造冊，都存

① 楊者聖，《隨同蔣經國的西北之行：情報英雄熊向暉》（上海：上海人民出版社，二〇〇七年），頁四。

於武嶺學校的那間「保密室」裡，大有「人未落葉，禮物歸根」的唏噓之歎。

蔣介石一生，最重要的兩次大規模、集中性的收受禮物，都是在大陸時期、也都是以為他祝壽名目，而且還都是祝的「整壽」。這兩次祝壽之後，都給他帶來災難性的打擊，前一次發生「西安事變」被扣，後一次就乾脆敗退到了臺灣。

一九三六年是蔣介石五十「知命」之慶，此時他已平息各派軍閥之亂，也打敗了紅軍，表面上統一全國，正是他志滿意得之際。因此，蔣把他的生日正式定為每年的十月三十一日（此前，蔣的生日一直按農曆九月十五日計，因國民政府實行西曆，但農曆的閏月原因，每年與西曆都不對期，所以很麻煩）。這年的四、五月份，上海「中華土貨協進會」提出：徵集衣、食、用三大類土特名優產品，向蔣敬獻祝壽，藉以提倡國貨，發展經濟，增加出口。得到各界的支援，並喧鬧了一時，但後來被禁止了。原來陳果夫有更大的手筆，他提出「獻機祝壽」運動。就是號召全國各界捐款購買飛機，鞏固空防，以策祝壽，得到蔣的肯允。這次祝壽，蔣介石收到的捐款折合飛機、以及獻機總數達六百餘架。然而生日後一個多月，即發生西安事變被扣，於是有「術士妖人」乘機說：這次祝壽真不吉利，「獻機」成了「陷機」（陷入危機）。

然而蔣介石不接受教訓，十年後，他花甲之慶，正是抗戰勝利後的第一個生日，而且中國成為所謂的世界四大強國之一，他本人為四大戰勝國之領袖，也是他的最高權利空前穩定、政治聲譽空前煊赫之際。於是那些馬屁精們，又提出「獻校祝壽」運動，即號召全國各界，捐款六十億元，在南京興辦官立的國民學校六十所，「振興教育，以策祝壽」，並又得到蔣的肯允。隨之這一年被定為「獻校祝壽年」，在全國各地，轟轟烈烈的開展了募捐運動。然而這次捐款非常不順，因物價飛漲（與抗戰前相比，最高時達一五〇萬倍）、民生凋敝、官員五子登科、貪腐成風，到一九四七年五月，捐款總數還不到目標的十分之一（扣除物價上漲因素後）。這次虎頭無尾的全國大募捐，不得不無聲無息的在六月份結束。民間將不滿之情，化作譏諷之談，於是有：「獻校」真切切成了「獻笑」（獻醜），並廣為流傳。此後，不到兩年，蔣介石宣佈下野，再後來，那就不必說了。

一九四九年初，蔣介石精選了一批三年前他在景德鎮訂製的禮品瓷，和多年來收到的珍貴禮品，隨同他一起到了臺灣。那時宋美齡在美國，為爭取美國援助而奔走，中共這邊正籌備攻打臺灣。蔣則頻頻與韓國、菲律賓等國聯繫，也許有流亡異邦的考慮。在這種風雲莫測的情況下，他挑選了一批收到的禮物，親筆寫明，歸屬於宋美齡名下若干，備作底案。

朝鮮戰爭爆發後，臺灣的局勢穩定下來，蔣介石在總統府設立專職，對所收禮物進行登記、分類、造冊、保管和轉贈的出納。如五〇年代，蔣友芳既負責此項工作，後服務於被羈押的張學良，為張氏出入不可或缺的陪同照料人員。蔣介石到臺灣後，與在大陸期間相比，是政治形勢最穩定、經濟逐漸繁榮的二十五年，同時也是兩人收受禮物最多的二十五年，他與夫人都有各自存放所收禮物的專門房間。

位於臺北市南海學園的歷史博物館，前身為「文物美術館」，是國民黨於一九五五年建立的臺灣第一座博物館。後以收藏中原文物為主，地方文物為輔，其中接受從河南運來的三十八箱文物，加上日本歸還所掠奪的中國文物五十一箱，奠定了該館的家底。一九五七年六月間，蔣介石視察後，認為藏品不夠豐富，於是將自己歷年生日所收禮物精品撥充過來，大約有二百七十多件，為該館增色不少，並改名為「歷史博物館」。由此，臺灣社會及海外各界踴躍捐贈各自的收藏，捐贈者達四百餘位。第一任館長包遵彭曾感慨地說：歷史博物館是社會愛護、扶持的產物。

# 蔣介石贈禮

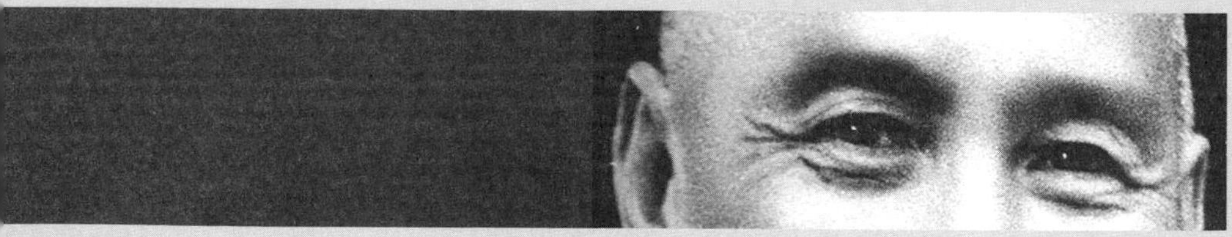

# 一 為權謀贈禮

蔣介石不善言辭，卻工於心計，不但在政治、軍事、經濟上如此，就連祝壽、送禮等小事也頻施權謀。為權謀而送禮，是他送禮藝術的重要組成部分，並且頻繁運用，有時會達到立竿見影的效果。

## 向部屬贈送

早在一九二七年七月的北伐時期，蔣介石令總司令部參謀處購買「精緻避彈衣數十襲」。本來應該是作為防身軍服，發給高級將領的裝備，但蔣卻作為禮物，有選擇的贈予親信的各軍長，並派人宣傳說：「這種避彈衣，精緻小巧，中貯髮絲，用以防身，萬無一失。」還讓人在衣上寫有「惠贈某某軍長」，落款「蔣中正敬贈」。這樣一來，獲贈將領穿在身上，時刻都要感念這位體貼入微的總司令了。

其實這種「胸甲」型防彈衣，自從第一次世界大戰發明以來，就因過於沉重，穿著後行動不便，步兵實際無法使用，而且防彈效果也不是很好，幾至淘汰。但在科學技術落後的當時社會，仍然有極大新奇感和迷惑性，被蔣介石看中，成為他宣傳自己，收攬軍心的絕好道具。此次贈予後不久，蔣既宣佈下野，但他留在各軍將領中的良好印象，為他一九二七年新婚後的復出，奠定了基礎。這是蔣介石早期權謀送禮較成功的一個例子。①

## 向黃埔學生贈送

黃埔軍校是蔣介石謀取國柄的基礎，因此他非常重視，也非常關心黃埔學生。

一九二七年蔣介石第一次下野後，不忘對黃埔軍校妥善安排，對黃埔學生刻意安撫。在他臨去日本前，於十月一日、三日，兩次撰寫和修改《與留別中央軍校同學書》，內容為：

> 中正奉命掌校以來，無時無刻不思來校與諸同學互相研究磨礪，始因軍事倥偬，未克遂願。近有種種苦衷，翩然去國，至欲與諸同學一別而不可得。此實中正一大憾事。本黨之希望，在於青

①上海《申報》，一九二七年七月二十二日，第九版。

年，本黨之危症，在於黨員缺乏黨的正確認識與嚴格訓練。今諸同學以青年黨員來此求此種認識及訓練於軍校，諸君反省所負責任之重大，能不深自警惕，刻苦求進乎。中正雖將去國，但校事已託付得人。自可照常進行，不因中正之去而渙散，望諸同學秉親愛精誠之校訓，堅固團結，統一意志，永為本黨之新血液，輪以去惡化腐化之菌毒，實現總理之遺教。中正去國之苦心，及對於青年同志之期望，具詳告別黃埔同學書中，各贈一冊，望詳細閱覽，詞有詳略，義則一貫。諸同學既為革命的忠實青年黨員，則革命之本黨，其來日之生命，即繫於諸同學，望努力為黨國珍重。②

以「黃埔軍校」名義開辦的軍校，一共辦了七期，培養了一五四一九名軍官人才，③但黃埔軍校學生並不是鐵板一塊，畢業後的他們，也並非都能飛黃騰達。在政治立場上，有的參加了共產黨，有的成為改組派骨幹，也有的歸順其他派系。在個人前途上，有的畢業就失業了，有的在編遣中失去職位，有的與上司不和或其它原因而去職，生活困難，甚至流落街頭，因而對蔣介石心懷不同的不滿。開始蔣介石不重視這一部分人，認為是他們缺乏能力，不思進取，不值得眷顧。但他慢慢地發覺，這些人會被反對勢力所利用，或成為不穩定因素，且有損黃埔軍校的聲譽，也就間接地影響自己的名譽。於是，蔣介石接受陳立夫的建議，在南京成賢街設立一處接待站，專門接待這些人，並規定：不論他們以前是什麼派系、信仰什麼主義、懷有何種目的、是否反對過蔣校長，只要悔過自新，接受校長的領導，願意為國家工作，就可以不咎既往，安排生活，介紹工作。

經黃埔同學的互相援引，很快就有二十多人來到接待站報名，後來又不斷增加。經過審查確認身分屬實後，他們可以在接待站裡暫時吃住、讀書、看報和娛樂，來去自由，出入隨意。然而接待站的工作人員並沒閒著，他們根據這些人的言行舉止，進行分類，認為忠誠可靠，有才能，有培養前途的，就會送到勵志社，進一步考察引導，待遇也隨之提高，每月有數額不等的零花錢，還可以臨時借錢寄家救急。蔣介石接到報告後，會派人向他們贈送書籍、簽名照片和慰問品。但行蹤會受到監督，外出、會客需要報告或限制，家人來信是由接待站轉交的，看後也要報告內容。他們的父母過生日時，還會得到以蔣介石名義贈送的壽禮。老壽星們手裡拿著蔣介石的簽名照，眼裡流著感激的淚水，無不力勸兒子一定要死心塌地、無怨無悔的追隨領袖。

到一九三二年初，除少數被甄別出是共黨潛伏人員和「死硬分子」外，有五十餘人被分批安排到相關部門任職。當他們離開南京赴任前，蔣介石會在官邸接見他們，談話後合影留念，並帶著校長贈送的禮物，高高興興的上路。

②周美華編著，《蔣中正總統檔案事略稿本》第二冊（臺北：國史館，二〇一一年），頁七五－七七。

③王舜祁，《溪口蔣氏》（浙江：寧波出版社，二〇〇八年），頁九五。

## 收買派系將領

蔣桂戰爭爆發後，蔣介石感到首要的是穩住馮玉祥，於是在一九二九年三月六日，派邵力子攜帶大批慰問品和蔣的親筆信，到百泉村看望裝病的馮玉祥。④與此同時，馮玉祥藉機向蔣介石推薦韓復榘為討逆軍第三路總指揮，統轄七個師南下，但馮並沒有公開說明是援蔣還是援桂。當部隊進至武勝關，馮令韓故作觀望態度。蔣桂戰爭結束後，蔣桂雙方都已知道馮不是援助自己的，而是要坐收漁利。於是蔣開始收買韓復榘，致電韓以為其補充軍需為名，請韓前來領取。當韓部抵達孝感時，蔣派員前往慰勞，又邀請韓到武漢會晤，蔣夫婦還設宴款待韓復榘夫妻。席間，蔣對韓嘉獎備至，稱讚「向方兄戰功卓著」。宋美齡頻頻為韓夫人紀甘青夾菜，張口閉口「向方兄長，向方兄短」的，韓受寵若驚。臨別時，蔣介石送十萬元支票給韓，並說已在上海為他準備了一處住宅，⑤宋美齡也送了一枚昂貴的戒指，給紀甘青留作紀念，韓欣然領受。這就為後來韓復榘的倒戈打下伏筆。

但韓復榘的兒子韓子華回憶，卻是這樣說的：

……父親就去了，蔣介石讓宋美齡陪著一起吃飯，倒酒敬酒。宋美齡張口閉口「常勝將軍」，並說：「常勝將軍辛苦了，喝杯酒。」那時西北軍很窮，沒有受過這麼好的禮遇，於是父親對蔣介石有了好感。後來謠言說，蔣介石收買父親，給了他兩百萬。實際上，蔣介石確實給了點錢，但只有幾十萬。這筆軍費是勞軍，是該給的，這筆錢也不是給我父親個人的，而是給整個軍隊的，當時父親還向馮玉祥做了彙報。但後來有人卻造謠說，蔣介石收買了韓復榘。這一天，蔣介石在日記裡記下了與父親的見面，稱父親為「我之寶貝」。從這裡可以看出，蔣介石對父親是賞識的。後來父親脫離馮玉祥，歸順蔣介石，蔣介石高興極了。

## 最精彩、最成功的一次權謀贈禮

一九二六年三月十二日，為孫中山逝世一週年。上午九時，蔣介石前往中央黨部致祭孫的靈位，備致哀敬，蔣即席發表感言。返回後，整理孫中山寫給他的遺札，裝裱為手卷，請譚延闓作跋：

先總理孫先生手札二十三通，皆與吾介石同志者。第一、二兩通，乃十一年先生居上海時書；

④陳應謙等著，《閻錫山軟禁馮玉祥紀實》（山西：山西古籍出版社，一九九五年），頁三一。
⑤王成斌等編，《民國高級將領列傳》第三集（北京：解放軍出版社，一九九八年），頁四八七。

第三至二十一通，凡二十通，前六通，十三年廣州大本營書。後十六通，則督師韶州時書。第二十三通，亦十一年書，我軍方下福州也。先生偉大之人格，高遠之識解，謀慮周詳，斷制果毅，胥可於此二十三通書中窺見之。至其期望介石之深，與待之之厚，諄諄如家人父子，尤令人三復感激，不能自已。介石謹裝成卷，朝夕諷誦，當無疑於耳提面命。其自立以副先生所言也必矣。延闓從先生日淺，而此書中事，則皆耳熟能詳。展卷敬觀，追維疇昔，侍座款語，如在目前，不禁涕泗之橫集矣。荀息有言「使死者復生，生者不愧」，雖甚駑下，請事斯語，以從介石之後，其可乎。十五年四月，譚延闓謹記。⑥

這冊手卷，既有孫中山的墨寶，又有譚延闓的手跋，詳列史事，極為珍貴。後來被蔣介石精印成不同的版本，達五萬餘冊，成為他宣傳自己，收攬人心的高檔饋贈品。

曾擴情，一八九四年生，四川威遠人，原名朝笏，別號慕沂。黃埔軍校一期生，國軍政訓系統負責人，黃埔系骨幹將領，一度主持情報系統。

一九二八年初，蔣復任總司令後，為達到以孫中山唯一繼承人自居的目的，也為了將人們對中山先生的情感意識，轉移到自己身上，他特意再次精印《孫總理與中正手卷》（用優質宣紙，印刷成尺餘長，六寸寬），於一九二八年十月，派曾擴情以「特派員」身分，攜帶此冊去四川與劉湘、劉文輝、鄧錫侯、田頌堯等各將領聯繫。而實際目的，就是為了送這些冊子給川軍各軍長。

臨行前，蔣召見曾擴情密商要事，並指著冊中一函孫中山對胡漢民、汪精衛兩人有所批評的文字，對曾擴情說：「從這一函的文句，可以看出，孫總理在世時，對胡、汪兩人並不重視和信任。以他兩人意志薄弱，不足以勝任繁巨，更不足以擔當革命重責，只能在一般的政治交往上，當當代表，應付場面而已。望向川中各軍領導人，對此加以懇切說明，不要指望胡、汪兩人對國家大事有何決定性的作用。」並撥給曾擴情充足的費用。

當曾擴情到了四川後，發生楊森與劉湘之戰，他電蔣請示，是否返回？蔣令他暫且留在宜昌，靜觀局勢變化再說。不久楊森敗退，劉湘電請南京解除楊森的二十軍軍長職務。曾擴情根據蔣的旨意，將原本該送給楊森的那本冊子，改送給了郭汝棟。曾擴情到了劉湘駐地的重慶後，四處拜訪，又去了成都、涪陵等地活動，向劉湘、劉文輝、鄧錫侯、田頌堯等人送了這本冊子，並代表蔣介石，向他們致以慰問。還把蔣交代的話，加上自己的理解，結合時局變化，添油加醋做了煽動性的轉達。這些川籍將領們，對「中央內幕」畢竟不十分瞭解，聽得津津有味，接著就「有所感悟」。

⑥ 萬仁元、方慶秋主編，《蔣介石年譜》（北京：中國檔案出版社，一九九四年），頁五四五。

從送禮藝術角度講，蔣介石的這一禮物，政治意義重大，勝過數百萬元金銀珠寶的拉攏，數千萬元軍火的作用，避免了蔣系中央軍數千將士的傷亡，可謂是四兩撥千鈞。曾擴情後來在他的回憶文章中，印證了這一說法：

在當時的情勢之下，我的瞎吹瞎擂，是起了或多或少的麻醉作用，尤以劉湘等人在得到了蔣贈送的冊子，和聽了我的瞎吹後，不僅表示了對蔣的竭誠擁護之意，而且對我亦作為一個所謂貴賓來看待，凡我所到之處，無不受到當地軍民人等的郊迎郊送和隆重款待。最值得指出的是：劉湘不僅口頭上表示擁蔣，而且還有具體的行動表現。到一九二九年的三月間，我還留在重慶的時候，適逢桂系在武漢方面反蔣，劉湘在我的敦促下，立即派其師長唐式遵率一師之眾，順流東下，回應蔣介石討伐桂系之戰。這次戰役，對於桂系放棄武漢，退回廣西自保，是起了相當的威脅作用。由以上的種種情勢來看，我認為蔣介石所交給我的任務業已圓滿達成，遂即辭別各軍長，回南京覆命。臨行前，我收到川中各軍所贈程儀（三千五千不等）和銀耳、蟲草、以及繡花被面之類不一而足。

當時由羅承烈主編的四川某小報，曾以〈繡花被面的特派員〉為題，就是極具諷刺意味指責曾擴情的這次「衣錦還鄉」之行，因收到繡花被面、鴨絨枕頭而為鄉人所樂道。⑦

曾擴情的這次秘密贈禮之行，成功達到蔣介石的目的，因而得到蔣的賞識，成為蔣信任的得意門生之一，並成為第一個當上中央委員的黃埔學生。可是，當西安事變發生後，任「西北剿總」政訓處長的曾擴情，因替張學良廣播事變真相而失寵。抗戰時在老同學胡宗南處閒居，一度任閒差——七分校政治部主任。蔣去西安視察時，他去謁蔣，行禮姿勢不大好，蔣當時就斥罵，說他不像個軍人的樣子。事後還對別人發牢騷說：「曾擴情還是過去的曾擴情嗎？為什麼過去都好，現在就什麼都不好了？」⑧

中原大戰後，蔣介石為了拉攏貴州軍閥王家烈，特派侍從參謀宋思一，以侍從副官身分，帶著蔣的親筆信和一批禮物，去「疏通」王家烈。可能是覺得禮物的分量還不夠，當宋路過武漢時，接到蔣的電令，讓宋思一再重金買下一塊金懷錶，特意在錶的背面刻上「蔣中正贈」，作為蔣的禮物送給王家烈。⑨

一九三六年十月，蔣介石為了利用馬步芳阻擊西進的紅軍，對馬多方拉攏，還派專機送給他特別

⑦⑧ 沈醉、康澤等著，《親歷者講述：蔣介石一九四九》（北京：中國文史出版社，二〇一三年），頁一一四—一一五；一八八。

⑨ 沈醉等著，《親歷者講述：蔣介石》（北京：中國文史出版社，二〇〇九年），頁八八。

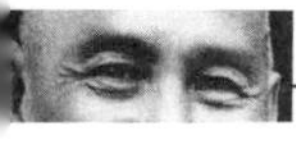

禮物：一輛德國最新生產的三輪跨鬥摩托車。細心的這位委員長知道馬步芳不會駕駛，隨摩托車而來的，還有一位駕駛技術的教官，使馬更加「心中有數了」。馬步芳非常得意，但對蔣的附送駕駛教官，略有不滿，以為是小看了自己，竟不聽勸告，飛車駕駛，結果撞在路邊大樹上，所幸未造成重要傷害。馬步芳以為是大樹救了自己，將大樹奉為神靈感恩戴德，病好後下令廣為種樹。

一九四二年四月一日，是軍統局成立十週年，戴笠奉命籌備了一系列的慶祝活動：上午舉行死難烈士公祭大會，蔣介石親自主持並慰問家屬。下午舉行紀念大會，晚上又舉行「獻鼎典禮」，戴笠、唐縱等十人獲得蔣校長親自頒發的獎章，以及其他禮物。⑩他們大多把蔣的「銀座肖像」陳列於案頭，以示榮耀。

蔣介石還有一種禮節——賜手杖。一九四〇年春節前，蔣在重慶嘉陵賓館舉行侍從室全體人員「懇親會」，將年輕侍從人員的家長請來，給予慰問，到會三百餘人（其中侍從人員、侍衛官、轎伕等六十餘人）。晚六時聚餐，餐畢蔣訓話，他勉勵侍從人員要孝親、愛妻子、愛家庭，並隨時準備犧牲。訓話完畢，蔣向各位家長「賜手杖」，由陳立夫的父親陳勤士代表大家受禮。⑪

西安事變後，張學良受到羈押的懲處，他的東北軍也一併歸順於南京政府統轄。蔣介石對楊虎城和張學良部隊下級將領的眷屬，流落西安等地乞討，猶記在心。在一九三七年春節前，蔣特意撥出六萬元，交給米春霖造冊，購買年節物品，運送至陝西，委託顧祝同代為發放，並特電顧祝同，說明目的。顧祝同奉電後，派何柱國偕同米春霖，具體落實此事。後米春霖代表受贈眷屬，向蔣表達萬分謝意。⑫類似這樣的贈送，在蔣介石的一生中，不知有多少次。

蔣介石也不忘對中共要員的關懷和籠絡。據中共一大代表劉仁靜回憶：一九二七年二月，董必武住在武昌西大街。一天，蔣派人帶著他的一封信、照片、馬呢褲中山裝，和一筆錢，前來慰問。董看過信對來人說：謝謝蔣總司令的好意，我收了信和照片，衣服和錢請帶回去，我現在還不需要。來人大失所望，躊躇了一下說，希望董能寫一封回信，說明一下，也好回去交差。董必武欣然揮毫。⑬

一九四一年，在孔庚七十歲生日之前，蔣介石派侍從副官拿著蔣親筆寫的「壽屏」，以及兩萬元錢和一張蔣的照片，前來祝壽。孔對來人說：壽屏和照片我收下，錢我不能要，請帶回去。侍從為難地回答：這是委員長的命令，我完不成任務要受罰的。孔先生不收，請自己退回委員長。孔只得無奈

⑩⑪ 唐縱，《在蔣介石身邊八年——侍從室高級幕僚唐縱日記》（北京：群眾出版社，一九九一年），頁二六七；一一二。

⑫ 上海《申報》，一九三七年二月十八日，第四版。

⑬ 政協湖北省委員會文史資料委員會編，《湖北文史集粹》政治軍事卷（上）（武漢：湖北人民出版社，一九九九年），頁六〇五。

的收下了。⑭

## 收買孫桐萱

孫桐萱是韓復榘部總指揮兼十二軍軍長，實際掌控第二十師、山東省政的第二號人物。蔣介石感到韓復榘桀驁不馴，難為所用，於是就想籠絡孫桐萱，瓦解韓復榘。

孫桐萱（一八九五—一九七八年），字蔭亭，河北交河人。早年入馮玉祥部當兵，抗戰期間任第三集團軍總司令，曾參加臺兒莊戰役。孫桐萱為人正派，有強烈的民族自尊意識，思想進步，傾向革命。他駐軍兗州時，治軍有方，紀律嚴明。部下很少發生騷擾百姓、尋釁滋事事件。他還注重地方教育和社會公益事業。蔣介石最看重他的是，對韓復榘忠心耿耿，沒有個人野心，得到韓的極高信任，被不明真相的外界，稱他為韓復榘的「靈魂人物」。

早在一九三二年，蔣介石就關注孫桐萱了，同年十月二十二日，蔣電蔣鼎文：

> 請以吾弟名義派員往兗州或濟寧孫桐萱師長所駐之地與之聯繫，使中探其對中央的態度如何。惟派去之人須絕對穩健練達，不可稍有魯莽唐突為要。對魯其他各師長分頭聯絡之法，並請與李師長協商而行。

又電陳立夫：

聞（高）凌百對孫桐萱、曹福林、谷良民等頗有交誼，請問其可否赴魯聯絡，試探孫、曹、谷等對於中央與韓之態度，但此事關係異常重大，務必十分慎重，不可稍涉輕率或唐突為要，如何？盼覆。

蔣介石籠絡孫桐萱，分為三個步驟，其一是讓利，勸說財政部長孔祥熙，把山東省的菸酒稅交由孫桐萱負責徵收，這是一個令人羨慕的肥缺。但孫利用稅收餘款，辦了一些公益事業，如濟賑、修路、架橋、辦學校；第二是利用開辦軍官訓練團的機會，電召孫桐萱來廬山受訓，任訓練團第一期第一營營長（蔣介石自任團長，陳誠為副團長）；第三就是拉攏送禮，最終收買為己用。

廬山「陸軍軍官訓練團」於一九三三年三月設立，五月四日第一期開學，六月五日結業。當時一同受訓、時任訓練團交際科少將科長的劉萬春，是孫桐萱的交河同鄉，後來他回憶道：

⑭ 政協湖北省委員會文史資料委員會編，《湖北文史集粹》政治軍事卷（上），頁五七四。

孫（桐萱）在訓練團任職時，我倆常聊天談家常。在第一期快結束前十天，孫對我說：「我父親今年八月二十日是七十整壽。我打算煩副團長（陳誠）向委員長要一張相片作為紀念品，你看恰當不恰當。」我說：「我向副團長報告後再答覆你。」我向陳誠報告後，陳說：「委員長三、兩天後回來，我從中說一說。」陳又問我：「你和孫軍長過去認識嗎？」我說：「我們是小同鄉。我家住在鎮上，他家住在鄉下，相距不過十幾里地，孫的父親當寫帳先生。」

六月一日，蔣介石來到廬山訓練團，擬參加六月五日上午舉行的第一期結業典禮。六月四日陳誠對我說：「孫營長向委員長要張相片，委員長同意送張相片，另外還送點別的東西，委員長下午四點鐘叫你去見他。」下午四點我到蔣的住所，宣鐵吾報告後領我到蔣的辦公室，蔣令我坐下後，問：「孫軍長的父親過去是幹什麼的？」我說：「他父親讀過三、四年私塾的書，後在泊鎮一家商店寫帳，現在老家裡還有兩位叔父種田。過去孫軍長家裡人口多，生活困難，他年輕時投到馮玉祥部下當兵。當了營長以後就把父母接到一起辛養。」蔣說：「有孝敬父母的品德，定能忠於黨國，岳飛能精忠報國就因為他最孝。」隨後又說：「我送給孫軍長的父親壽幛、壽屏六幅，另送五千元，給孫老先生添些零星東西，明天結業典禮後，我要離開這裡，不能親自交給孫軍長，你多到陳副團長那裡取東西代我轉送。說我祝賀老太爺健康長壽。」

六月五日上午，結業典禮後，陳誠回海會寺團本部路上對我說：「委員長送給孫軍長父親的東西和五千元支票，剛才宣鐵吾對我說已送到團本部，吃完飯後你到我屋裡去取。」

飯後我帶人將東西取來，只見壽幛上款寫的是：「孫伯父大人七十壽辰之禧」，下款是「蔣中正贈」。而照片的背面則寫的是「錫榮老伯惠存」，落款「小侄蔣中正敬贈」。陳誠另送壽幛一架。我晚上將壽幛、壽屏、支票一併交給孫桐萱，孫在接受蔣、陳贈送的禮品時笑容滿面、感激萬分，表示要終身效忠蔣介石。

六月七日，陳誠宴請各營、連長。宴會後孫桐萱再三向陳誠說：「委員長對我的深恩厚德，我一生感念不忘。」從那以後孫桐萱及其弟孫桐崗，就成為蔣介石的忠實幹將。

為什麼在壽幛和照片上，會有不同上款和落款？有兩種可能，一種是壽幛和照片，是由不同人的代筆所致。第二種可能，回憶者劉萬春的記憶有誤，劉萬春在不同的時期，寫此事雖大體相同，但細節多有出入。蔣介石拉攏部下或異將，雖謙恭有加，但仍保持自尊，還沒有自貶到「小侄」這種過分卑微的地步。

雖然孫桐萱口口聲聲說要終身效忠蔣介石，但在抗戰時期，還是與蔣鬧翻了，並被關進監獄。孫桐萱的四弟孫桐崗，曾在德國學飛行，畢業後駕機從德國直飛南京，創造了中國人飛行最長記錄，因而轟動一時，杜月笙特意捐贈「月輝號」飛機給孫。孔祥熙那時剛從德國訪問回來，想當航空部長，看到蔣重視孫桐崗，欲招為東床，為大女兒孔令儀所力拒，孔二小姐知道後，將孫桐崗戲弄了一番，搞得孫家很狼狽。不過，蔣欲拉攏其兄，卻意外收之於乃弟，孫桐崗一九四九年官至空軍副司令。

# 二 因情誼而送

蔣介石的情意贈禮，分為多種之「情」，如恩情（尊長之恩、師恩、救助之恩），感激之情、結拜兄弟之情、尊老之情，甚至是江湖義氣等。

## 陳其美遺孀

蔣介石對陳其美、朱執信等先烈，有很深厚的感情，對他們的遺孀、子女都很關心，不但自己抽空前去看望，而且還常派人送錢送物，關照生活。

陳其美遇害時，夫人姚文英年僅三十七歲。姚文英很對得起陳家，華年孀居，為陳其美扶孤守節四十五載，為人稱道，也使蔣介石格外敬佩。在那兵荒馬亂，凍餒頻襲，衣食無著的歲月，真不知她是怎樣熬過來的。為了排遣青燈明月兩相望，靜野哀鳴處處聞的孤寂，她聽從勸告，撚珠誦經，並開始吃長素，對寺廟興建給予贊助。儘管她生活並不寬裕，然而上海的靜安寺、鎮江的幾處佛門聖地，都得到她的施捨。蔣介石知道後，為她的虔誠所感，送給她一件珍貴禮物：抗戰時期，蔣介石派吳忠信赴西藏宣慰，西藏當局委託吳轉交給蔣一尊精美小巧的純金佛像。姚文英對這一禮物很珍視，那時在重慶，日軍飛機頻頻轟炸，每每在躲入防空洞時，她什麼都不拿，只把這尊佛像帶在身邊。蔣知道後很是感動、也很高興。①

一九四七年十一月，是姚文英七秩壽誕，各界往賀。姚文英將所收壽儀委託「湖社」，全部捐助湖屬六縣（吳興、長興、德清、安吉、武康、孝豐）女子中學，作為有志於研究醫學、藥學、公共衛生學的女學生獎學金。凡一九四七年度上學期考入國立或已立案私立大學、專科，攻讀上述學科，家境貧寒，成績優良者前五名，均可申請。每學期每人可獲得二〇〇萬元。

到臺灣後，姚文英一直和次子陳惠夫生活在一起，雖然生活仍然不寬裕，但待人卻很豪爽，每逢有人來看望、送禮，不論對方身分如何，不管禮物大小貴賤，也不計手頭是否有現錢，一定要堅持儘快還禮。尤其是年節，對蔣氏夫婦，或派來的蔣經國、蔣緯國等人的看望、饋贈，必由她親手辦理回贈。這也使她的晚年生活豐富一些。她初到臺灣，住在臺北潮州街一處很小的房子裡，蔣介石來慰問

① 〈英士夫人壽儀充湖屬獎學金上海〉，《新聞報》（上海），一九四七年十一月二十日，第七版。

她時，看到房子低矮潮濕，環境也不好，低窪泥濘，就想給她調換到一處寬敞的住所，被她拒絕了。但看到蔣介石面帶失望的神情，馬上又說：那不是太浪費了嗎？

在她去世的前幾年，竟又改變了宗教信仰。原來，一九五七年三月，她因腦溢血住進臺大醫院三〇一室，而隔壁三〇三室住著法學大家王寵惠，王夫人只要來探病，就不忘來看她，又向她講解基督教教義，不久她就改變了信仰。這可難為了他的老契弟，因為蔣介石一時找不出一件更合適的禮物，讓嫂夫人常帶在身邊，對他念念不忘了。

## 朱執信遺孀

蔣介石對朱執信的夫人楊道儀也很關心。一九二〇年朱執信遇難後，廣東孫中山政府撥款在東沙路馴馬崗，為他建了公墓。後因該地不適用，於一九三六年五月遷葬於執信中學院內。蔣介石得知後，由牯嶺致電楊道儀問候，並捐贈大洋兩萬元為費用，派陳誠攜帶他的禮物一同送去。同年九月，蔣介石飛赴廣州與李宗仁、白崇禧談判，並到朱執信的新墓前致祭。原本他還要親自去看望楊道儀，但臨時因故無暇，特囑錢大鈞購一千元的禮物（禮物種類由錢大鈞自選），到廣州倉邊路仁和里朱公館探視楊道儀，錢大鈞代蔣送去的是一方（方型禮盒）嘉禮，以及自己的禮物。②

## 救命之恩

一九一八年九月，蔣介石被擢升為第二支隊司令，駐防於福建長泰。蔣介石一直以來都是擔任軍事幕僚角色，這是他第一次真正意義上的帶兵打仗，頗有大顯身手，一展抱負的雄心。休整部隊之後，他於同年十一月率部從長泰出發，準備攻取福州。但幾天後，一次世界大戰結束，徐世昌以總統名義，下令國內各戰區一律停戰。十二月七日，已佔領永泰重鎮嵩口的蔣介石，正準備向福州進發時，接到了司令部的停戰命令。但蔣介石不甘心就這樣功敗垂成，在攻克永泰縣城後，才發佈停戰令。時任福建督軍兼省長的李厚基，先是滿口承認「各自原防之約言」，但僅過三天，李厚基便出兵反攻，奪回永泰，蔣介石兵敗隻身衝出重圍。這一仗，使蔣介石丟掉了以往六年的日記和兩部軍事書籍：一本是德國文人所著，卻為德國軍人非常重視的《巴爾克戰術》；一本是普魯士著名軍事著作家克勞塞維茨（Carl Clausewitz）的《戰爭論》。

據悉，蔣介石在衝出重圍追時，幸得一位船民的搭救，才逃離了險境。為報救命之恩，蔣介石後來贈送給這位恩人一塊懷錶。可惜，這塊懷錶在「文革」中不知下落。③

②《正報》（南京），一九三六年九月二十一日，第二張第七版。

③參見鄭啟凡著，《福州晚報・文化週刊》（福州），二〇〇六年五月二十九日。

## 師恩之情

一九三二年，蔣介石的老師毛思誠六十歲生日的前幾天，蔣派人送去一個壽封（一千元）、一隻大紅公雞、一條魚、一包壽麵、一方壽（禮）盒；宋美齡是兩套（包括師母的）「全三件衣料」（當時的所謂「全三件」，是指上衣、褲子，和外罩長衫）。原本在生日這天，蔣要親自道賀，因臨時有故，遲至兩天後才趕來，進門長揖之後是道歉，並親自送上一對特大人參。

蔣的另一位老師張家瑞，一九二四年到廣州協助蔣辦理黃埔軍校，在生日時蔣也送了禮盒、壽麵與人參。甚至是老師的胞弟周枕琴生日，蔣也親自前往送了壽封、衣料、人參。因江浙一帶觀念，人參不僅是貴重的補藥，而且是長壽和吉祥的象徵。可見，蔣介石只要有時間，一般是親自為老師祝壽，並親自奉上壽禮。

蔣介石早年在榆林讀書時，食宿都在表伯陳春泉家裡，學習和生活都得到很好的照顧。他得志後不忘表伯母的劬劬之勞，只要有機會，就派人送物送錢的看望。一次，蔣從南京返鄉掃墓，特地派人把表伯母接到溪口敘談。當時老人已經雙目失明，從岩頭乘竹排到溪口，蔣親自到河埠頭迎接。竹排靠攏埠頭，老人急著呼叫：「瑞元，在哪裡？」蔣急走幾步，上前扶住老人，連聲說：「瑞元在迎接伯母。」這次會見，蔣送給表伯母一身衣料、一枝人參，一箱水果、一個紅封（二百元）。④

## 侍從室的懇親會

在大陸時期，每到年節，蔣介石都要舉行各種形式的「懇親會」，例如：有針對軍校在校學生的、有針對黃埔學生中已獲高官的、有針對受傷將領的、也有針對侍從人員的等等。一般外人總認為，蔣介石的「侍從」人員會如何風光，如何享有優越的待遇，如何衣食無憂……其實不然。

蔣介石為侍從室職員舉行「懇親會」，一般是在春節前，感謝他們常年的辛勤工作。這些人員包括：常年埋頭於瑣碎事務，類似雜役人員，是最低一級的；管理帳冊的總務、會計；一絲不苟地用恭楷謄寫呈件、報表的文書、錄事；整理、保管各類檔案、資料人員；繪製表格、地圖的低級參謀和譯電員，但他們的工作性質確實極其保密的。這些職員大多在侍從室辛勤工作多年，卻仍默默無聞，也很少有升遷和外派的機會，甚至很少有機會與蔣宋見個面。所以蔣介石不惜每年撥出一筆經費，隆重舉辦這樣的懇親會，以慰勉、安撫這些清苦的無名功臣。⑤

④《溪口蔣家》，頁三〇。

⑤王成斌等編，《民國高級將領列傳》第三集（北京：解放軍出版社，一九九八年），頁四八七。

至於侍從室各處、各組的高參、秘書及專員等，也是懇親會的招待對象，但不是主角。因為他們經常參加一些重要會議，也經常外派、出差，常被蔣宋召見，不但薪俸要高一些，而且有外快收入，是地方官員要「孝敬」的角色。蔣宋夫婦對此瞭解得很清楚。

據擔任蔣介石多年侍從的張令澳回憶：

> 在抗戰前，侍從室每年都要舉辦一次「懇親會」，招待侍從室的所有人員和他們的眷屬。在這種會上，他們能見到蔣宋夫婦，聽到蔣的慰勉之詞和祝福。這是蔣介石籠絡、教育部下的一種極其巧妙的手法。這種懇親會，通常是由侍從室第一組組長陳希曾親自組織，黃仁霖協助和具體操辦的。宴會大廳燈火璀璨，彩球高懸，從會場佈置，到餐桌擺放，均為西式風格。每張桌子都放置鮮花和燭臺，西式銀質餐具整齊的擱在每個座位前，雪白的餐巾插在玻璃杯裡，格外悅目。一般是晚上七點準時由樂隊奏起專為迎接外國元首的「迎賓曲」，標誌著宴會開始，蔣宋在沒有任何人陪伴下，出場與大家見面，他總是很隨和的打招呼：「大家又辛苦了一年啦，今天晚上都不要拘束，隨便些，高高興興的吃吃談談。飯後還有餘興呢！我和夫人同大家一起欣賞。」隨後舉起酒杯（蔣不喝酒、不喝茶、不喝咖啡，僅以水代酒）向大家敬酒，座位上的所有人呼啦一下子全站起來，向蔣宋回敬。這時，開始上菜，先從冷盤開始，一道道的豐盛菜餚，端在他們面前。宋美齡則尾隨蔣介石，四處走走看看，和某一兩位握握手、聊上幾句。當宴會快要結束時，侍者們又以夫人名義，向在座的家屬分發禮物，大多是食品、小裝飾品、畫片，帶小孩子的還另加一袋糖果。

這些平素惟命是從，常年處於彎腰躬背的緊張工作中，如今在這豪華的場所，隆重的氣氛中，受到這樣高貴的接待，真是感激不盡。特別是那些小職員的眷屬，生活艱辛，終日為柴米油鹽而忙碌，驟然身處這樣宏大的場面，無不受寵若驚，感激涕零。⑥

## 禮遇黃金榮

蔣介石講究江湖義氣，由此構成他另一種人脈網路。這是那個社會，成為他在政治上崛起的基礎之一。

在一九二七年四一二事件中，⑦杜月笙、黃金榮、張嘯林等幫會，對蔣介石的幫助不小。蔣介石率北伐軍一到上海，就召黃金榮、杜月笙等人到北伐軍總司令部面談，對他們慰勉有加。蔣介石送了

⑥王成斌等編，《民國高級將領列傳》第三集，頁四八七。
⑦四一二事件，為國民黨第一次清黨的標誌性事件。蔣介石藉助上海青幫之力，逮捕了蘇聯顧問及中共黨員，其中亦有部分中共黨員遭殺害。

黃金榮一塊純金懷錶，黃金榮寶貝得不得了，平時捨不得戴，非得在節假日或有喜事的時候才亮出來。

黃金榮看到自己以前的門生，如今這麼威風，得意非凡。但黃金榮很知趣：蔣介石現在已非當年的吳下阿蒙……便託虞洽卿將蔣介石昔日落魄時的門生帖，退還給蔣介石，不敢再以「老頭子」名義和蔣介石論班談輩了。蔣介石收回門生帖子之後，還是稱黃金榮為老師。

一九四八年蔣被共產黨打得焦頭爛額時，來到上海，正碰上黃金榮八十大壽，蔣介石還親自上門拜壽，還單腿跪地給黃金榮磕頭，黃金榮感激得老淚縱橫。

## 厚賻譚延闓

譚延闓去世後，蔣介石送葬之禮，除兩幅輓聯和兩塊輓匾外，還有兩件「葬器」，一件是純銀的「祭亭」，另一件是置於墓前的兩尊銅香爐。

所謂「銀祭亭」，是指用純銀製成的紀念亭子的模型，上面刻有逝者的名字、蔣的題字、天方地圓的圖案、時間等。在開追悼會時，陳列於香案之上，在出殯時，首車載蔣的輓額，其後之車載譚之遺像，第三車載此銀亭，也可根據家人意願，入棺陪葬。兩尊銅香爐則各重達五千斤，陳列於墓兩側。

說到這兩個碩大的銅香爐，還引出一段公案。

此香爐是蔣介石特命上海兵工廠專爐鑄造的，抗戰爆發後政府西遷，因條件所限，香爐無法運走，由南京警察廳負責包裝作偽，暫存於靈谷寺內。一九三八年汪精衛投日回到南京後，其親近某侍衛，原在南京警察廳任職，曾參與包裝、移運、封存香爐等項事務。因戰爭原因，銅價高漲，該侍衛勾結靈谷寺帳房王一林、及孝陵衛區公所雇員汪家錦、賀教勤、卜恩德、楊金坤、程永和等人，於一九四〇年七月間，將香爐盜賣與某日人公司。幾經議價定為兩千五百元，但日人極為狡詐，言明暫且先付五百元。當再來結取餘款時，日人以此物來歷不明為由拒付，並厲言恫嚇，謂：如再來索款，即報告日憲兵拘究。但該侍衛自持有汪精衛為後臺，亦不肯甘休，仍追討不休。最終導致雙方「友好商洽」破裂，被日憲兵拘押，訊問之下，該侍衛直言為盜賣之物。此事由日方通報汪精衛，汪一面責怪侍衛，一面仍以「面子攸關」，且譚院長為多年老友，向日人提出要求，允諾將懲辦侍衛，仍堅持向日人索還香爐。結果不得而知。⑧

⑧由杭州遷至金華的《東南日報》，一九四〇年八月十日，第四版。

# 三 宣言書

對於政治人物，特別是大政治家，有時他們送出的禮品是催命帖、褒揚令，有時又是無聲的宣言，有時是護身符，有時是不著一字，卻勝過千百字的說明書，還有讓對方百思之後的會意，更有命令一般的禮贈，在時時監督著你的一舉一動。

## 蜜月期

一九三〇年六月三日，是張學良三十歲生日，蔣介石提前一天致電吳鐵城：「明日為漢卿兄伉儷卅壽辰，請兄代表致賀，並將左電轉達為荷，中正冬。」同時又專電張學良，祝賀生日：「漢卿兄暨鳳至夫人賜鑒：賢伉儷卅壽誕，中正等遠道，未能趨賀，謹電祝賀，福壽連綿，德澤廣被。蔣中正，蔣宋美齡。」

張學良能南下參加對馮閻作戰，正是由於吳鐵城等人的巧舌如簧勸說，當時他又恰在瀋陽，於是吳鐵城欣然登門拜壽。六月十八日，張學良通電：一致擁護中央，致力於討伐馮閻。二十一日張群持委任狀和印信到瀋陽，授予張學良全國陸海空軍副司令，但張學良卻表示不便就職。到六月二十四日，張終於接受「副總司令」的委任狀。

同年十一月十日，張學良南下，赴南京參加三屆四中全會以及其他相關會議。十二日早七時，張學良專車到達浦口站，軍樂齊奏，儀仗隊舉槍致敬，何應欽、朱培德、宋子文偕夫人等一大群人前往歡迎。出站即乘武威號軍艦渡江，行至江中，停泊在江心的通濟號艦全體官兵齊聚甲板歡呼，舉槍致敬，艦上高奏歡迎樂曲，鳴禮炮十九響，停泊在附近的各國船艦也懸旗致敬。

張學良一行登岸乘汽車直達南京國府官邸，蔣介石率政府要員們在門前恭迎，蔣趨前與張學良握手後，又緊緊擁抱。大群記者蜂擁而至，閃光燈不停閃爍，搞的張學良熱淚盈眶。接著，蔣介石、張學良同乘一車前往國民黨四中全會會場，在熱烈的軍樂聲中，張學良步入紅地毯，接受一群少女獻花、觀看紅地毯邊上的少女們載歌載舞的表演。開幕典禮後，拜謁孫中山陵墓，中午在宋子文宅邸休息，晚上參加盛大宴會。

張學良在南京期間，蔣介石介紹張學良加入了國民黨，張學良偕夫人赴上海拜見宋子文的母親倪太夫人，在張樂怡（宋子文夫人）的提議下，于鳳至拜倪太夫人為義母。就這樣，蔣介石和張學良由一年前的「拜把子兄弟」，進一步成了連襟，張學良不但與宋美齡以姐弟相稱，而且與國父攀上了「親緣」關係，簡直樂得他如墜雲天霧地一般，認爲這是他此行收到的最重要的一件大禮。接著，他又頻繁的參加各種會議，發表各種演說，所到之處，受到的歡迎禮節之隆重、場面之熱烈、規格之高雅，是國民黨政府自建立後所絕無僅有的。

年僅三十歲的張學良，獲任海陸空副總司令，所掌控的地域和人口，比蔣介石還大、還多，集權利、財富、榮譽、美貌於一身，這在當時全國四萬萬人中，獨此一「尊」。十二月四日下午，蔣約張學良談話。當晚六時，蔣在私邸爲張學良北歸餞行，各院、各部、各委員會長等參加。與張學良話別時，蔣以《完人模範》一書爲贈禮，希望張學良做一個軍人模範，國民完人。①

張學良回東北後，回報蔣介石的卻是一般人想不到的：他把東北海軍中兩艘噸位最大的軍艦送給蔣介石，僅這兩艘軍艦，就超過南京國民政府全部軍艦的總噸位；蔣介石沒有獨立的炮兵，張學良給了他一個炮兵旅，還搭上自己的炮兵司令；張學良把最好的空軍教練也送給蔣，並把裝甲車和坦克車器材連教練，統統送了出去；他的一些信賴部下，也被蔣介石委以重任，如原東北軍的海軍司令沈鴻烈，出任國民政府的青島市長。

細細探究，張學良此行沒有得到什麼實際的東西和承諾，他所得到的頭銜和光環，所享受的禮遇，都是虛的，就像當時人們所暗諷的「過眼雲煙」。而他回報給蔣介石的，確是實實在在的「硬通貨」。這也是蔣介石「非實物性」系列贈禮中，絕妙的一筆。

## 互贈「宣言書」

有一個眞實的故事：蔣介石和張學良在一九二九年互換庚帖，義結金蘭，這是蔣一生中最後一次結拜兄弟。西安事變後，蔣介石仍貴爲國家元首，而張卻做了階下囚。蔣介石要制裁張，但礙於金蘭，否則「手足之情，怎能下手」？況且外界也要物議。蔣認爲應該解除盟拜關係，索回當年的蘭譜。這個差使落到了當時正在替他撰寫《西安半月記》的陳布雷身上。

行前，蔣交給陳布雷四箱物品，內有文房四寶、書籍、菸酒、銀耳、魚翅、幾套西服、網球拍、獵槍、釣魚竿等。送這些東西意在叫張學良在雪竇山作長住打算。張看到這些禮物，心裡非常明白，卻按納不住心頭怒火，也不顧陳布雷在場，拿起釣魚竿，一折兩半，擲之於地，陳布雷十分尷尬。但不知陳布雷是否討回那一紙盟約。

---

① 周琇環編著，《蔣中正總統檔案事略稿本》第九冊（臺北：國史館，二〇一一年），頁一七九。

張學良被羈押後，曾兩次向蔣介石贈送手錶，以「時間」來提醒蔣介石。第一次是一九四五年四月，蔣介石收到後，在「工作筆記」中記下「收漢卿弟錶一只」。②第二次是一九五七年九月，在蔣介石七十歲生日前，張學良送手錶作爲賀禮。蔣當然不缺手錶，但他明白張隱喻的提醒：你關了我這麼長時間，該還我自由了吧？蔣回贈一隻手杖，其含義婉轉而又堅定：你就此養老吧！③

後來這個故事被演繹出許多版本，最誇張的是：「蔣回贈張一本一九三六年的日曆，一雙繡花拖鞋。張學良明白了，蔣還沒有忘記『西安事變』這筆舊帳，關押還要拖延下去。」看來人們的想像力，遠比蔣介石要豐富許多，而想像之外的「演繹」，就「繼續」的更加神乎其神。

再一個故事：張學良在臺期間，由於長期的羈押，給他精神上帶來了巨大的痛苦，身心受到摧殘。他以獨特的方式向蔣提出抗議，特意送給蔣一個精緻的鳥籠，裡面有一隻鳴叫不停的斑鳩。蔣介石收到禮品後，差人做了個更大的鳥籠，回贈給張。張無奈的對趙四小姐說：他說他也很愛鳥，讓我再多捉一些鳥，他有的是籠子。這個故事，多半也是想像之後的再「演繹」。

西安事變結束後，蔣介石羈押張學良，除了要懲治張學良和洩憤之外，還要利用張來鉗制東北軍和楊虎城。一九三七年一月七日，蔣致函張學良：

漢卿吾兄勳鑒：雨農來奉，備悉一切。在鄉遵醫囑靜養，山居極簡，略愈當邀兄來此同遊。關於陝甘軍事善後辦法，中意：一，東北軍應集中甘肅，其統帥人選可由兄推薦一人前往率領，免使分散以備為國效命。二，虎城可酌留若干部隊在西安，使其能行施綏靖職權。可囑其與墨三切商辦法，余應照已發電令辦理。請兄手諭告虎城及各將領，勉以切實服從中央命令，不可再錯到底。如是，不但部隊與地方得以保全，亦即所以救國自救也。尤須使虎城知全國公論。④

作爲此時的張學良，除了無奈，只有遵命和向蔣示好。一九三五年，張學良在美國訂購一架有武裝設備的大型客機，但一直沒有運回國內。一九三七年一月十三日，張學良請劉乙光派人去上海，將他的朋友伊雅格（張學良早年的外國軍火供應商）請來溪口，要他把那架飛機運回國，送給蔣介石。⑤蔣介石很明白張此時的心態，所以第二天便來看張，並與張同餐，在座有宋子文、徐永昌、賀耀組、戴雨農等人。飯後談話時，蔣勸張學良要看兩本書：一本是《完人模範》，另一本是《民族主

②王舜祁，〈張學良向蔣介石送錶真相〉，《民國春秋》（南京），一九九四年第一期。
③張友坤、錢進主編，《張學良年譜》下冊（北京：社會科學出版社，一九九六年），頁一三八〇。
④⑤張友坤、錢進、李學群編著，《張學良年譜》修訂本（北京：社會科學文獻出版社，二〇〇九年），頁一九四一；一九五三。

義》。張學良在當天的日記中有這樣的記述：

……余報告此來之意：委座對余事感戴之意，並請勿為了我，費了為國家之精神，余可自制自了，任何事委座告余，必盡力之所能，余平生不願負人，最難過欠人之恩義。⑥

張學良在被羈押期間，總有和手錶、懷錶相關的事情發生，不是他送給蔣介石手錶，就是蔣介石、宋子文、宋美齡、莫德惠等人送給他手錶，其實他們誰都不缺錶，不過是以此寓意、提示對方。

一九四五年春，中央委員莫德惠奉蔣介石之命，專程看望羈押在貴州桐梓縣的張學良。據說莫德惠轉交蔣介石送給張學良的一只懷錶，張心裡很悽楚，但在老前輩面前，仍半開玩笑的說：「時間不短了，這塊錶很好，它是不容易停的。」莫德惠理解張的心情，也半開玩笑地說「自有佳期君莫問」。⑦至於蔣介石在此時，送懷錶給張學良的眞實目的，恐怕張學良也未必就明白個徹底。

關於這件事，有截然不同的另一個版本：莫德惠上次赴息烽探訪少帥，在辭別時，少帥把當年遊歷歐洲時，路過義大利，墨索里尼（Benito Mussolini）送他的一只大掛錶，託莫德惠送給蔣。蔣回贈的是美國特使華萊士（Henry Wallace）訪問重慶時，送給蔣的釣魚竿。⑧

一九四六年十一月二日，張學良被轉到臺灣羈押。半年後的五月九日，莫德惠以私人資格，赴臺探望張學良。行前他拜會蔣介石，蔣委託他帶給張學良一批禮物。其他人聽說後，紛紛委託莫德惠轉告慰語和轉交禮物，如孔祥熙以及張學良的家人等。⑨莫德惠對他們的詢問，只是答以：「學良現居新竹，有趙四小姐爲伴，生活尚頗安適。」

一九五〇年六月一日，在張學良五十歲生日之前（張的生日是六月四日，但這一天恰好是張作霖被炸之期，所以，此後張學良的生日都要錯過這一天），讓張學良大出意外的是，宋美齡爲他五十大壽，不但派人送來麵製壽桃之類，還把蔣介石給張學良的祝壽信函一併送到。這對被蔣羈押十三年的張學良來說，欣喜若狂，他似乎預感到了什麼……

那麼，到臺灣後的張學良，還有什麼可被蔣介石利用的價值？

一九五六年，張學良應蔣介石之要求，於十一月起，動筆寫了〈西安事變回憶錄〉。在張看來，

---

⑥⑦張友坤、錢進、李學群編著，《張學良年譜》修訂本，頁九五五；一〇三七。

⑧《消息半月刊》，一九四六年五月十六日，上海檔案館 D2-0-1710-8。

⑨《申報》（上海），一九四七年五月九日，第一版。

這只是寫給蔣的一封長信，於十二月五日寫完。因這篇文章符合蔣的意願，蔣於十二月二十四日，將自著的《解決共產主義思想與方法的根本問題》一書，以及一本一九五七年的日記本交劉乙光轉給張，作爲對張的獎勵。⑩因爲張寫的這篇文章，在臺灣的高層中秘密傳看，效果甚得蔣意。

一九五七年四月，蔣介石再令張學良繼續寫，張拉拉雜雜的寫了四個月，取名爲〈雜憶隨感漫錄〉，送給蔣介石。而那篇〈西安事變回憶錄〉，先是被蔣改爲〈西安事變懺悔錄〉，接著再被改爲〈西安事變反省錄〉。⑪蔣介石的目的終於達到。一九五七年八月上旬，蔣介石派蔣經國來勸說，又要求張寫了〈恭讀《蘇俄在中國》書後記〉，歌頌蔣介石。

## 十四天與一萬四千天

有的人很有趣，對西安事變以及蔣對張學良的羈押，做另一番研究，得出另一種結論，就是十四天與一萬四千天的對比。張學良發動西安事變，暫時扣留了蔣介石十四天。西安事變結束後，張學良就被蔣介石羈押起來，一直到一九七五年四月五日他去世，整整是一萬四千天，是張學良扣留蔣的一千倍。甚至臨終時還囑咐蔣經國「不可放虎」，由此認爲蔣介石心胸狹隘。有人就想了，這只是文人利用時間上的巧合，所作的一種玩笑與戲謔，大可不必當眞。蔣介石曾對此有過說明，大意如此：

（西安事變）作爲我個人，可以原諒他。但他對國家和民族做出的危害，是不能原諒的！這才是蔣介石羈押張學良的眞實心態。

## 其他「宣言書」

蔣介石還喜歡贈送人圖章，甚至多次向外國人贈送刻有中文名字的圖章，例如送史迪威（Joseph Stilwell）的圖章。抗戰時期曾做過重慶市長的賀耀組，原名賀耀祖，字貴嚴（嚴，舊稱父親）。參加革命後，他覺得這個名字既含有榮宗耀祖的意思，而別號又有顯貴父親的隱衷，既封建又太陳舊俗氣，於一九二七年改「祖」爲「組」，改「嚴」爲「岩」。改名後不久，蔣介石因事召見他，辭別時，蔣介石送給他一個精美的圖章，上面刻有「耀組」二字，賀耀祖笑了。⑫顯然，這是蔣介石對他改名的認可和讚揚，比直接的表揚可高明多了。

蔣介石對於牛惠霖、牛惠生昆仲都很尊重，這不僅僅是因爲此二人是宋美齡的表哥，也不僅僅是

⑩⑪張友坤、錢進、李學群編著，《張學良年譜》修訂本，頁一〇七八；一〇八八。

⑫王成斌主編，《民國高級將領列傳》第七冊（北京：解放軍出版社），頁二二〇。

因爲此二人是國際名醫，而且主要是他們：有病無類，救死扶傷的高尚醫德。在牛惠生病重時，蔣介石曾兩次派代表探病，送去的禮物有：象牙筷子、汽鍋雞、人參、虎骨、鹿茸、燕窩、蟲草、蛇酒、阿膠等名貴中藥和滋補品，都是中草藥一類。⑬令牛惠生夫婦頗爲意外，因爲牛惠生是堅決的廢止中醫運動的支持者。

一九二九年二月，西醫余雲岫等人借中央衛生委員會議之機，拋出了臭名昭著的「廢止舊醫案」，妄圖逐步取消中醫。消息傳出，民衆憤怨，中醫奮爭，掀起了一場波瀾壯闊的抗爭活動。三月二十三日，蔣介石在南京接見「反對廢止中醫請願團」的五人代表時，明確表示：「你們的事情我都知道了，你們放心好了。」又說：「我小的時候有病，都是請的中醫看，現在有病也是服中藥。」臨分手時，蔣介石吩咐秘書，將他對請願書的批諭，從速發出，昭告全國。蔣介石對待中醫中藥的態度，牛惠生不是不知道，但他仍然在汪精衛、褚民誼的支持下，提出廢止中醫提案。於是蔣介石兩次派代表向牛惠生探病送禮，再次表明他對中醫的態度。

中國傳統習俗，喜愛以帆船爲禮品，不外乎是以物載義，取「一帆風順」之意，祝對方事業順利，成功發達。蔣介石也有此偏好，但在來臺灣後，他送船的寓意改爲「同舟共濟」。如他對日本、韓國、南越、菲律賓等國友人、政要所贈禮船，必在船身刻有這四個字。從一個側面可看出他以臺島爲據點的外交心態。

舊俗爲人祝壽，有送碗的禮例。但這個「碗」是有講究的，送得好，叫做「壽碗」，是「福壽雙至」；送的不好，就是罵人了。比如給一個暴發戶送有殘缺的古瓷碗，那不是說人家過去窮，嘲笑人家歷代都是要飯的嗎？蔣爲人祝壽送禮，很講究這一點（外國人除外），對於比自己年輕，或與自己有過政爭的人，從不送碗。一九三六年韓國鈞八十大壽前，蔣介石向他祝壽送的「壽碗」，是一件精美的古瓷，就很恰當得體。

蔣介石還喜歡送人房子，中原大戰時爲拉攏韓復榘，就送給他一處上海的住所，韓是否接受不得而知。抗戰勝利後，柏文蔚一家準備回南京。可是南京的房子早就被日軍飛機炸毀了，柏文蔚看到的舊居竟然是一片廢墟。蔣介石知道後，託人向柏文蔚表示要爲他建一處房子，並送給他一輛小汽車，被柏文蔚拒絕了，後來他一家人暫住在親戚家，直到他去世。⑭

五、六〇年代，當大陸瘋狂迫害中國知識份子，無緣無故地批判、辱罵海外學者時，蔣介石卻極

---

⑬《人民晚報》（南京），一九三七年四月十一日，第二版；一九三七年六月三日，第二版。

⑭柏立著，《回憶父親二三事》，《淮南文史資料選輯》第三輯，頁二〇。

力拉攏，安撫他們。當時幽默文學大師林語堂在大陸，被批判得可謂是體無完膚、臭不可聞。但在海外卻名聲顯赫，吃香的很。林語堂每次回臺灣，蔣介石都要接見，也少不了饋贈一二，並要送給他一處房子，意喻「留」的含義，並請張群勸說林語堂留居下來，爲林語堂婉謝。一九六五年，在他七十歲時終於決定回臺定居，蔣介石即在陽明山爲他建一幢房子，意外的是，他接受了。他的女兒林太乙說：「這是父親生平惟一一次接受官方的恩惠。」但蔣請他做考試院副院長的提議，卻被婉辭。

相似的情況，還有國學大師錢穆，他在香港辦的私立學校，無法維持之際，蔣也要送他房子，錢穆於是回臺定居，就是住蔣介石送的房子。後來錢穆爲感謝蔣，在蔣生日時，錢穆精心撰寫的「壽頌」，文辭極佳，傳誦一時。

此外，蔣介石也曾幾次要向胡適送房子，都是爲了留住胡適。蔣介石到臺灣後不久，就已經知道毛澤東也在爭取留住胡適，所以蔣介石加緊想把胡適爭取過來。

一九五七年十一月四日，蔣介石發佈胡適爲「中央研究院院長」的任命，並專電敦請他返臺就職。胡適覆電以正患肺炎爲由一再辭謝：「近期恐不能回國。故不敢接受中研院長的重任……予以原諒。」於是蔣介石撥專款，找來設計人員勘察地形，還拿出自己的稿費，要爲胡適在臺灣修建住宅，胡適知道後深感不安，終於心動。他寫信給中央研究院代院長李濟，表示不接受蔣介石的饋贈：「我要的是一個學人的私人住房，不是中研院長的住宅，我仍堅持此房子由我出錢建築。」爲此，他先寄去兩千五百美金，再告知：「如有不敷，乞即示知。」一九五八年四月初，六十八歲的胡適抵達臺北，蔣經國、陳誠等到機場迎接。

此前曾有銜北京之命的「某學者」，以去美國訪問爲名，給胡適帶話說：毛澤東重新評價了胡適：新文化運動他是有功勞的，不能一筆抹殺，應當實事求是，並表示歡迎他回大陸。這是毛澤東第三次打胡適的主意。胡適早在一九四八年年底，就對毛澤東請他作北京圖書館館長的挽留，作出果斷的回答：別信共產黨的那一套！而這回，胡適仍然不予理會。更何況五〇年代初期，中共還策動、逼迫他的兒子胡思杜發表公開信，聲明與他斷絕了父子關係，在胡思杜沒有利用價值後，又把他打成右派。這個反覆被愚弄的可憐孩子，最終明白了，他既愧對父親，又不堪無窮無盡地折磨而選擇自殺。胡適覺得毛澤東太可笑了：你這一套拉了打、打了再拉，對我胡適有用嗎？我胡適是這麼好糊弄的嗎？於是他選擇了對抗——定居臺灣！

## 四 與蒙藏地方當局的互贈

蔣介石於一九二八年執政之初，不太重視與國際社會的交往。這一方面是他鞭長莫及，無暇兼顧；另一方面也是缺乏對外經驗。但他卻十分重視蒙藏地方當局的動態，因為這兩地，關係著國家的統一與疆域的穩定。

### 與西藏地方當局的關係

一九一二年中華民國成立，延續元、明、清對西藏地方的管理，並設立蒙藏事務局。一九一四年五月，袁世凱改「蒙藏事務局」為「蒙藏院」，取代清朝的「理藩院」，新任命了中央政府駐藏辦事長官，延續清朝駐藏大臣職權。南京國民政府成立後，於一九二九年設立蒙藏委員會，取代原「蒙藏院」，主管藏、蒙古族等少數民族地區行政事宜。一九四〇年四月，國民政府在拉薩設立蒙藏委員會駐藏辦事處，作為中央政府在西藏的常設機構。

談到蔣介石政府與西藏當局的關係，首先要瞭解達賴與班禪之間的關係。

## 達賴與班禪

據現有的資料，達賴與班禪之間的關係是：達賴和班禪是西藏黃教領袖宗喀巴的兩大傳承弟子，後來形成兩個不同的傳承系統。

達賴喇嘛的稱號始於一五七八年，確定於第三世達賴索南嘉措時期。當時他到青海地區傳教，說服了土默特部的首領俺答汗皈依佛門，他們在政治上彼此推崇並互贈尊號。俺答汗贈給索南嘉措的尊號爲：「聖識一切瓦齊爾達喇達賴喇嘛」。「聖」在佛教中表示超出凡間；「識一切」，是普遍通曉之意，認爲是顯宗方面取得最高成就的人；「瓦齊爾達喇」爲梵文，意爲執金剛，是在密宗方面有最高成就的人的稱號；「達賴」是蒙語「大海」之意；「喇嘛」是藏語「大師」之稱。合起來說，就是在顯宗和密宗兩方面都修到最高成就的，超凡入聖而學問淵博猶如大海一樣的上師。這個尊號僅是蒙藏代表人物私人之間的互贈，尚不具有政治及法律意義。

班禪的稱號始於一六四五年，當時控制西藏實權的蒙古首領固始汗封，稱宗喀巴的四傳弟子羅桑確吉堅贊爲「班禪博克多」。「班」是梵文「班智達」，漢語意爲「學者」；「禪」是藏語「欽

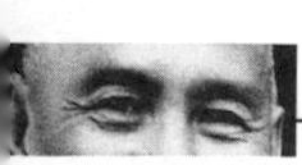

波」，漢語意爲「大」，合起來是「大學者」的意思。「博克多」則是蒙語，指有智有勇的英雄人物。固始汗令羅桑確吉堅贊主持扎什倫布寺，並劃分後藏部分地區歸他管轄，史稱爲四世班禪（前三世爲後人追認）。宗喀巴的弟子克珠傑被追認爲第一世班禪。

民國時期輿論界，一般所理解的達賴與班禪之間的關係是：西藏人民皆崇信喇嘛教，該教爲佛教中的密宗，講究顯神通，約在唐玄宗時，傳入西藏，漸次握得政教大權。後來眞正教義，完全爲迷信所掩，甚至以呑刀吐火等邪術，誑誘民衆，流弊甚多。及至明宣宗時，有高僧名宗喀巴者，刻苦修行，別創一教，衣冠尙黃色，以別於尙紅色的舊喇嘛教，故有黃教、紅教之稱。黃教力矯紅教迷信娶妻等惡習，後逐漸興盛於西藏各地。宗喀巴示寂時，有兩大弟子，即班禪與達賴，世世以呼畢勒罕（譯言：轉生）濟度衆生，班禪往後藏傳教，達賴往前藏傳教，自後永遵宗喀巴遺言，主持前後藏區域的政教。此爲班禪達賴之由來。①

一九二八年冬，達賴喇嘛派代表堪布羅桑巴桑到南京晉見蔣介石，面陳藏事。蔣介石於轉年一月覆函達賴喇嘛：「西藏爲我中華民族之一，政府正督飭蒙藏委員會調查實際，用資建設。執事適派代表羅桑巴桑到京備述一切，藉悉法座高瞻遠矚，傾誠黨國之心……」由此，達賴喇嘛一派，代表西藏地方當局，同南京國民政府正式建立聯繫。

## 班禪東來

一九三一年六月，班禪一行來到南京，並向各方廣泛送禮。六月十八日，班禪向鍾山孫中山靈堂門前敬獻金雕一對，爲銅質，外飾金箔，雕鐫精美，高約六尺，寬約三尺，金雕作飛升姿態，口銜蛇頭，左右爪緊抓蛇身，而蛇身之下段作盤旋狀，生動如活。班禪獻此金雕之意，係採自西藏佛經所載神話，謂東海內有妖蛇，往往變幻美婦人，迷惑行旅，待被迷惑後，即吞入腹中，釋迦牟尼憐憫之，令諸神擒斬妖蛇，而蛇之邪術甚大，諸神不能降服，其後有雕神自願效能，釋迦許之，遂擒獲妖蛇。自此行旅安然。西藏習俗認爲雕爲驅除邪惡，保護蒼生之神鳥。班禪採此命義，意爲孫中山陵墓驅邪惡，固吉祥。②

班禪此來，向蔣介石贈送禮物爲：十匹良馬、金佛坐像、藏紅花等。蔣介石回贈狐皮數件，鹿茸兩架、金桔一筐、圖書一包、題簽玉照一幀等。

在六月十九日舉行的國府會議上，與會代表討論認爲：班禪額爾德尼在藏維護我國宗教，並眞誠

①②《中央日報》（南京），一九三一年七月二日，第一張第四版；一九三一年六月二十日，第二張第四版。

擁護中央政府，信仰三民主義。而此次來京，對於藏事解決辦法，又多所建議。經蔣介石提議，國民政府特頒賜法號：「護國宣化廣慧大師」，鑄金印一顆，金尺一塊，尺上鐫刻班禪法號及履歷、賜法號的「原因」等內容。③

冊授典禮於同年七月一日，在南京國府大禮堂舉行，班禪穿黃馬褂，外披赭色袈裟，由軍樂隊引導進入禮堂。當時蔣介石已在南昌，由于右任代表蔣介石致訓詞：

> 國民政府本總理五族平等之訓，以建設國家，更本約法信教之旨，以尊重人民信仰。班禪大師，弘揚佛法，年來對於政府措施，竭力翊護，對於三民主義，盡心研討……國民政府以班禪撫輯藏服，翊戴中央，有助於國內各民族統一，特冊封為「護國宣化廣慧大師」。

隨後，班禪作了答詞：

> 班禪東來，於今九載，幸我主席，統一南北，奠定國家，得能恭詣首都，敬修覲禮……

參加冊授典禮的有戴季陶、朱培德、丁惟汾、邵元沖、葉楚傖、陳果夫、王正廷等人。

冊授結束後，由文官長、參軍長、內政部長、蒙藏委員會委員長送班禪出國府，隨後由典禮局向班禪贈送國府禮物：銀鼎一座、琺瑯瓷鼎一座、貢緞八匹、繡花四折屏風一架、彩綾四卷。這些禮物均以精美的玻璃罩盛載，用兩輛汽車運至三元橋班禪下榻的招待所。

一九三四年二月，班禪再次來南京，並帶來百匹蒙古名馬，分贈中央及國府各要員，首贈蔣介石多匹。④向國民政府贈送的貴重大禮，是一個「大羊頭」。對於這一「怪禮」，讓一些人有「受之不解、卻之不恭」之感，也有的報紙以「錦上添花」之妙筆，把它描寫成所謂「誠屬稀有」之珍。後來國府典禮局將「大羊頭」送往中央研究院歷史博物館陳列，歷史博物館的學者對此禮作出解釋：在一般人看來，尤其是擁有豬羊牛成群家畜人家看來，到底也只是宰己一月的「死羊頭」而已。在此新春歲首，萬象更新，萬事皆取其吉慶的時候，怎麼好送死羊頭來作贈禮呢？而且還是班禪國師所送。難免叫人連呼怪哉，並且有人疑神疑鬼的排斥。

其實，此禮之贈，大有講究，「羊」者，「祥」也，古代「祥」字，原作「羊」字，故近人若寫吉慶字，尤其題古玩花瓶和壽屏壽禮一類物品，在寫了「富貴壽考」之後，一定還要寫上「大吉羊」

③《中央日報》（南京），一九三一年六月十六日，第一張第四版。
④《申報》（上海），一九三一年五月十八日，第六版。

三個字。班禪贈此厚禮有「大吉大祥之國運，將從今始」之謂，所謂今「始」，既羊之「頭」也。該羊頭「大如笆斗」，三倍於中國內地普通之羊，足見一羊抵三羊。提到「三羊」，以國人素來談吉不談凶的敏鋭腦筋，自然聯想到「開泰」。

西藏問題，自元代以來，頗不平順，後有英國勢力，且由印度長伸直入，隱然已另形成一政治系統。近年來，藏軍且不受命，屢犯川康，英國人圖謀開發此世界之謎的「西藏秘密國」的呼聲，也隨之日益加重，正苦於無法應付之際，西藏政教大領袖之一的達賴忽然圓寂，而其他一大領袖即班禪，是斜披袈裟，有如袒肉的班禪，忽然以西藏大羊頭以獻國府，揆以「鄭伯肉袒牽羊以逆」之例。於此可兆，藏局無論如何變化，其必將歸順於國民政府。⑤

班禪還廣泛與地方大員往來密切，僅舉一例：一九三四年十月十八日，是閻錫山父親的生日，班禪贈銀質天女散花像及藏香等珍貴禮品，由南京交際處轉送閻錫山的老家河邊村。⑥

一九三四年九月二十日，蔣介石以安欽呼圖克圖活佛，即將離南京返回西藏，為與藏中執政當局聯絡感情，特購禮物：絲絨孫中山像、景泰藍、慈盂、他本人的照片，及寫給西藏地方當局幾位首腦的親筆信等五十餘件禮物，派副官吳葆良交送安欽攜帶回藏，分贈藏中熱振呼圖司、僧嘎夏等人。⑦這些舉措，進一步增加了西藏上層對國民政府的信賴，對蔣介石的好感。

## 達賴圓寂

一九三三年十二月十七日（藏曆十月三十日），十三世達賴喇嘛在拉薩圓寂，享年五十八歲。他的一生飽經憂患，領導過西藏人民兩次堅決抗英和反對清廷民族壓迫的鬥爭，其後雖一度有親英反漢傾向，但並未把事作絕，晚年又致力於恢復、改善同南京中央政府的關係。十三世達賴平素勤學，特別是佛學造詣很高，寫過數部經典著作。達賴喇嘛在廣大藏胞中，享有很高威望。依照清代以來歷世達賴圓寂後，噶廈⑧均需及時向朝廷稟報的定制，噶廈立即電告駐京辦事處：「達賴佛座於藏曆亥月三十日（即國曆十二月十七日）下午七時半圓寂，藏中事務暫由司倫及噶廈負責處理。希安心供職，並呈報中央。」貢覺仲尼當即向蒙藏委員會陳報，並請轉報行政院。

國民政府對此極爲重視，蒙藏委員會委員長石青陽，即於十二月二十一日致以唁電：「驚聞達賴

⑤《申報》（上海），一九三四年二月十七日，本埠增刊第一版。

⑥⑦《新聞報》（上海），一九三四年十月二十六日，第七版；一九三四年九月二十三日，第六版。

⑧又稱噶沙，為清代設立的西藏行政中心，官府長官稱為噶倫（噶布倫、噶隆）。

大師圓寂，震悼殊深。遙念西陲，彌切關懷。除呈中央從優褒恤，暨令蒙古、靑、康、平、熱、五臺各寺唪經外，特電致唁。」一九三四年一月八日，貢覺仲尼呈文蒙藏委員會稱：「擬請速派大員入藏弔唁，借謀中央與西藏一切問題之解決」、「以慰遠人而利邊局。」一月十二日，國民政府下令派參謀本部次長兼邊務組主任黃慕松，爲入藏致祭達賴喇嘛的專使。

二月十四日，在南京考試院舉行追悼大會。達賴之喪，與俗人不同，一切輓聯祭文皆不必用，表示追悼之情，最好的表達方式爲：花圈、盆花即可，並希望在禮品上刻漢藏兩種文字。⑨

爲黃慕松赴藏致祭達賴，蒙藏委員會籌備致祭器物和相關禮物，由印鑄局派員赴蘇州，聘請名家來南京，協助雕刻玉印，用於賜加封號。致祭冊封達賴的一切儀式，均仿照淸代辦法，用玉冊賜加封號，以金燈爲祭品，並特製銀質遺像，陳列在拉薩布達拉宮永久供奉。此項特製品，南京無人能承做，派吳樹滋赴北平，尋找當年爲淸廷承製之工匠，以期合於典制禮法。所要製作的有：金燈兩座，一重二十兩，一重十兩。法燈是喇嘛教特有法器，一切圖樣，須依照教中禮制定製，周身雕刻佛教花紋，燈中用牛油燃點，須終年不息，又稱之爲「海燈」。達賴像全部用純銀製作，依照相片雕刻，座下爲蓮花臺。玉冊用上等白玉，依照淸代冊封禮制，上刻冊封全文，交布達拉宮永久保存。上述器物和禮品，須三千元，另備織錦綢緞數十匹，未計在內。⑩

黃慕松一行於一九三四年四月，由南京起程經川康入藏，蔣介石批准撥四十萬大洋爲致祭、布施、禮物等項的費用。八月抵拉薩，西藏地方當局遵照清代迎接欽差大臣舊例，舉行了極爲隆重的歡迎儀式。黃慕松按慣例，前往各寺朝佛，並廣爲布施，同時，爲建造達賴靈塔，捐贈了大量的金銀珠寶。他在《使藏紀程》中有記載：

九月二十三日，晴，駐拉薩。本日舉行冊封達賴大師典禮，率本署人員於八時向布達拉宮正殿出發，其行列如下：一、馬隊三十騎；二、儀仗全副；三、軍樂隊一班；四、僧俗官四員領導；五、彩亭，中置玉冊玉印，外用黃絹縐紗圍繞，遍紮彩球，國旗黨旗交叉於前，四人肩並；六、郭隊長率衛士四人護亭；七、專使乘大轎；八、全體職員乘馬；九、衛士十人。

以上排列，整齊隆重，觀者如堵，肅靜無嘩，重見中央之尊嚴，莫不心悅誠服，循官道雍容前進，行抵布達拉山下，有軍隊齊列敬禮，余至沒字碑前降輿（下轎），拾級登三樓，有四品官四人

⑨〈追悼達賴大師〉，《中央日報》（南京），一九三四年二月十一日，第一張第二版。
⑩《申報》（上海），一九三四年二月二十一日，第七版；一九三四年三月二十八日，第七版；一九三四年二月二十四日，第九版。

恭迎門外，彩亭不能再上，遂將冊印請出，由陳參議捧冊，高副官捧印，緩步至正殿，司倫噶倫等恭立殿外迎候，趨蹌入殿，余捧冊印恭置於香案，遞哈達，偕同人行三鞠躬禮，西向立，藏方全體官員向玉冊玉印行禮，余進至香案之上，恭讀冊文後，將玉冊玉印授交總堪布代領，先由藏方向達賴大師致賀，再由行署同人依次獻哈達，齊行三鞠躬禮，於是司倫噶倫等競向余遞哈達致謝，余亦依次回遞，即告禮成，余等退出，司倫噶倫及各官員恭送如前，由軍樂隊、儀仗隊等送回行署，時為十一時半。

拉薩各界在布達拉宮舉行「國民政府追封十三世達賴喇嘛爲護國弘化普慈圓覺大師典禮」，向達賴喇嘛遺像獻了玉冊玉印。十月一日，又按照西藏習俗選定的這一吉日和國民政府所定儀式，在布達拉宮舉行了莊嚴的致祭典禮。在進行冊封、致祭活動前後，黃慕松與西藏地方當局正式談判，解決中央與西藏地方的關係等問題。

一九三八年六月，戴季陶率「院長行轅」全體人馬，加上專程到重慶迎接「班禪行轅」的秘書長劉家駒，由重慶啓程赴甘孜致祭九世班禪。他所攜帶的「國民政府致祭禮」有：鍍金青獅、白象各一對、紫黃二色花緞二十四、邊茶二百包等。按戴季陶事先的安排，祭禮一律按清朝的禮儀進行，莊重肅穆。致祭完畢，戴季陶給土司、頭人各發金銀錠不等的賞賜，寺外民衆約兩千多人，也予以每人藏洋一元的賞賜，皆大歡喜。⑪


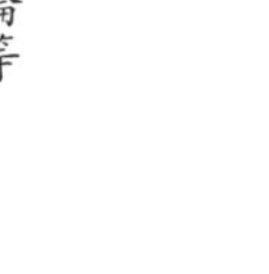

一九三九年十月，吳忠信以蒙藏委員會會長身分，到拉薩主持十四世達賴喇嘛坐床典禮儀式，攜帶一批贈送西藏地方當局的珍貴禮物。孜本龍夏面對一匹綢子、一箱上等磚茶，悲喜交集地說：中央政府沒有忘記我呀……。並派兒子吾金多吉向吳忠信還禮：一尊高三十多公分的銅鎏金白肚母像，一尊高二十多公分的釋迦牟尼像，一卷五色氆氌呢和一條阿喜哈達，⑫以示謝意。吳忠信曾回憶說：

> 我們和當時的英國駐藏代表團，是在互相監視的狀態之中。如今，那個代表團是由印度駐藏代表團去代替了。當時我曾報告過，我們同英國代表團之間，雙方都對達賴喇嘛和一些大官，經常有豐厚的饋贈，金磚和珍珠項鍊，都是經常贈送禮物的一部分。結果呢？英國在有力量的官員中建立了深厚的友誼，我們只是憑藉了歷史關係的便利而活動。

一九四八年二月七日上午十一時，夏古巴率西藏商務考察團一行四人，由蒙藏委員會委員長許世

---

⑪柯雲、麗陽，〈戴季陶赴甘孜祭奠班禪始末〉，《文史春秋》（廣西），二〇一〇年第五期，頁四六。

⑫氆氌，為藏族生產的一種羊毛織品，曾是西藏主要貢品。哈達，絲織禮品，在藏族地區凡敬謁活佛、拜會尊長、婚喪節慶都有獻哈達的習俗。哈達的種類繁多，阿喜哈達是最常使用的白色哈達的其中一種。

英陪同，晉謁蔣介石，並呈獻達賴攝政私函、照片、圖畫、錦繡風景、名貴毛皮、特產品等。⑬

## 與內蒙古地方當局的關係

內蒙古與西藏的局勢，有相同之處，也有不同特點：西藏受英國威脅，有獨立（分裂）的危險。而內蒙則受蘇俄和日本的雙重裹挾，也面臨以「自治」爲名的更大分裂危險。內蒙古境內仍有許多小王公，似有各自爲政，各有所圖，有的投靠日本，有的屬意南京政府，有的受外蒙古影響，妄想依賴蘇俄，建立更大勢力範圍的自治或政權。

內蒙古的獨立運動，是在清王朝覆滅後，對新建立的共和政府不信任，並受到獨立後的外蒙古的煽動而產生的，民族主義意識起到了相當大的作用。而當時間進入到二十世紀三〇年代，內蒙古的格局，大致上是在國民黨國民政府的控制下，趨於穩定。但在九・一八事變後，局勢又有所變化。

在內蒙的各派勢力中，德穆楚克棟魯普的獨立和自治運動，在當時是很有影響的。德穆楚克棟魯普簡稱爲「德王」，是一個有著極大爭議的歷史人物。在清末民初的內蒙古獨立運動沉寂下去後，他是主張獨立和自治最爲著名、活動也最爲頻繁的內蒙古王公。由於他的獨立和自治活動，是在日本侵華戰爭爆發時進行的，也就被戴上了「蒙奸」的帽子。

一九三三年九月二十八日，蔣介石覆電何應欽，痛論華北局勢，曰：

宥日巳申兩電均悉。日人欲設立華北新政權，造成第二傀儡，以打擊本黨而壓服全國。此種企圖，當然始終未能忘懷，其中一部分日本軍人，主張尤力。而我國漢奸遍地，亦在足供其利用之資，均為共見共明之事實。故中央對日政策，既不能武力抗阻，惟有緩和侵略，一切方法及途徑，迭經籌商，本已略具端倪，而負責運用之機關，……近來華北每日由津運來日兵一二百不等，實為肘腋之患。日人利用華北內部弱點，收買漢奸，挑撥操縱，驅遣偽雜各軍，侵入冀北，唆使內蒙王公，醞釀自治，益以彼對歐美之間關係，日形棘手。故電汪精衛，轉告宋哲元電陳所擬對蒙辦法，並囑詳籌核商。頃據宋哲元宥電稱：德王受日人利用，煽動內蒙自治，勾結錫盟、烏蒙等少數王公，於本月文日會議，以建立高度自治政府為名，而實想借外交勢力帝制自為。各王公贊成者甚少。自發願（十四日）電後，極力運動各旗附和，均被拒絕。茲又訂豔（二十九日）日在貝勒廟開會。職已派蒙員密往參加，藉以刺探消息。德王迷夢絕非空言所能制止。茲擬兩種辦法，一，中央優給德王名號，約其赴京服務，極力羈縻，以變換其心理。二，由中央迅派熟悉蒙情有力大員，前往宣慰，對各王公扎薩克等，痛陳利害，以作釜底抽薪之計。以上係和平斡旋之策。否則只有以有

⑬《申報》（上海），一九四八年二月八日，第二版。

效之方法，嚴行裁制。但日人既在背後操縱，外交方面亦須注意。頃接熱河特務機關長松室孝良威嚇各蒙長、王公及各旗總管函，使於本月有日赴多倫開會，雖各王公多未到，而內中暗幕亦可概見等語。惟德王最貪，最狡詐，為多次倡亂之首魁。縱然再優給名號，彼亦未必安心赴京，無從羈縻，適足長亂，徒召夜郎自大者之輕視。⑭

一九三七年五月初，綏蒙政委會委員長沙克都爾扎布（簡稱沙王），來南京洽商要務，於五日平浦鐵路通車之際，經北平返綏遠，五月四日晚，在勵志社宴請汪精衛、葉楚傖，及各院、部、委員會官員，作答謝辭行之禮。

據綏蒙政會駐京辦事處長巴文峻談：沙王南來，中央當局慰勉有加，深厚德意至爲感戴，並蒙各方饋贈甚厚。蔣介石撥三千元，交蒙藏委員會負責採購禮品，贈沙王、康王、鄂葛佛及同來人員。贈沙王的禮物有：「親愛精誠」大銀鼎一座、湘繡大屏四幅、頂上錦緞兩匹、極品紅茶兩瓶、蔣委員長玉照一幀。贈沙王福晉（夫人）錦緞衣料四件、絲絨背心料四件。贈康王、鄂王，同樣大銅鼎各一座、湘繡屏各一堂。贈康王大福晉、鄂王福晉各爲錦緞衣料四件、絲絨背心料四件。贈葛拉僧義喜、呼圖克圖銀香爐一座，香爐中嵌「博愛」二字、湘繡大佛一幀、照片一張。隨員十一人，除綢緞外，並各贈《孫中山全集》一部，《蔣委員長言行集》、《蔣委員長演講集》。林森主席饋贈每人錦緞、瓷器、茶葉、相片等。蒙藏委員會委員長吳忠信贈福州漆器、錦緞、茶葉、繡品衣料等。戴季陶贈綢緞、瓷器等甚豐。經國府核定，財政部撥發綏蒙政委會會址建築費五萬元、畜牧教育等事業費八萬元，以及中央補助成吉思汗墓道修理費五千元。⑮

⑭ 高素蘭編著，《蔣中正總統檔案事略稿本》第二十二冊（臺北：國史館，二〇〇五年），頁五九三。
⑮《申報》（上海），一九三七年五月四日，第四版。

# 五 看重古物

向外國元首、來訪外賓、駐華使節、駐防美軍高官，贈送中國古董，是蔣介石送禮中的拿手好戲，因爲蔣介石不但有資格送，而且送得起，也深受對方的歡迎。

## 大陸時期

「壁衣」一詞，在現代社會普通民衆中，已經愈疏愈遠了。壁衣是中國古代裝飾牆壁的一種帷幕，用織錦或布帛等做成，高檔的還刺繡有各類文字、圖案、花邊，非常精美。其另一作用，是在牆壁和壁衣之間，可暫時隱藏物品或人員，而人員可監視室內。《漢語大辭典》引用歷代詩文來解釋壁衣：唐代詩人岑參作有《玉門關蓋將軍歌》：「暖屋繡簾紅地爐，織成壁衣花氍毹。」《三國演義》第二十七回有：「關公早望壁衣中有刀斧手……」包公毅所著《味蓴園賽珍會雜詠》之五：「莫把儂身比屋宇，壁衣才罷又窗簾。」可見，古人也是把壁衣與窗簾相提並論的。

壁衣不易保存，能夠遺留下來的少之又少，且極爲珍貴，成爲研究中國古代紡織史和紡織工藝的重要物證，也是研究古代室內裝飾一種難得依據。自十八世紀以來，西方各國的冒險家和收藏家，對中國壁衣、幔布、織毯的貪婪和破壞性的蒐集，不遺餘力，也別具慧眼，蔚成大觀。一九三六年三月二十六日，「中國古代壁衣地毯展覽會」，在法國國立格伯靈織錦織毯工廠舉行，法國教育部部長、美術學院院長共同主持開幕典禮。會上展出六世紀至十九世紀，以中國中原地區爲主，兼及各地出品的壁衣、地毯、緙絲，琳琅滿目，令人歎爲觀止。這一消息震驚了世界考古界和紡織業，也令中國同行和考古界疑惑和極爲不滿，更爲不安。

格伯靈織錦織毯廠廠長瑪律尼埃，是當時世界著名的中國壁衣收藏家、考據家，也是這次展覽會的主要籌備者。爲籌備這次展覽會，他不但推出自己的藏品，而且四處奔走，向法國國立盧佛爾博物館、比利時布魯塞爾美術歷史博物館、基梅博物館，以及歐洲衆多私人收藏家，尤其是洛桑維婁維埃（以研究中國古代絲織藝術著稱）等，商借展品。

他對報界宣稱：「十餘年來，我曾在近東及美洲、秘魯、埃及考察、蒐集、研究壁衣和地毯，頗有所得。此次爲舉辦這項展覽，又廣泛徵集歐洲各國所珍藏的有關中國壁衣、緙絲、毛毯、絲毯等文物、著作、圖片。」他同時還認爲：「目前，在歐洲已經有一批研究中國壁衣的學者，而且取得一定成果。此次展覽，必將得到一般關心中國古代藝術人士的熱烈歡迎。」①

中國記者葛壬年，從展覽會提供的《展品說明》書中看到：

此次展覽中，藝術成就和文物價值最高者，為中國六世紀的緙絲，巧奪天工，且較好的保持中國民族固有精神。其次為壁衣。瑪律尼埃博士認為：中國古代壁衣，與法國古代教堂所懸掛歌德特式幔布，有異曲同工之妙。又如日本的「後錦壁衣」，深受中國古代藝術的影響，遠勝法國，亦屬精美絕倫。它與中國緙絲，就工藝製作水準來說，在伯仲之間，但在美學及藝術設計方面，中國仍是日本的老師。令西方驚奇的是，中國近代出產的仿古絲織壁衣，在製作技巧上，已經超過古代。

這段評論，令在場的葛壬年，在不滿和憤怨中略感寬慰。

蔣介石曾兩次將壁衣殘片，作爲國禮贈送西方。第一次是此次展覽會之前的一九三四年五月，由駐義大利大使劉文島，代表蔣介石，將一片長七尺、寬四尺三寸，出產年代不詳的壁衣殘片，送給墨索里尼「賞玩」。第二次是展覽會之後的一九三七年五月，孔祥熙出訪歐洲時，將一塊兩尺見方的壁衣殘片（被固定在封邊的厚紙板上，但可以雙面欣賞），送給英國政府。此次所贈壁衣殘片，據考證約爲隋代出產，殘片中間恰好有完整的「囚牛與鶉鳥」的圖案（贈送時圖案沒有名稱，是英國學者命名的），設色極爲精美，編織尤屬細緻，這也成爲此塊殘片最珍貴之處。②

一九四三年八月，美英首腦在加拿大魁北克舉行會議，決定組建東南亞盟軍統帥部，並任命英國海軍中將蒙巴頓（Louis Mountbatten）勳爵爲最高司令。統帥部的主要任務是會同中、美兩國軍隊反攻、收復緬甸，以達到重新打通中國對外交通線，又保證英屬印度不被日軍佔領目的。所以必須要和中國戰區在軍事上進行協商，取得一致意見，達到協同作戰的效用。爲此，英皇喬治六世（George VI）、英國首相邱吉爾（Winston Churchill）分別於一九四三年九月二十三日、十月二日，致電蔣介石，推介蒙巴頓來重慶會商一切。

蒙巴頓一九〇〇年出生於英國王室家庭，他的曾祖母是英國女王維多利亞（Queen Victoria），父親巴騰堡親王路易斯（Prince Louis Alexander of Battenberg），原係德國王室成員，後放棄德國國籍，參加英國皇家海軍，曾任海軍參謀長兼第一海務大臣。母親爲黑森和萊茵維多利亞公主。蒙巴頓勳爵是英國皇室的一位重要人物，在英國現代歷史上擁有重要地位，他一生最爲世人所知的政績就是

① 〈在法舉行展覽——我國古代壁衣地毯〉，《申報》（上海），一九三六年三月二十七日，第六版。

② 參考《大漢公報》（溫哥華），一九三七年五月二十九日，第三版，複印文章編寫。

提出了印巴分治方案。

蒙巴頓一行於一九四三年十月十六日抵達重慶，先後與蔣介石、參謀總長何應欽、財政部長孔祥熙、外交部長宋子文等軍政要員舉行會談，與他們就雙方軍事合作等問題，先行交換意見。同時還與英國駐華大使、美國駐華大使、英國駐華軍事代表團團長、美國中緬印軍總司令、中國戰區參謀長史迪威等會晤。爲了增進友誼，加強聯繫，蔣介石、何應欽、戴季陶、俞大維、蕭毅肅、鮑靜安等人，均向蒙巴頓贈送禮物，並在他的紀念簿上題字留念。蔣介石送的是一對明代出產的陳列瓷器：釋迦牟尼坐在蓮花上，騎著一頭像麒麟似的怪獸，人們稱讚說：「看得出，是精雕細緻的上等貨色」，深爲蒙巴頓所喜愛，其後人一直珍藏到今天。

舊俗爲人祝壽、賀婚，有送碗的禮例。那時災荒頻仍，「吃」是個大問題，送碗表示祝福豐衣足食，是一種很實際，也很古老的贈禮習俗。至今，在廣西的一些地方，還有去吃喜酒，臨走時帶回主人送的，也就是你用過的那個「碗」的習俗（李宗仁當年在家鄉爲母親祝壽，就準備了一百個細瓷碗備送）。但送這個「碗」，是很有講究的，送的好，叫做「壽碗」，是「福壽雙至」；送的不好，就是罵人了。比如給一個暴發戶送有造型不雅，或殘缺的舊碗，那不是說人家過去窮，嘲笑人家是要飯的嗎？蔣介石爲人祝壽送禮，很講究這一點（外國人除外），對於比自己年輕的，或和自己有過政爭的，從不送碗。一九三六年韓國鈞八十大壽時，蔣介石向他祝壽送的壽碗，是一件元代的古瓷，大紅的瓷釉上，有一個金黃的古體「壽」字，就很恰當得體，贏得壽堂一片喝彩。

一九四六年八月三日，法國駐華大使的女公子梅理藹，與荷蘭駐華大使館武官濮樂皐少校，在南京石鼓路天主堂舉行婚禮，由于斌主教主持。新娘子只有十九歲，生於上海後不久回國。再度隨父親來華，在駐滬總領事館內居住九年，她還有一個中國名字：「小字捷克玲」。新郎三十三歲，出身荷蘭望族，與梅小姐在重慶的一次宴會上偶遇，雙方一見便互爲傾慕，傳爲抗戰勝利後的外交佳話，在華的外交官們聽說後，無不感歎這間關萬里的神奇姻緣。蔣宋夫婦欣然祝賀良緣佳偶，特贈送明代江西出產的細瓷碗一對，祝他們新婚幸福。外交部長王世杰贈送閩漆雕花大寶瓶一對、閩漆碗、菸具等。在南京的其他外國使館也多有饋贈。新婚後小夫妻赴印度度蜜月，然後返回荷蘭作故鄉一遊。③

可別小看這對細瓷古碗，它深受外國友人的喜愛，在華的外國僑民從報紙上得知後，非常羡慕，紛紛打聽，並想方設法得到。抗戰勝利後，王陵基出任江西省主席，頗有一番雄心壯志，其發展江西

③《中央日報》（南京），一九四六年八月三日，第四版。

工業計畫的第一項，就是恢復景德鎮的陶瓷工業。恰在此時，蔣介石下令在景德鎮燒製一批瓷器，贈送盟國。

一位在華的美國老太太，寫信給宋美齡，稱自己的兒子麥克，原屬美軍援華空軍飛行員，駕駛C–10機，協助地面部隊作戰，在江西上空與日軍作戰陣亡。聽說蔣委員長贈送古瓷碗與荷蘭使館官員，要求獲贈一件，以資紀念，藉慰晚年思子之餘哀。宋美齡將信轉交給王陵基，王陵基經過調查，確認此事屬實，便立即覆信，告以：贈四百年前的瓷碗實難滿足。但中國瓷業聖都景德鎮正待燒製「勝利紀念瓷」，如不棄將倍贈數件瓷器。王陵基隨信附有將要贈送瓷器的圖紙和說明書，均為瓷廠生產中所用資料。美國老太太接信後表示可以接受，並提出要來景德鎮親自領受。一九四七年二月第二批「勝利紀念瓷」出窯，王陵基委託浮梁縣政府代為辦理致贈事宜。

此項禮物一套四件，計瓷瓶一對、瓷碗一對，放在紫檀浮雕匣裡，匣內置絲、絨兩層襯墊。瓷瓶高七市寸，口徑兩市寸，身寬三市寸；碗高二市寸，口徑四市寸。瓷瓶圖案仿乾隆御窯吊燈洋蓮錦地，瓶身四幅繪畫，均為蒼鷹，一題字為：高瞻遠矚；另一題：氣塞蒼冥。此碗薄如紙，色白如玉，繪有「三雄（雞）並立圖」。瓶口瓶底、碗口碗底皆描赤金線裝飾，精美絕倫。擔任繪飾者，為景德鎮名畫家劉雨岑先生。④這位可愛的美國老太太眞是太有意思了，收到禮物後，樂不可支，她沒想到，世界上還有這麼精美的包裝盒子，她竟然認爲，包裝盒比瓷器本身還精美、還有價值。

## 臺灣時期

蔣介石初到臺灣，就致力於加強同東南亞各反共國家的聯繫，建立共同的防禦體系。一九五〇年四月二十八日，是泰國國王哈瑪九世新婚，蔣介石致賀電：「泰國國王哈瑪九世陛下，欣逢陛下和嗚之慶，本人謹與夫人敬向陛下及貴王后申致衷誠之賀忱，並以熱忱敬祝陛下王后麗躬康泰安樂。」二十七日，泰王在皇宮裡接見臺駐泰國大使謝保樵，身穿長袍馬褂的謝大使，向國王轉交蔣介石的賀禮：瑪瑙大寶瓶一只、翡翠耳瓶一對、蔣介石親書泥金立軸一幅，上有「龍飛鳳舞」四字。泰王在欣賞中國古瓶之後，非常高興，他對謝大使說：他很小就開始喜歡中國的古董，並有一些收藏，時常拿出來欣賞，但這一件是他最喜歡的。英美兩國大使也於同日上午轉交兩國元首的賀禮。⑤

④〈老母悼美軍——王陵基贈瓷慰情〉，《申報》（上海），一九四七年二月十九日，第二張第八版。
⑤《中央日報》，一九五〇年四月二十八日，第一版。

一九五九年四月一日，是日本皇太子明仁婚禮之慶，蔣、宋夫婦合送一對中國彩色瓷碗祝賀。這是清雍正年間御窯出品，名爲「鬥彩龍鳳碗」，極爲珍貴，原藏於故宮，溥儀被趕出後流落民間，幾經轉藏，後被某名流收購送給蔣介石。臺灣駐日大使沈覲鼎，於三月三十日下午四時，在東宮親自轉交。明仁太子對這件精美嘉品極爲喜愛，並請沈大使向蔣氏夫婦轉達「衷誠的謝意」。⑥

「如意」是中國特有的一種玩賞吉利器物，「玉如意」始於魏晉，由搔杖（癢癢撓）演化而來，形狀像長柄鉤，鉤頭扁如貝葉，取名表示吉祥如意。「如意」最盛行於清代，主要是各地方官員進貢給皇帝、后妃、親王的玩物。一九五六年八月十五日，是韓國總統李承晚連選獲勝，就職第三任總統的日子，這一天也是韓國國慶。韓國方面將這「雙喜」合在一起慶祝。蔣介石派外交部長葉公超爲特使，赴韓國祝賀，並轉交蔣的祝賀信和賀禮玉如意，據說那是原藏於故宮的明代舊存，青玉色的柄上刻有「萬壽無疆」四字，可見其來歷，足以讓人遐想聯翩。李承晚在總統府接見葉特使，並對玉如意愛不釋手，「愉快的把玩」。葉公超的禮物是一對大紅色的「中國宮燈」。⑦

臺灣的「中國圖書館學會」所贈之禮特別有分量，是一部罕見的古書《熱河日記》二十套，每套六函。此書作者爲韓國著名學者朴趾源。朴氏爲韓國著名文學家、思想家，當年他陪同韓國一位使節前往中國，於一七八〇年遊歷東北及北京，此書是根據他的親身經歷所記，尤其對有關中國社會組織及中國工業之技術詳爲記載。此書對韓國此後的官僚體制、社會的發展有極大的推動意義，對日本也有一定的影響。雖然日本及韓國均有此書的「抄寫古版本」，或翻譯版本，但與原稿有差距，而原稿則僅存於臺北的國立圖書館，所以韓國一直視此書爲國寶級文物。因此這部代表中華民國的「國禮」，祝賀韓國雙喜同賀，就凸顯出意義非同凡響。

李承晚於八月十五日宣誓就任，並於十四日在景武臺總統府會見葉公超部長，葉部長面呈蔣總統的私人賀函一箋、賀禮一件，又轉達蔣介石的致意。李承晚笑指著牆上的一幅畫作了讚美，那是同年三月二十五日，蔣夫人爲他八十一歲生日，所繪的祝壽禮。兩個月後蔣介石的七十歲生日，李承晚回贈壽禮兩件，一是他的手筆橫幅「松壽鶴齡」，另一是韓國畫家李靑田所繪的山水大橫幅。

⑥《中央日報》，一九五九年三月三十一日，第一版。
⑦《中央日報》，一九五六年八月十五日，第一版。

# 六 為伊莉莎白公主大婚贈禮

在大陸時期，蔣介石夫婦比較重要的一次國際贈禮，是一九四七年十一月，爲英國公主伊莉莎白（Elizabeth II，現今仍然在位的英國女王）大婚，所送的一套名貴瓷器。

說到伊莉莎白二世，不得不讓人想起另一個話題：她是第二次世界大戰結束以來，世界上收禮最多的人。女王的收禮歷史，可以說是從她做公主時的六歲生日就開始了，而一九四七年的大婚，使她的收禮達到一個高峰。其次是一九五二年她繼位爲英國女王時的加冕禮。送禮最多的人，從廣義角度說，是中國總理周恩來（包括他二十七年間的外交贈禮）。這裡所說的之「最」，不是說禮物的總價值，而是綜合所指的次數和件數，以及收和送的頻率。

## 轟動世界　豪華婚禮

伊莉莎白是英王喬治六世的長女，一九二六年四月二十一日生於倫敦。自幼在皇宮內接受良好的教育，能講流利的法語、西班牙語和德語。她在作公主時，就經常收到世界各地贈送的五花八門的禮物。一九四四年，她十八歲生日時，在所有獲贈的衆多禮物中，她最喜歡的是一隻威爾士矮腳狗，並爲它取名「蘇珊」。

一九四七年七月九日，二十一歲的伊莉莎白公主，與遠房表兄，希臘和丹麥親王菲力浦・蒙巴頓中尉（Prince Philip，現爲愛丁堡公爵、菲力浦親王）訂婚，同年十一月二十日舉行婚禮。那時二次世界大戰結束不久，英國經濟處於困難時期，失業率不斷增加、衣物及日用品匱乏，連配給的食品有時也不能保證，但仍舉全國之力，盛大操辦這場世紀婚禮。民衆報以極大的熱情，關注婚禮的日程和每個細節，也爲英國社會帶來久違而又似乎熟悉的歡慶氣氛。大婚前三天的十七日晚，白金漢宮舉辦盛大的晚宴和舞會，十八日晚又舉辦有一千二百位客人參加的招待會。全世界有數百萬人通過收音機，瞭解婚禮進行情況，白金漢宮收到上萬封來自世界各地的賀電、賀函。

大婚當天，儘管十一月的倫敦已是寒風凜冽，但成千上萬的民衆聚集在巡遊路上，以期一睹公主夫婦的風采。王室規定：婚紗用料不能來自敵對國，比如義大利和日本。於是採用更爲優質的中國絲綢，由王室御用設計師諾曼・哈特奈爾（Norman Hartnell）設計，是一件象牙色絲質禮服，鑲有珍貴水晶及一萬顆自美國進口的珍珠，裙後的拖尾長達四米。僅婚紗料的造價就達一千二百鎊，用掉了三百張衣物劵，公主不得不省下她的衣物劵。哈特奈爾是英國王室的專職服裝師，他在婚禮舉行前一天晚上九點趕到白金漢宮，光是裝飾和打理那件象牙色的絲質婚紗，就花去了他和他的團隊一個半小時。金色婚鞋是特別爲她設計的，金色緞子鞋面，鞋扣則是白銀鑲嵌著珍珠。

當載著新郎和新娘的馬車駛出白金漢宮，前往即將舉行婚禮的威斯敏斯特大教堂（Westminster Abbey，通稱西敏寺）時，成千上萬的民衆，已經在寒雨中等待了整整十九個小時，人群中爆發出如雷鳴般的歡呼聲。

按照慣例，教堂婚禮結束後，新婚夫婦返回白金漢宮，招待一百五十位賓客。婚宴的功能表使用的是法語，不許帶出去的，並且有僕人（專設僕人）監督。有以公主名字命名的奇特雪糕，在事前也是保密的。就在他們即將進入白金漢宮的一剎那，人群失控了，他們衝過封鎖線，直接進入白金漢宮內門，以致警察費了好大的努力，才將祝福的人群勸了出去。

爲了紀念結婚日，新郎送給每位伴娘一件禮物，那是由他設計的銀色和玫瑰金色相間的粉盒。盒上刻著新婚夫婦兩人名字的首位字母「E」和「P」。但每個粉盒又都有小小的不同，有的粉盒中間的下面有六個小藍寶石。有記者指出：婚禮現場的許多陳列和使用的物品，只要你仔細看，就會發現與往常不同，顯然，它們都是經過精心策劃與特別製作。

有英國學者指出：「（這次婚禮）承載的意義，遠遠超出了一場婚禮，它更是一場振奮全英國人的盛會——經歷了戰爭的殘酷、死亡的威脅、戰後經濟蕭條的苦難之後，悲觀沉悶的英國民衆，太需要一件大肆慶祝的事了，也太需要整個英國興奮一次了。」這一論斷非常準確，因爲婚禮後，倫敦市民狂歡了一個星期，慶祝民主戰勝專制。婚禮的影響，則持續了好幾個月，人們不斷地擠進電影院，一遍又一遍地觀看婚禮盛況的錄影。第二年，公主懷孕的消息一經傳出，全英國的民衆，紛紛寄來了手工做的嬰兒服、尿布、奶瓶、玩具等。大家的日子都過得緊巴巴的，但白金漢宮裡，卻堆滿了各種禮物。數千人聚集在白金漢宮外面，給即將出生的小王子祈禱，祝願他長命百歲，誕生的這位就是現在的查爾斯王子（Prince Charles）。

這次婚禮，是第一場向世界廣播的皇室婚禮，也是威斯敏斯特大教堂第一次允許攝影機拍攝。這些新聞影片在全世界各地的影院裡，被播放過無數次。

## 各國政要　慷慨饋贈

喬治國王送給女兒一條很長的串著藍寶石和鑽石的項鍊，這套項鍊還包括耳環，製造於十九世紀中期，喬治國王親自從珠寶商Carrington&Co處買下，作爲女兒大婚的賀禮。項鍊最初有十八顆鑲嵌著巨型藍寶石，在一九五二年改造時去掉四顆，一九五九年寶石中最大的一顆被拆下作爲項鍊吊墜，設計者在它背後裝上別針，因此吊墜也可當作胸針用。

新郎菲力浦親王送給公主的禮物，是他親自設計的鑽石手鐲。鑽石取自菲力浦親王的母親愛麗絲公主（Princess Alice）的一頂王冠。他對自己的藝術才華很滿意，並委託倫敦珠寶商菲力浦・安托巴斯製作。

各式各樣的賀禮，從世界各地送達倫敦。令公主感動的是，英國的許多婦女都將她們的服裝配額券，捐贈給公主。但是，公主卻只能心領這番好意，因爲根據當時的英國法律，這種配額券是不允許轉讓的。最後，它們又都被王室的工作人員，想盡一切辦法送還給捐贈者。這回是人們被公主的正義和善良感動了，很快，世界各地的人們給公主寄贈了絲綢錦緞，作爲回報。王室成員蒙巴頓將軍（駐印度最後一任總督），甚至送了一座最新式的電影院。

所收到的各式蛋糕有十餘個，其中最大、造型最優美的一個，是有百年歷史的英國糕點名店：McVitie & Price，特別製作的，分爲四層，高達二・五米，被評選爲第一名。因爲當時英國實行糧食配給制，製作蛋糕的原料也是靠他人捐贈的，其中大部份來自澳大利亞的女童子軍。另外還有十一位由親友贈送的「婚禮蛋糕」，也別出心裁，因造型優美，被評選爲第二名。除第一名之外，所有蛋糕都是從國外定製，這說明當時英國的糧食，匱乏到何種程度。婚禮結束後，蛋糕及其他食品類禮物，都被打包，分發給學校及公共機構。

美國總統杜魯門（Harry Truman）送了精緻的工藝品——水晶旋轉木馬。艾森豪（Dwight Eisenhower）將軍和夫人，送了一個銀製的菸灰碟。紐西蘭政府贈送的是書桌。

聖雄甘地是印度著名的以非暴力、不合作主義，反對英國對印度殖民統治運動的領袖，但也送了一件禮物——他親手織的鏤花披肩，中間圖案的含義是「印度勝利」。他委託印度最後一任總督、英國駐印的蒙巴頓將軍帶回英國轉交。甘地的「時常絕食」，讓英國很被動，因此他是個讓英國頭疼的人，所以這件禮物在當時是不受王室的歡迎。還有的人看不懂是什麼東西，有人以爲是用來蓋託盤的單布，有人認爲是鏤花手絹，公主的祖母瑪麗王后則蔑視爲「蔽體」的「一條纏腰帶」，新娘子因此被人恥笑，但還是被保存了起來。王室的寬容得到人們的讚賞。六十年後，它在王室被公開展出，人們看到甘地的手工藝製作，眞是難得的享受。

緬甸政府贈送了九十六顆紅寶石，以及一對鑲嵌有紅寶石和鑽石的昂貴飾物。加拿大億萬富翁Dr. Williamson贈送一顆王室有史以來，獲贈最大的鑽石，此人在非洲擁有一座鑽石礦山。

一些著名企業，紛紛以自己最好產品作爲賀禮，藉此爲廣告，提高聲譽，促進銷售。汽車廠商、照相機廠商、服裝企業等，不乏其例。其中最著名的是瑞士的各手錶商，他們的宗旨是不問政治，不管國別、種族，凡有重大事件，均以名錶祝賀。

除了珠寶首飾、金銀瓷器外，王室還收到許多意想不到的特別禮物，比如五百罐堅果、大量的杏仁、乾果、一臺觸摸式唱機、一臺洗衣機、一臺HMV收音機、五百罐鳳梨罐頭、一三一雙尼龍襪、十七雙長筒絲襪、十六件睡袍、三十條領帶、三十八隻手袋、九套銀餐具、兩匹名馬、十七隻寵物狗、二十四雙手套和一臺電冰箱等。

婚禮當天，每個學齡兒童能領到一個麵包圈，每位在戰爭中失去親人的寡婦，能領到一罐罐頭、附帶新婚夫婦的慰問卡片。每一位就職的英國人，可享受了一週的假期。也許，這是公主對人們贈禮的回饋吧。

婚禮過後，王室對所有贈送賀禮者，如國家或政府、團體、機構、企業、個人，都發出了一份感謝信，這是王室的傳統。有的感謝信，是由公主親自簽名的，對於重要人物，有的信是她親筆書寫。

由於收到的禮物實在太多，公主夫婦竟無暇一一欣賞。能夠被保存下來，或值得被保存下來的有兩千五百餘件。有的禮物無法保存，如食品（蛋糕、水果、蔬菜、啤酒、軟糖）、動物（被送到了動物園）、鮮花、花籃、盆景等。有的是不值得保存，如木勺、口紙、絲襪、糖製工藝品等。到二〇〇七年，是女王鑽石婚慶之際，王室舉行一個公開的禮物展覽會，女王才看到當年婚禮，所收到的這些門類繁多的禮物，以及結婚登記簿和用來簽名的羽毛金筆，令她驚奇和欣喜，浮想聯翩。

據英國皇家珍藏館的現任館長休・羅伯茨爵士，在二〇〇七年透露，當時收到的一些禮物，女王一直使用至今，比如一些瓷器、餐具等。

## 來自中國的禮物

一些中國商人極具慧眼，爲擴大影響，推銷產品，也紛紛贈禮。上海著名的鴻翔時裝公司，也送了一件禮物。

鴻翔時裝公司的創始人金鴻翔（一八九四—一九六九年），原名金毛囡，江蘇川沙人。十三歲進中式裁縫店當學徒，一年後轉店改學西服，一九一七年集資在南京西路開設西式裁縫店——鴻翔。一九二八年在今南京西路八六三號擴大門面，改名鴻翔時裝公司，爲中國女式時裝創始人。一九三三年，他設計的六件新款旗袍，託廖凱伯送往美國參展，受到了一致好評，最終捧得了銀獎，揚名海內外。

鴻翔公司的服裝，對每一個細節都精益求精，比如規定每一寸必須縫十二針，多一針少一針都不行。對於如何剪裁、如何熨燙都有嚴格的要求。金鴻翔之子金泰康回憶說，「當時，按照鴻翔的要求，製作的衣服都必須是穿二十年不磨損、不變形的好衣服。」

上海的女性名流，無論是宋氏三姐妹，還是電影明星胡蝶、阮玲玉，甚至連新當選的上海小姐王玉梅、謝家驊、劉德民，都成了鴻翔公司的長期老主顧，鴻翔的產品，成爲上海女界名流的首選。宋慶齡也來到鴻翔訂製衣服，那是一九三四年，鴻翔爲她訂做了一套中西合璧的服裝，融民族傳統和現代潮流爲一體，不僅獲得了宋慶齡的稱讚，宋慶齡特意題寫：「推陳出新，妙手天成，國貨精華，經濟干城」。蔡元培也以「國貨津梁」橫匾相贈。

金鴻翔獲得成功的一項特別之處，就是善於捕捉商機。一九三五年十一月二十三日，著名演員胡蝶與潘有聲舉行婚禮，金鴻翔便抓住機會，親自給胡蝶設計了結婚禮服。他在整個婚紗上繡了一百隻翩翩起舞的蝴蝶，正好與主人的名字合拍，一時間轟動半個中國。金泰康回憶說：「……她是電影皇后，許多的報紙上都有她的照片，我們便把這照片，印成五六寸大小，印好後，在門市送給客人，既給胡蝶做了廣告，也給我們自己做了宣傳。」

一九四七年十一月，金鴻翔又抓住伊莉莎白公主結婚的機會。他選用優質綢緞，由熟練技工精心製作了一套中式繡花禮服，配以一只雕花樟木箱，委託英國駐滬領事館向公主轉送。按照王室的規

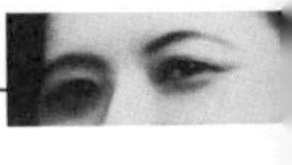

定，公主的婚禮本來是不收取民間禮服。但禮服送達白金漢宮後，竟得到公主的青睞，她破例將這件來自中國民間的禮服留在了身邊。爲表示感謝，公主還親筆簽署了一封感謝信。很快，在鴻翔公司的玻璃櫥窗前，人頭攢動，大家爭相目睹陳列其中的一套女式晚禮服（後來仿製的），和一封有公主簽名的英文感謝信。

## 蔣介石夫婦的賀禮

蔣介石夫婦於十一月二十日，電賀喬治六世：

> 喬治六世陛下，值茲伊麗莎白公主與蒙巴頓上尉結婚大典，鄙人夫婦謹向陛下伉儷致深切之賀忱，並祝王室愉快。

蔣介石委派駐英大使鄭天錫代表，前往觀禮致賀並轉交禮物。海軍總司令桂永清代表全體海軍將士致電申賀。①雲南省主席龍雲，贈送了一軸畫卷。

①《新聞報》（上海），一九四七年十一月二十日，第一版。

與此同時，蔣介石以國家元首名義，送去的國禮是一套包括碗盤、茶具、餐具、食具、大瓷瓶、餐桌花瓶等一百七十五件的景德鎮名貴瓷器——雙龍戲珠。

據說，中國歷代帝王登基均訂製「紀盛瓷」，尤以清代爲盛，必由首先命辦紀元精瓷，爲紀盛之物證的傳統。因而每次都能產生代表一代之新瓷風韻，如康熙之三彩、雍正之青花、乾隆之豆彩及寶藍、嘉慶之五彩、道光之花鳥人物等，皆有特色。紀盛瓷是以每套的件數多寡爲標準，以至於愈到後來，紀盛瓷的件數越多，越能體現盛世之況，價值也越高。

袁世凱的「洪憲」雖然短命，在倉促間，也將故宮密藏御料，發往景德鎮秘密精製「洪憲瓷」，有一〇二件。製造之精，幾與乾隆、嘉慶瓷同値。當時的瓷藝家和收藏家均有感慨，認爲物以稀爲貴，所以「洪憲瓷」藏價會超過咸、同、光而上，「慰亭」（袁世凱字）有此傑作，也不負「九五」一場，亦可慰藉九泉了。②

這裡有個小插曲：據說袁世凱燒製紀盛瓷，與製龍袍的心態是一樣的，因爲他的稱帝遭各地反對、聲討，所以還是有所顧忌，只保留了兩套，其他一律毀掉。其中一套給了段祺瑞，每件的底部有紅色篆書「居仁堂製」，是以專用白紙包著，可裝滿滿一只大箱子。文革時，段家（段祺瑞的女兒段式巽）害怕抄家，就捐獻了。文革後發還時，有關部門又動員段式巽的後人賣給國家，最後還是賣了，得款五千元。③因此，袁世凱的這套瓷器，被認爲是歷代以來件數最多的紀盛瓷。當時各大報紙，紛紛報導，認爲「精美程度，無與倫比」。

蔣介石所贈這套餐具瓷，在數量上已經超過當年袁世凱的那套「洪憲瓷」。在當時中國官方，是被稱爲「勝利紀念」瓷中的一種，又稱「國禮瓷」，由知名畫家兼陶藝家彭友賢繪製，備爲贈送各盟國元首。餐具的主題圖案設計，圍繞著兩條金龍，在彩雲間爭搶龍珠爲主線，以金、紅爲主色調，所繪龍的外延描有「萬」字連方圖型、內繪桃狀連續圖型；中間書雙喜漢字，周圍盤繪五隻蝙蝠，寓意著中國民間「萬壽無疆」、「福壽綿長」、「五福臨門」等諸多吉祥涵義。畫面上，龍的外沿繪「萬」字連方圖案，內側繪桃形連續圖案，中心有「囍」字，周圍盤繪五隻蝙蝠。每件瓷器底有「英皇儲伊莉莎白公主大婚紀念」、「蔣中正、蔣宋美齡敬贈」字樣。

一九四七年十一月十四日，抵達英國的瓷器，連同英國大使館給伊麗莎白公主母親的信，一起送

②《申報》（上海），一九四七年十二月六日，第九版，參考編寫。
③《江淮文史》（安徽），二〇〇六年第三期，頁五三；二〇〇七年第一期，頁三九。

到了皇家。信中說：

夫人：值此公主殿下即將與菲力浦‧蒙巴頓海軍上尉結婚大吉大喜之際，中華民國總統及夫人，以及全體中國國民向您致以最熱烈的祝賀，並為此送上特別精心設計製作的全套中國瓷器餐具共一七五件，分三個大箱裝運，作為公主殿下大婚的賀禮。我榮幸地受命完成此項任務，現送上請閣下盛情查收……

兩天後，收到瓷器的伊莉莎白公主，給宋美齡寫了一封熱情洋溢的信表達謝意：

收到你和蔣介石主席特別為我們精心製作的結婚禮物——一套高貴華麗的中國瓷器餐具，我們兩人都特別高興。我非常喜歡它們的圖案設計，此外，這些瓷器品質之高，恐怕只有中國才能生產出來。我向你們兩位表示我最熱烈的感謝，並通過你們向中國人民感謝他們送給我們的美好禮物。當我和蒙巴頓上尉一想到我們將在我們的家裡經常看到反映中國人民對我們的良好祝願，在我們一生最快樂的結婚的日子裡送給我們的禮物時，我們無法形容內心的喜悅。

在發出這封信後的第四天，一九四七年十一月二十日，伊莉莎白公主和菲力浦上尉舉行了慶婚大典。

西方各國歷來對於中國名瓷，懷有極大的興趣，英國王室收到這套西式餐具款式、東方繪畫風格的國禮，欣喜不已，專闢一室，對外展覽，吊足了各國博物館及收藏界、甚至是政要們的胃口。據說：「英國人是排著長長的隊伍，等候參觀的，因而轟動一時。」這無疑是對江西瓷業的恢復和發展，起到極大推動作用。

我們目前所能看到的，這套「雙龍戲珠」餐具瓷的圖案照片，是由彭友賢女兒，近年來專程赴英，經伊莉莎白女王特許，進入王宮所拍攝的。

## 十六歲中國小姑娘的賀禮

中國民間的賀禮也別出心裁，且更具深遠意義。其中著名畫家常書鴻十六歲的女兒常沙娜，自甘肅敦煌千佛洞寄出的禮物，是她臨摹的《吐蕃女王及其隨從》彩色畫，可以作爲中國民間禮物的代表。

這裡有必要介紹一下常書鴻和他的女兒。常書鴻，滿族，一九〇四年生於浙江杭州；一九一八年考入浙江省立甲種工業學校染織科，畢業後留校任教；一九二六年赴法國里昂國立美術專科學校學畫，後被保送至巴黎高等美術學校，師從新古典派畫家勞倫斯，作品多次獲法國春季沙龍金獎。留法期間，發起成立中國留法藝術學會；一九三六年回國在國立北平藝專任教；一九四三年任國立敦煌藝術研究所所長；一九四九年後歷任敦煌研究院名譽院長、研究員、國家文物局顧問，是著名的敦煌學專家，有「敦煌保護神」之譽，爲敦煌藝術的保護和研究做出了重要貢獻。

常沙娜一九三一年出生在巴黎，六歲回國，十三歲隨母親來到敦煌，並在酒泉中學就讀。母親出走後，她停止學習，一面帶養弟弟，一面跟父親學畫，參加敦煌壁畫的臨摹工作。她與父親的臨摹作品和畫作在蘭州展出過，獲得極大成功，她的才華爲一位加拿大人葉麗華（Reva Esser）女士所欽佩。葉麗華當時正在山丹與紐西蘭籍的路易・艾黎（Alley Rewi）④一起，支援西北的教育事業，她熱情地邀請常沙娜到美國學畫，但父親不放心。一九四八年，葉麗華專程來到敦煌接她赴美，在美國波士頓美術博物館附屬美術學院學習。一九五一年回國後，在清華大學營建系工藝美術教研組作助教，後擔任中央工藝美術學院院長。

常沙娜在千佛洞臨摹的二百餘幅壁畫，充分體現出她五年來習畫的歷程和藝術才華，受到人們的讚揚，她挑選其中一幅，作爲送給公主新婚的賀禮，並致函：

親愛的伊莉莎白公主：恕我以一個中國女孩子的身分，用最熱忱的心境來祝賀你的結婚大典。

我相信我如同中國至少有一億左右的像我那樣的女孩子，在心驚肉跳的想像公主的大婚典禮，它莊嚴美麗將一定要超過一切童話上的描寫。

當這個世界正在戰爭中甦醒過來，而又很快地籠罩著陰暗的幻影的時候，我想公主的大婚實在是我們這個年齡的孩子，在世界上所聽到最可慶賀的喜事，很久前在我小小的心上便想送一禮物，表示我微薄的心意，可是我不敢說出來，又不知道能不能這樣做，幸運的是昨天在報上看見我們的蔣主席和夫人在江西訂製一份瓷器，專門為贈送公主的婚禮，我很快地得到父親的同意，才敢拿出一幅我最近臨摹千佛洞的壁畫《吐蕃女王及其隨從》來送你，這是一千多年前，中國唐朝人所畫的壁畫（原畫在千佛洞C302窟東壁），也許當時東方女王的風俗習慣，可以引起公主的興趣吧！

最後我希望公主能夠給我一張簽名的大婚照相，讓我可以朝夕懸掛在我的畫案上，作為一個愛慕的物件！

一個十六歲的中國女孩，常沙娜於甘肅敦煌千佛洞。⑤

④路易・艾黎，作家、教育家、社會改革家，於一九二七年來到中國，曾加入中國共產黨，在中國辦學、建立工業合作社。中華人民共和國成立後，為紐西蘭和中國的建交奔走。為中國十大國際友人之一。

⑤《新聞報》（上海），一九四七年十一月二日，第二版。

# 七 國民政府的國禮

中國疆土廣闊，歷史悠久，在早期的地域、邦族、諸侯或國家之間的交往、議事之前的儀式中，互贈大型禮物或重要信物，代表了人類文明演進之奇蹟。隨著社會的進步，代表本民族文明和藝術的精華，輸送到另一文化環境中，蘊含著極為豐富的寶貴資訊。國禮是國家之間，代表友誼而饋贈的最重要形式和最高級別。國禮是外交的產物，外交是文明的衍生物，只有出現了國家並發生國家關係時，才產生真正意義上的對外交往。從這個角度講：國禮饋贈，是諸多外交禮儀中的一個必要的組成部分。

至於說到民國時期的國禮，又發展到另一種形態。在大陸時期，無論是蔣介石個人的國際贈禮，還是代表國民政府的國禮，以及其他高官的外交禮物（國禮），很難一一區分，因為大多數的重要國禮，最終都要通過蔣介石的過目或首肯，才能送出。所以，本文將這三者合併來寫。

應該說，在蔣介石執政初期，忙於北伐和四處征戰，無暇兼顧，或許並不重視與外國政要的交往，因此也淡化國禮的贈送，相反，卻重視對蒙藏地方當局的交往和饋贈。

## 與美國

國民政府對美國贈送國禮，要遠多於其他各國，這是有多種原因促成的。

### 贈石獅

一九三〇年九月，中國政府贈送美國密蘇里大學新聞學院一對石獅，以增進中美兩國友誼、促進兩國教育和學術界的交往、交流和互派學者，以及派送留學生。此石獅為曲阜孔廟之舊物，已有五百多年歷史。密蘇里大學歷史悠久，而其新聞學院又是世界著名新聞教育學府，該大學校長威廉博士（Walter Williams），同時兼任世界報界大會主席，又兼任新聞學院院長，他對這一禮物非常珍視。

駐美公使伍朝樞是促成此事的主要角色，前後三次呈請蔣介石。先是政府中有不同意見，認為任何地方的石獅都可以送，唯獨孔廟的不能送。後蔣介石得知德、日、英、法等多國已向該學院贈禮，而孔府有許多石獅，才勉強同意。

石獅於一九三一年一月六日運抵三藩市。相對於中國政府對此國禮的低格調處理方式，美國政府和該大學卻極為熱烈的舉行歡迎儀式，並以同年五月五日至九日，在該校舉行「美國第二十二屆新聞週」，同時舉行贈禮揭幕儀式，威廉博士熱情洋溢的邀請伍朝樞參加典禮。在贈禮儀式上，威廉校長向伍朝樞頒發該校名譽博士學位，以表彰他對美中文化交流所做出的貢獻。據說此後，該校開始懸掛中華民國國旗，這倒讓國民政府各大要員，均感興奮。

**贈鎢金戒指**

曾有一時（八〇年代），中國出產的鎢金首飾風靡各界，但早在七十多年前，蔣介石就已經以鎢金製成的戒指，作為國禮送給了美國總統。

中國鎢砂藏量富甲天下，鎢被稱為「工業牙齒」，有極高的熔點和良好的硬度，是製作軍工產品，包括彈頭的最佳材料。抗戰之前與抗戰初期，國民政府以鎢砂換取德國大量武器彈藥。中德斷交後，國民政府財政困難，又把出口目標轉向美國。

一九四一年二月，美國總統特使居里（Lauchlin Currie）來華訪問，蔣介石想以此為契機，與美國達成某項協定，促成鎢砂出口。二月二十一日，翁文灝奉命會見居里，向他介紹中美經濟合作及中國礦產開發情況，並向居里提供了《中國礦產資源節略》、《戰時中國後方工業發展概況統計表》、《戰時各重要都市物價指數表》、《中國出口礦產品統計表》等重要資料，與之探討出口的可能性。

為了證明中國所產鎢金的良好性能，翁文灝向居里和羅斯福（Franklin Roosevelt）總統各贈一只「鎢砂戒指」（當時的名稱），委託居里轉交羅斯福。

翁提出：「美國應增加對中國經濟的開發，特別是戰後日本一定還會用這種方法壟斷中國資源，故欲使此次苦戰不至徒廢，必使中國富源不為日方獨佔，而欲達此目的，則美方協助實為必要。因此，希望美國政府能說明中美經濟合作之方針，並商請美國高級專業人才，熱心商洽具體辦法。」居里對此雖不反對，但他認為：美國自己出產的鎢砂，基本滿足應用。同時他還表示：「美國上等實業人才，對美國利益影響甚巨，對於中國富源尚多不甚重視。」因蔣介石的這一目的未能實現，所謂「鎢砂戒指」的「國禮」事件，對外便未著力宣傳。

### 中國人民的呼聲

一九四二年十月，美國總統羅斯福派特使威爾基（Wendell Willkie），來華瞭解中國抗戰情況。並於十月五日參觀中央大學、國立中央工業專科學校、省立重慶大學、私立南開大學。這四所學校在當時的中國教育界，具有「各自的代表性」，顯然是經過精心挑選的。蔣介石指示黃仁霖負責接待、並策劃向威爾基贈禮事項，黃仁霖果然不負「重」望。威爾基參觀結束後，此四學校合贈的一件禮物，是一個精緻的「卷軸」，展開卷軸，裡面是四校送給威爾基的「慰問詞」，因此，又稱「卷軸慰問詞」。詞曰：

威爾基先生：先生為增強同盟國之團結合作，及鼓勵同盟國之戰鬥精神，代表羅斯福總統不辭勞苦，遠來中國，又能於短短旅期之中，辱臨四校，足證先生關心戰時中國教育。同仁等尤不勝歡欣鼓舞之至。先生所參觀之四校，設備誠極簡陋，但所告慰者，同仁等俱能體念政府於戰時維持教育之苦心，移盡培植青年，增進學術之職責。故數年來，日寇雖屢有計劃之轟炸，以達其摧殘中國文化之目的。然吾人之物質損失及生命危險，不獨不能動搖其奮鬥精神，且能獲得加倍之收穫也。今世界各民主國家，在政治、經濟、文化各方面本已發生密切之關係，形成一息息相關之偉大社會。此乃人類文明演進之奇蹟。不幸德意日三軸心國家，竟謬唱種族優劣之學說，窮兵黷武，以達共同支配整個世界之野心，致使人類遭遇空前之浩劫。此實人類歷史上之一大悲劇也。今同盟國戮力同心，與軸心國之暴力相周旋，其最終勝利必屬於同盟國，固無疑義矣。但勝利之後，將如何建立人類之平等與互助，以奠定世界之永久和平，而順應人類文明演進之需要，使羅斯福總統所宣導之大西洋憲章得以新的心理保障，則成為吾同仁願與貴國諸教育家共勉者也。茲就太平洋之和平前途論之，同仁以為中美兩大國家，不僅戰時需要相依為命，在戰後尤需要密切合作，共同維持中國戰後之經濟復甦，守勢國防之建設，固賴於貴國之援助。而貴國欲保持在太平洋之一切權益，亦有賴於中國之富強。蓋只有富強之中國，始足以安定東亞之秩序也。以中國向來愛好和平，固深信今後絕對能作貴國之永久好友。此又同仁所願請先生歸告貴國人民也。最後敬祝先生愉快與健康。國立中央大學、國立中央工業專科學校、四川省立重慶大學、私立南開大學全體教職員同仁等敬贈。

中華民國三十一年十月。①

一些著名畫家的傑作，也是國民政府國際贈禮的最佳選擇。如張書旂所繪《百鴿圖》，就成為抗戰時期所贈國禮的經典範例。

張書旂（一九〇〇—一九五七年），原名世忠，以字行。浙江浦江縣禮張村（今屬岩頭鎮）人。自幼潛心文史，尤好繪畫。一九二二年入上海美術專門學校，拜呂鳳子為師。畢業後，曾任金華省立第七中學與廈門集美學校圖畫教師。後受聘於南京中央大學藝術系。工花鳥，尤善翎毛，亦作山水、人物。畫作筆墨淋漓，意境清新，色彩絢麗，形神兼備，於佈局章法尤為講究。精設色，擅用粉，喜畫染色紙，致力於創新，格調妍而不俗，於富麗中寓高雅，醒目明快，雅俗共賞，畫風獨樹一幟。時與徐悲鴻、柳子谷並稱為「金陵三傑」，和傅抱石、陳之佛等相友善。後又與諸聞韻、潘天壽、吳茀之、張振鐸等五人結成「白社」，切磋畫藝。一九三五年在南京舉辦畫展，獲得中外人士的極高評價，近三百幅展品被爭購一空。此後，其作品被選入比利時、法國、德國、蘇聯等國所舉辦的國際美術展覽，有的為各國政府所珍藏，被視為東方瑰寶，遂成為當時中國花鳥畫的代表作家。

①《國民公報》（重慶），一九四二年十月六日，第二版。

一九四〇年春，張書旂在中央大學教書時，受時任外交部部長王寵惠、中央大學校長羅家倫的委託，創作一幅以鳥為題材的中國畫——《百鳥圖》，作為國禮，贈予美國總統羅斯福，以爭取美國儘快加入國際反法西斯鬥爭的陣營。張書旂受託之後，即開始構思，並買來十餘隻家鴿放於籠中，日夕觀摩。當時正值日機對重慶瘋狂轟炸，他以悲憤的心情，在光線灰暗的防空洞裡進行創作，條件十分艱苦。從接受委託到最後完成創作，花去二十餘天。在這幅全長三五五・六釐米，寬一六二・五釐米的畫幅中，張書旂大膽構思，以橄欖樹和杜鵑花為襯托，刻畫了整整一百隻自由飛翔的鴿子，每隻神態各異，設色典雅，栩栩如生。徐悲鴻稱其「畫鴿應數為古今第一」，蔡元培也稱讚他的畫是「一經妙筆，耐人尋思」。

一九四〇年十一月五日，羅斯福在競選中獲勝，第三次連任總統。中國政府決定派代表團赴美國祝賀，並將《百鳥圖》作為賀禮，蔣介石在幅邊親題「信義和平」四字。贈送儀式於同年十二月二十三日，在陪都嘉陵賓館舉行，陳立夫、羅家倫等參加了贈送儀式，交由美國駐華使館轉交。羅斯福總統收到後，十分欣賞，並懸掛在白宮裡。這是進入白宮的第一幅中國畫。羅斯福去世後，此畫移至羅斯福紀念圖書館，永久收藏。以鴿子作為世界和平象徵的傑出繪畫，張書旂早於畢卡索十年。

不久，張書旂應羅斯福總統邀請訪美，國民政府贈與他「國民外交使者」身分，前往美國和歐洲

各國巡迴舉辦畫展，並當眾揮毫，美國人讚歎「中國傑作的完成只需十分鐘」，稱他是「世界上最快速度的水彩畫藝術家」；後又應聘在美國高等院校講授「中國美術史」、「中國畫傳神論」及「中國花鳥畫技法」。其畫作《雄鷹》在一次國際畫家名作展覽中被評為特等獎。

抗戰勝利後，張書旂回國省親並任教中央大學藝術系，後於一九四八年春再度赴美傳授畫藝。繼而定居三藩市，設立「書旂畫室」，並創辦畫院，招生傳藝，同時在美國各地講學、寫生和創作，從事中美文化交流活動。一九五七年八月十八日，病逝於三藩市灣東寓所，年僅五十七歲。當時《人民日報》曾刊載其病逝經過，稱其為愛國主義之畫家。

## 最早的「熊貓外交」

一九四一年十一月九日下午三時，在重慶廣播大廈舉行中國政府向美國贈送大熊貓儀式，由宋靄齡、宋美齡姐妹共同主持，同時舉行對美廣播，介紹儀式盛況。蔣介石親臨會場，但他沒有發言和指示。首先由美國哥倫比亞公司達爾代表，鄧威廉致簡短介紹詞，略謂：此次蔣、孔兩夫人贈送美國之熊貓，足為中美兩國友誼新標記。繼而由蔣夫人、孔夫人相繼致詞。其後由蒂文氏代表紐約博物院、美國聯合救濟中國難民協會接受熊貓，並致答詞，略謂：余可斷言，此珍奇可愛之禮物，必受美國人民無上感謝。紐約方面，已為接受此禮物，作種種精心準備。使兩隻大熊貓，能在美國得到妥善飼養。

宋美齡以英語致詞，翻譯後如下：

兩星期前，我從湘北前線歸來。我去那裡視察那裡的傷兵醫院。你們所接濟的藥品、器材，所表示出來的仁愛之心，我此行已經看到了許多具體的明證。我們的傷兵都已經知道這種接濟，是你們美國人士的愛心。他們覺得太平洋對岸那個和平繁榮富裕的友邦人士，費了時間和精神，關懷到比他們處境較為不幸的海外人民，他們真有無限的感激。我此次並且視察了若干的難童保育院，當我問起他們，提到我們的友邦時，那些孩子們的眼睛，就突然明亮了起來，凝神傾聽我的講話，那些愉快無比的神情，真令人感動。他們都知道，美國的小朋友們，節省下來一分一角的霜淇淋或糖果費，捐贈給中國的難童。我相信中美兩國的友誼，是建立在一致的理想基礎之上的。我們公共的敵人，目無法紀，憑藉著野蠻的武力，以圖自私。在他們橫行狂暴之前，中美兩國的友誼，決不會動搖的。今天，經蒂文先生前來，我們很愉快的贈送一對肥碩的大熊貓，聊表我們的謝忱。我們希望由此能給美國小朋友們帶來歡快。

隨後，宋靄齡致詞，介紹捕獲熊貓的經過。儀式之後，舉行茶會，由兩位夫人招待中外來賓。外交部長郭泰祺、董顯光及中外記者等六百餘人參加。②

這是中國最早的「熊貓外交」。

## 與英國

一九三八年七月，國民政府將一尊「阿彌陀佛大理石刻像」，贈與英國大不列顛博物館。據考證：該石像為西元五八五年，即陳後主至德三年所造，此時正是中國石刻佛像藝術的鼎盛時期，而這具石像為精心挑選出的代表作之一，極具觀賞性和具有相當研究價值。一九三五年在英國倫敦舉行的「中英藝術品展覽會」上，首次展出就引起西方各國藝術品收藏家的極大興趣，有數家博物館提出購買意願，但遭蔡元培、傅斯年等人的嚴詞拒絕。

抗戰爆發後，中國政府為增強中英友誼，共同抗擊法西斯，由「行政院出資購買」而後贈送（這是駐英使館在贈送時的解說詞）該博物館收到此禮物，立即致電中國政府道謝，在該館內的東部位置，專闢一地陳列。該館長稱：「本館得此無上之佳品，增光萬丈。」③

②〈以珍貴的禮物，表真摯的友誼——陪都舉行贈送熊貓典禮，蔣委員長親臨參與茶會〉，《廣西日報》（桂林），一九四一年十一月十日，第一版。

③《申報》（上海），一九三五年，編號三六六。

## 與德國

一九三七年四月二日，孔祥熙偕夫人、長女孔令儀、次子孔令傑，以「中華民國特使」身分，率三十餘人從上海啟程，乘坐義大利豪華客輪「維多利亞」號，赴歐洲訪問。第一站是英國。六月九日到達德國正式訪問，受到上賓禮儀接待。孔祥熙特別感到榮幸愉快的是，他的汽車無論在哪裡，總有隨行警車護衛，鳴笛開道，紅燈無阻。孔不無得意地說：「我和德國人相處極好」、「感到無比愉快，印象深刻。」孔參觀了柏林工業大學，克虜伯兵工廠、容克斯飛機廠。柏林工業大學授予孔祥熙榮譽博士學位。六月十三日，希特勒在他的上沙爾茲堡（Obersalzberg）別墅接見孔祥熙。陪同孔出訪的駐德大使程天放回憶說：

> 十二日晚上，我們坐專車南下。六時我陪孔到大使館。孔來歐帶了許多禮物，贈送各國元首和政府要員。他來柏林後，這些物品存放在大使館裡。孔一一看過，然後問我送希特勒以那些物品相宜。我就選擇了一對朱紅漆雕花瓶，一冊珂羅版精印宋畫，一幅湘繡的鷹，和兩盒名茶，他表示同意，就取出來隨身帶去贈送。專車在九時二十分開出柏林，同行除孔先生和我外，還有陳紹寬、翁文灝、桂永清和齊焌，張平群則搭車到明興。外交部派了兩個高級職員同行照料。六月十三日早晨八時，車停明興車站，在皇家候車室（這是帝制時代的名稱，到現在沒有改）進早餐。這間候車室

非常富麗，牆壁用大理石砌成。進早餐後，我們就分乘三部汽車出發遊覽。車行不到一小時就進了山區，經過冰川遺跡，幾十萬年前冰層由此經過，大石被磨琢，留下很多痕跡，地質學家才斷定這是遠古時代的冰川。我們下車眺賞風景，恰好有幾個穿巴威利亞服裝的男女青年經過，孔先生就邀他們在一起攝影，……外交部在此定了房間，供我們休息。談話約一小時，希（希特勒）乃請我們到小客廳，看孔先生帶來的禮物。希對朱紅漆瓶和湘繡特別欣賞，還叫攝影師來攝影，又親筆簽名他本人照片，贈送我們。然後約我們到院子裡，又攝影幾張。到五時一刻，孔先生向希告別，我們坐車出大門後，希站在陽臺上伸手行國社黨禮相送。那時還有許多老百姓在大門外，看見希露面，更是狂喊希特勒萬歲。

多年後，坊間對這次「不對等互贈」禮物，有一些調侃：孔祥熙惟一吃虧的一次交易，要算後來他出使德國，給希特勒送上精美的中國特產作禮物，希特勒倒也懂禮尚往來的古理，回贈蔣介石的禮物：一張自己簽名的照片。大概他自認是地球上最偉大的人物，能得到自己的照片可以使全球任何人幸福得發暈。孔祥熙也不傻，出了門就氣咻咻地嘟囔一句：「這玩意也算禮物？」

## 與義大利

北伐完成之後，中國各地軍閥為擴充實力，爭相購買新款飛機，並成為一種風潮。西方列強為爭奪中國市場，紛紛採取各種推銷手段。自九・一八和一二・八事變後，我國朝野各界，有感於敵方空軍施威情形，認為發展空軍，刻不容緩。所以，航空救國呼聲日高，瀰漫全國。但擁有飛機，必仰仗英美各國，而英美各國紛紛派出宣傳機構，來我國分駐各地，宣傳推銷，競爭激烈。據江海關調查統計，截止到一九三三年一月至八月，各國對華輸出飛機，及附屬品，達八一二萬元之巨，與一年前的同期相比，增加六倍多，其中美國最多，為五六三・四萬元，占總額的百分之七十・二。英國為三十五・三萬元，德國三十六・四萬；法國七・二萬；其他各國總計為一六七・九萬。而美國在一九三二年全年，僅為三十七・一萬。英國則由一九三二年四十五・六萬，減少至一九三三年八月的三十五・三萬。可見，英國為與美國角逐中國市場，非常激烈，派出常駐代表，分駐四川、上海、廣州等地，不斷推出各種形式的宣傳推銷攻勢。④

與此同時，義大利也不甘落後，一九三五年六月，義大利在上海舉行飛機展示會，隨之而來的是，墨索里尼首相向蔣介石贈送一架飛機，於同年八月四日運抵上海。

禮尚往來，是蔣介石的習慣，因此對於如何回贈這架飛機，讓蔣介石頗為費神，後來他把這個難題，推給駐義大利大使劉文島，並提醒他：在考慮國家財政困難的前提下，儘量做到完美。劉文島接受任務後，也十分為難，他的夫人隨便說到：中國的刺繡，曾幾次在世界博覽會上獲獎，西方又沒有這種藝術，送幅刺繡可以嗎？這讓劉文島眼前一亮。於是他先派人在幾大刺繡盛地考察一番，最後決定選擇「湘繡」，並向蔣介石呈報，獲得蔣的肯允後，劉文島又到長沙專程考察，並選定一張墨索里尼「八面威風」的最新照，送交繡品廠，言明一定要委派刺繡高手承當。一個月後，劉文島帶著繡像返回義大利。他在向墨索里尼贈送繡像時說，這幅湘繡是中國文化、歷史、藝術和工藝的結晶，也是我的最愛，相信閣下也會喜歡的。墨索里尼看了惟妙惟肖、纖毫畢現的繡像，非常高興，當即宴請劉文島。

應當說，劉文島代蔣的回贈，十分得體，彰顯國譽。在當時，一架最新款式的戰機，大約需要國幣十萬餘元，如果再加上備件、運送費用，還得再加兩萬。而一幅刺繡不過一千元，劉文島可謂精明絕頂。

### 贈筷子

蔣介石還通過劉文島，向墨索里尼轉贈一雙產於湖南的楠竹筷子。據說此筷與一般的楠竹筷有所

④〈飛機輸入值多少〉，《申報》（上海），一九三三年十二月八日，第九版。

不同：纖維密緻、久用仍圓潤而不易產生毛刺，即使洗後沒有及時風乾，也不易發霉，好用不滑、不易彎曲，一段方、一段圓，方頭施以金片包裹。其最大之妙是放入水中，不是臥浮水面，而是分別垂立，只露出三分之一於水面，令人稱奇。

對於此楠竹奇筷，究係傳說臆造，還是確有其事，至今難以考察。但也有學者分析：此事很簡單，將竹筷一頭浸入某種重金屬液體，使竹體充分吸收，增加其重量，自然就會使重頭墜入水中不倒。但另有人提出異議，認為當時科技未達如此地步，可能是將竹筷一頭掏空，放入重金屬，然後將放洞口施以金銀片包裹，既為裝飾，又掩飾洞口，兩全其美。其力學原理，就如同釣魚用的魚漂一樣。眾說紛紜，莫衷一是，但蔣介石肯贈之物，絕非普通之「禮」。

這是蔣介石第二次向外國首腦贈送「不平躺」的筷子了。不料，因這雙筷子，幾年後卻在義大利引起一股使用筷子的風潮。

在黑衣首相墨索里尼統治下的義大利，人民生活極端困苦，對每一個里拉，都要仔細盤算，以免浪費。因此一些高檔用品，常年被擺放在櫃檯上無人問津。一九四〇年，義大利「娛樂社」推行勤儉運動，認為刀叉勺等餐具，大多為銅、鋅、鐵質的，富有人家為銀質或白金，價值很貴，不符合節儉原則，號召人們少用金屬餐具，以便將金屬用於軍工生產。這一運動也得到墨索里尼的支持，並嘗試著用蔣介石贈送的筷子進餐。

不過，最早採用筷子進餐的，首先是那不勒斯市的家庭中，他們看到當地中國人開設的餐館，使用「兩個小木棍子，靈活輕巧」，可以吃一切食物，又廉價，又省事，非常羨慕。後推及商社、餐館及「娛樂社」，再由「娛樂社」通告所屬會員，一律採用筷子，並動員將金屬的餐具全部捐給政府，用於戰爭對金屬的需求。但用慣了刀叉的市民，驟然改用筷子，非常不習慣，要加以刻意的練習，也有人僅用三、四天就運用自如了。由此，中國人開的餐館又增加一項新業務，教人學習如何使用筷子，也有的西人餐館便雇傭中國人，專門教授顧客使用筷子。但仍有的人學了一星期，仍不能夾取食物。

## 與土耳其

一九三三年六月和一九三六年十月，蔣介石意外的，兩次分別收到土耳其總統凱末爾（Mustafa Kemal），贈送的親筆簽名照片，蔣回贈一張自己的簽名近照。這第二次是一九三六年十月十二日，中國駐土耳其大使賀耀祖返國，於十九日來到上海謁蔣，專門向蔣轉交凱末爾第二次贈送的一幀照片，蔣欣然接受。除了回贈一張自己的近照外，幾天後又贈送一只「夜光杯」。

蔣介石所贈夜光杯，原為青海省主席馬麒所送，杯高和杯口尺寸相近，都是四寸有餘，杯口直徑亦近四寸，淡青色，略有透明。此杯不便於使用，其觀賞性和象徵意義更大。

據傳，夜光杯的製作已有兩千多年的歷史了，早期是採用祁連山的老山玉石、武山鴛鴦玉等優質名玉雕琢而成。據西漢東方朔《海內十洲記》記載：西周（約西元前一〇六六年—前七七一年），國王姬滿應西王母之邀，赴瑤池盛會。席間，西王母饋贈姬滿一只碧光粼粼的酒杯，名曰「夜光杯」。姬滿如獲至寶，愛不釋手，從此夜光杯名揚千古。

夜光杯造型別緻，風格獨特，質地光潔，一觸欲滴。倒入美酒，酒色晶瑩澄碧，猶如皓月映射。到了唐代，夜光杯更是聞名遐邇，唐人王翰詩云：「葡萄美酒夜光杯」，詩以杯名世，杯因詩增輝，杯、詩共傳千年。

據傳賀耀祖在向凱末爾贈送夜光杯時，介紹說：此杯抗高溫、耐嚴寒、盛燙酒不炸、斟冷酒不裂、碰擊不碎。凱末爾豪興大發，立即對著皎潔的月光，倒入紅葡萄酒，杯體頓時生輝，光彩熠熠。

## 與尼泊爾

一九四七年五月九日，克利新諾將軍率尼泊爾政府訪華團，來華洽談公務並遊覽名勝。該代表團於五月十一日會談時，向國民政府各機關和各要人大肆贈禮，贈蔣介石二十九件貴重禮物：銅質克希納廟模型、虎豹熊皮、犀牛角、尼泊爾國服、銀製巴淑巴底廟模型、國王相片、大型象牙、銅獅、銅虎、水晶佛、雕刻模型、銅佛、象牙雕刻廟、珊瑚及其它禮品。

蔣介石於五月十六日回贈：織錦、古瓷、杭繡、名人字畫、香茗、閩漆大瓶等百餘件，委託該代表團轉致該國國王、總理、以及陸軍總司令。蔣介石另以玉照一幀，親筆題字，贈與尼泊爾國王。國府各院、部、會蒐集最近出版物，作為政府機關所收禮物的回贈。于右任捐出收集的碑帖影印本，送外交部轉贈。外交部長王世杰，對尼泊爾國王以及政府首長，亦備有相應禮品。訪華團一行十七日上午赴南京市遊覽，下午拜會沈市長即辭行。⑤

## 其他外交贈禮

一九二八年發生在濟南的「五三慘案」，讓中國人民刻骨銘心，永世難忘。慘案「解決」後，中日「漸入恢復國交進程，各地反日運動日趨消沉。日本政府派遣專使芳澤來華，重新就任駐華公使，

⑤《申報》（上海），一九四七年五月十八日，第六版。

隨員較其它國家為多。在野的犬養毅、頭山滿等諸老，亦聯翩而來。芳澤此次來華，呈遞國書，備有厚重禮物贈蔣介石，輿論界認為：「實具極度善意，並表示希望改善兩國關係，無疑正式承認國民黨政府。」

六月二日，蔣介石聞知芳澤將於六月六日返國，特備禮物「湘繡、閩漆等兩大包」回贈，派參軍兼典禮局局長張希騫，持蔣介石的名片，赴南京鼓樓日本領事署，訪有野參贊，請其轉交芳澤公使。有野回覆芳澤後，即全數收下，備至謝意。⑥

一九六〇年五月二日，菲律賓總統賈西亞訪問臺灣，蔣介石指示有關方面籌備國禮，經研究，決定由「辜鴻銘先生遺著委員會」，將辜氏遺著七種，作為禮物贈送。名伶李湘芬手繪國畫《月季》一幅，作者在畫上題字：

中菲兩國，隔海為鄰，邦交敦睦。近菲總統訪華，更加促進兩國間之密切合作及人民間之福利。歡欣之餘，特敬繪月季奉贈，用表兩國月月吉祥，季季平安。

蔣介石另贈臺灣特產的「精緻地毯」，宋美齡送了錦緞衣料。

⑥〈濟案了後之中日國交——蔣主席特贈禮物於芳澤〉，《大公報》（天津），一九二九年六月八日，第一張第三版。

# 八 蔣馮互贈禮物逸聞

民國時期的高層中，互贈禮物往還最多的，有一時期，大概要算馮玉祥和蔣介石兩位的「互動」了。從送禮的主動性分析，在北伐勝利以前，是蔣介石，因為他要借重於實力強大的西北軍。北伐勝利後的編遣前期，兩人互為主動。編遣中，蔣主動贈禮，如一九二九年三月六日，蔣派邵力子攜帶大批慰問品和蔣的親筆信，到百泉村看望（裝）病中的馮玉祥。①中原大戰開始到馮戰敗後，兩人終止往來，互相抵制甚至謾罵。一九三二年初，蔣介石、汪精衛聯合上臺，馮玉祥被任命為內務部長，再次應召入京，此後蔣馮雖有幾度合離，但不時借助贈禮，彌合分歧，大多是馮玉祥占主動。

談及蔣馮互贈禮物，恐怕先要從馮玉祥的性格和嗜好說起。

## 馮氏趣聞

馮玉祥其人，有一種樸素的思想感情，生活簡樸，體恤民情，常與士兵穿一樣的軍服——灰布軍衣，戴中國式的特製草帽，帽頂蒙綠色油布，以防雨霧。他早年信仰基督教，與張之江一同提倡「基督救國」，因此有「基督將軍」之稱。人們認為馮氏著裝、舉止、處事，頗多怪異，也頗多幽默。甚至有人認為，他的「甘居清貧」是故意裝出來的，以博民望。邵元沖曾在日記中記有應馮氏宴請的感慨：一九三六年十一月二十三日「十二時，應馮煥章午餐之約，饌質而頗豐，所費實亦不廉也。」②可見馮玉祥的兩面性。他的另一大特點，行文、著述，甚至是寫信，都很囉嗦，有時讓人不堪卒讀。

## 愛虛榮

馮氏主張抗日，四處宣傳，不遺餘力。但有時不免情緒化待人處事，有時又為甜言所欺。否則，他就不會輕易加入基督教，也不會在中原大戰時，被閻錫山以奇貨可居，軟禁起來，成為閻向蔣要脅的籌碼，更不會三次反蔣，再三次歸順。

有的人利用他這一特點，達到個人目的。如有某人想通過馮介紹，拜見某要人，便對馮說，他

①陳應謙、張建新，《閻錫山軟禁馮玉祥紀實》（山西：山西古籍出版社，一九九五年），頁三一。
②邵元沖，《邵元沖日記》（上海：上海人民出版社，一九九〇年），頁一四四三。

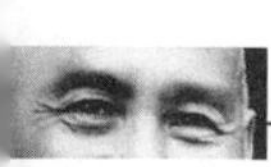

不久前在河南聽到那裡的老百姓都說：「不想爹，不想娘，想得就是馮玉祥。」」（因馮曾任河南督軍），接著對馮大加恭維，馮高興極了。後來那人果然如願。劉思慕也曾對馮說，他見過有人作過這樣一副對聯：「見馮主戰，見汪主和，見蔣委員長和戰兩可；對共罵國，對國罵共，對人民陣線國共皆罵！」並解釋說，此聯可作為當前國事的寫照，馮聽後沾沾自喜，劉思慕獲益多多。

### 先打屁股

馮對普通士兵較為關心，有時還親自為他們剃頭、看病、借錢。但對軍官，無論大小，喝斥辱罵是家常便飯，甚至因小過不由分說，拉下去就是一頓「打屁股」。有一個笑話：馮有一天查營，站崗的士兵抱槍睡覺，馮非要打他的「軍棍」，但他對士兵還是要照顧一下的，開打之前，馮訓了他一通，並引用三字經「玉不琢，不成器」，解釋說打你是為你好，是要你成器。然後再要士兵解釋一下，士兵說：「遇不著，不生氣」，立刻哄堂大笑，馮也笑個不停，軍棍就免打啦！

馮氏提拔部下也很奇怪：如果看上誰了，先被莫名其妙的打一頓，然後觀察他是否有不滿表現，若沒有，就認為是忠誠可靠，很快提升。如果有人報告說被打者有不滿情緒，那他就很難再有出頭之日了。久之，誰要無過錯被打了屁股，其它人便紛紛來向他道喜。西北軍的將領（文官除外），幾乎沒有幾個不享受過「馮氏家法」的悲喜機緣，甚至韓復榘在作了山東省主席後，帶著禮物去拜見馮



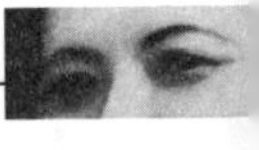

時，還受到他的喝斥，韓怎能沒有怨氣？

### 門外罰站

有一次，馮打電話給三十里之外的石友三，一言不合，立刻惱火，大聲斥罵：你個娃娃，懂個屁，跪下！石乖乖的拿著電話跪下了。那時他已是旅長。過了一會馮又問：跪下了嗎？石友三戰戰兢兢的回答：跪著呢。馮想了一會兒說：那你到門外跪著吧，別佔著電話誤了事。石友三在門外一直跪到晚上天黑……而馮早把這事忘了。

### 如此祝壽

馮氏整軍，以艱苦樸素著稱，有人敬佩、有人不解、也有人鄙夷，但馮氏我行我素。昔日曾在冰天雪地中，與軍佐們野餐，每人面前一個盤子裡有五個黑面涼饅頭，鹹菜少許。馮食之爽怡自樂，咀嚼有聲，且左顧右盼，如見有人皺眉，面呈難色，立即喝聲訓斥。

一日晨起，忽然想起昨天是副官長馮治安生日，連聲自責，貽誤大事了……又命人趕快送禮。此時馮氏囊中真是「羞澀」得很了，四處搜羅，只從伙房找到一筐黑面菜窩窩頭送去。到了下午，忽然又想起：該去看望副官長的生日過得怎樣了。到了副官處看到冷清異常，詢問後得知炊糧不濟，馮問：不是送來一籮筐黃金塔嗎（純玉米麵窩窩頭的美稱，在當時是高級主食）？原來，馮氏並不知早晨送的是黑面菜窩窩頭，而且已經有些餿味，所以才沒人吃。

但馮氏很機智，立即命令開飯，要好好慶祝一下副官長生日。盤腿坐下後，笑著問馮治安：今天是你的生日，請不要客氣，過去你一直食量最大，今天你能吃幾個。馮治安苦笑一下，無奈的點頭說：六個吧？馮氏連說：好、好！又問其他人，人們紛紛答以四個、五個不等。馮氏問：是黃金塔的味道好，還是翡翠塔（對「菜窩窩頭」的調侃）的味道好？見沒人回答，馮氏自答：我看在今天，一定是翡翠塔好！不然你們怎麼搶著吃？一時間笑語喧騰，一籮筐的黑面菜窩窩頭，頃刻分食光了。

## 慶祝新年

一九二八年元旦當天，馮氏駐軍鄭州，他突然想到：今天是中華民國十七年的第一天，應該慶祝一番，可是事先沒有準備爆竹焰火之類的，怎麼慶祝呢？

然而馮氏自有妙計：令士兵整齊列隊，每人用嘴模仿鞭炮的響聲三分鐘，模仿的聲音一定要像，響聲一定要高，否則，拉出去打屁股。果然，士兵們各顯神通，有捂嘴低頭學鑽天猴的，有仰天學二踢腳的，也有兩人捂頭嘴對嘴學炸雷子的，還有的人學小鞭兒，劈哩啪啦、劈哩啪啦個沒玩的，真是巧舌如簧了。官佐們圍在一旁，先是指指點點，繼而笑的東倒西歪。五分鐘之後，馮氏走向前微笑著對士兵們說：今天的新年，過的很熱烈，很有氣氛，鞭炮的種類也很多，大家都坐下吧。於是士兵們都盤腿坐在冰涼的地上。馮氏開始訓話：今天放鞭炮，你們都很盡力，所以，我要犒賞你們。今天有大魚大肉，燒雞灘黃，但你們可不要吃壞肚子，否則……他想了一下，沒有說出那三個字——打屁股，畢竟今天是新年嘛。

他接著訓話：今天，你們只管坐著，都不要動，我要讓你們的長官，把你們伺候地舒舒服服。剛才那些笑歪了嘴的連、排長和副官們，馬上拉著臉子，端著大盆小盆，一趟接一趟的跑來跑去。端完之後，還不讓吃飯，要他們看著士兵們吃，隨時應候。這回輪到士兵們邊吃邊竊笑不止了。

## 章元羲回憶馮玉祥

一九四六年九月，國民政府派馮玉祥赴美考察水利，臨行前，馮寫了一封〈上蔣主席書〉，希望蔣不要打內戰，要講和平。水利部派水利專家章元羲全程陪同，後來章元羲寫了一篇陪同考察的經歷，特摘錄與馮有關的幾則。

一、馮先生是有名的倒戈將軍。「倒戈」二字是公論。前面我已經說過，只有我有資格寫馮在美國那一年的種種情形，當然我也最瞭解他在美國時政治立場轉變的經過。不巧，他在離美的途中死了，若是不死，就不知他會變成什麼樣子了。我用「變」來形容他，而不用「倒戈」形容他，我想比較客觀一點。

二、在美時，他不止一次的講一則笑話，也可以說是一則寓言，他說：「人人都有五官；五官中最有用的是眼睛，最沒有用的是眉毛，可是眉毛卻長在眼睛上面。」那時他是副委員長，若非心有所思，何必一而再、再而三的講這個笑話呢？古語說：「言為心聲」，馮的用心不言而喻了。他在談往事時，每次談到他的倒戈，他就認為那是「棄暗投明」。而每次「棄暗投明」之後他必然升官，他從來沒有考慮到什麼是變節的問題。

三、如前所述，在芝加哥有一次馮先生拒絕到一個聚會去演講，他所持的理由就是因為那個會是共產黨主辦的。如果當時他的話是發自肺腑的話，可知那時他還沒有變的意圖。那麼後來他為什麼要變呢？據我看：第一、他有好變的天性，性情不穩定。這種天性成為他變的原動力，加以對現實日漸不滿；第二、馮太太是個重要因素；第三、他求名之心太重。至於他對求利心如何，那就很難說了。

四、在美國的後期，他對政府漸有微詞。我冷眼觀察，每當他收到總統蔣公的信的時候（信中講什麼我不得而知，但我想不會有什麼要緊的事），他的牢騷就少些。過了兩天，就又多了起來。彷彿是在那年十月初，他寄了一封長信和一個用一元九毛五分買的兩面可以折迭的案頭鏡框，送給蔣公後（店中為使鏡框美觀，框中鑲了華盛頓和林肯像），又經過三、四個星期，他的性情就變得越來越暴躁。看來他是在等蔣公的回信等的著急了。

## 送禮逸聞

在民國時期的高官中，馮玉祥大概是最愛送禮的一位。他送禮沒什麼稀奇古怪或昂貴的東西，大多是極為普通的，由此也流傳一些趣事。

### 向平民贈禮

馮玉祥大概是向平民送禮最多的一位高官，有些人與他毫無關係，有的是駐軍當地的百姓，有的是行軍途中偶遇的孩子，其中最集中、最多的是他隱居泰山時，向附近村民送物送錢。這在他的日記中，有很多記述。一九三三年十二月三日，馮玉祥赴泰安慰問烈士遺屬，每人贈皮袍一件，小孩子贈綢料袍一件，並贈川資。③

### 反諷贈禮

第一次北伐戰爭勝利後，馮玉祥出任軍政部長。南京是當時國民政府新首都，市長劉紀文結婚，

③《申報》（上海），一九三三年十二月三日，第十一版。

大擺排場，婚禮隆重，賓客如雲，禮物成山。可當時國家貧窮，戰爭頻仍，人民生活在痛苦之中，這位市長卻藉結婚之機，大肆張揚斂財，馮玉祥十分厭惡。於是他派人給劉紀文送去一件禮物——木盒一只，外包紅布。劉紀文喜孜孜地當眾打開木盒，裡面裝的全是南京市民對市長的訴冤狀紙。這位被蔣介石扶起來的堂堂首都市長，頓時臉色發青，下不了臺。

## 心態寫照

馮玉祥自一九三三年八月，兵敗察哈爾後，便隱居泰山，與要人較少來往。但他又不甘寂寞，總想尋機與人聯繫，而聯繫的最好由頭，便是送禮。

一九三五年盛夏，馮聽說汪精衛因病到青島療養，便派張鳳伯前往問候，並攜有他的親筆信以及禮物：西瓜兩個、牙刷一柄，作為慰問。信的內容大意是：西瓜為夏季最好的藥品，百吃不厭，更能百吃不壞。昨有友人，貽我四個，當與內子各食一個，其餘悉以奉贈。食之，當可貴恙痊癒。若有再需，請函知，當續贈奉上。牙刷一柄，為濟南特製，真國貨之彥，質堅而料精，每日刷牙，可以健齒。病中的我亦需此。現一併奉上。山居無俚，鵝毛為贈，幸希哂納。

你說，這馮某人是不是囉嗦的太過了……其實，這正是他不甘寂寞，百般無聊的真實寫照。

## 贈草帽

還是這一年的夏天，馮玉祥在泰山閒居，購買鄉民手編大草帽數百頂，專門用來贈送。如他身邊的所有衛士，每人一頂；凡上山來訪者，歸時均有獲贈；韓復榘、鄭哲熙等人為討得馮之歡心，均戴著馮贈之「粗編大草帽」，在泰山合影留念，然後再將照片贈馮為禮，馮極為高興，將照片懸之於書房牆壁。

有一次梁寒操來泰山遊玩，先拜訪他，獲贈一頂草帽，後因在「健步登南天門」的比賽中，獲得第一名，為「眾遊客仰慕」，再獲馮贈一頂為獎勵，梁氏欣然與馮合影一幀。誰知一出馮氏的門，就把兩頂草帽給了身邊的一個孩子。在馮氏的大力提倡下，此粗編大草帽已非上流社會女士所專屬，也開始流行於男子漢了，這也算是馮氏贈禮帶動的一種時尚風格吧。

## 寶刀贈美人

古時有句送禮名言，說是：寶劍贈英雄，紅粉予佳人。然而馮氏卻相反。一九三六年七月二十六日，宋哲元的女兒宋景昭，在北京中南海懷仁堂結婚，蔣介石送了繡花大紅喜字賀幛，段祺瑞送的賀聯：「比翼齊飛，好和鸞鳴；諧和葉羽，如鼓琴瑟。」引來一片喝彩。張自忠贈送的湘繡畫屏氣度不凡。馮玉祥的賀禮，極為厚重：喜字繡花紅幛、一副賀聯、一口寶劍、一部《資治通鑑》以及全套文房四寶。④讓人們疑惑不解。一般人們都認為：馮氏是個簡樸的人，送禮不會有多貴重，但絕對沒想到會送寶劍？竟有這麼怪的賀禮！

## 阿魏扇

古時人們就有送扇子的高雅時尚。此外，人們送禮，有送香送甜送美滿，但送「臭」則古怪離奇了。而馮氏送禮就有這等奇事，那就是他所送「惡臭」無比的「阿魏扇」。

「阿魏扇」所以臭，是因為「阿魏」的緣故。「阿魏」是一種多年生草本植物，其葉近似胡蘿蔔的葉子，花細色黃，矗聚如傘狀，根中富有白汁，截之，流出如注，濃厚且較乳漿而過之，待乾燥後，漸成固體，隨之發出惡臭之味，令人拒之千里。然而此氣味，可怯邪穢、避疫癘、防蟲蠍、阻腐朽。古人利用「阿魏汁」的這一特點，「製成燈籠、扇子等物，放置在中藥鋪、古舊書鋪，雖有臭味，但可以保護中藥不腐，紙張不蛀、不脆、不變色。」

阿魏扇的製作方法是：將阿魏的白汁，經過調製，反覆塗抹在扇子的竹木扇骨上，讓扇骨充分吸收白汁，待乾燥後，便能不斷散發出陣陣惡臭，如果扇動扇子，惡味便可隨風「盈盈一室」了，也會使病人在裡面待上一會，去除污穢。阿魏扇的好壞和價格，與塗抹阿魏的多寡有關，最好最貴的，是每一根扇骨的反正面都塗抹了阿魏，而且臭味能夠持久。

據說，明清時期的書鋪、藥鋪、煙館、茶肆，常備有阿魏扇。隨著西方文明傳入中國，阿魏扇不被人們看好，很少再有人贈送此物。據上海《申報》報導，二〇年代末，上海還有一家名為「姚書雲醫館」，就專闢一室，裡面備有將檀香扇骨塗抹阿魏的「檀香阿魏扇」，供人享用。人們笑曰：「這世道也真怪了，如今香臭一體，尋香逐臭，一風而迎了。」⑤

博學的馮玉祥，不知從哪裡找來一些被淘汰的「阿魏扇」，備為贈送。這些奇臭無比的扇子，有新有舊、有奢華有簡樸、有殘缺有完整、有美人畫、有題字良言、有紙扇有絹扇。他曾向忠誠於自己的部下，如吉鴻昌、鹿鍾麟、張之江都送過此禮，結果令他們的夫人、子女好大的不快，卻敢怒不敢言，最後……他們不回家了。

## 石刻地圖

如果說，馮氏贈禮，一概無新意，無特色，那也不完全對。一九三六年十月九日，全國童子軍舉行「第二次大檢閱及大露營」運動會。作為該會副會長的馮玉祥，特向大會贈送一塊石碑，上面刻有

---

④《鐵報》（上海），一九三六年七月二十九日，頭版。

⑤《申報》（上海），一九三六年二月二十一日，第十八版。

東北四省地圖，左邊有豎刻隸書體的馮玉祥名言「別忘了還我山河」。童子軍總會極為珍視，將石碑立於會場進門右首，另立一塊牌子，詳細作日本侵略東北的說明，並規定：全體童子軍，分別列隊參觀石碑，有專人講解。大會結束後，石碑於會後移送童子軍總會保存。⑥這件禮物的確很厚重，但帶給人們的心情，更加沉重，對學生們的愛國教育，亦不可輕視。

## 民國史上的「囉嗦之王」

馮氏為主張武力抗日最力者之一，關心前線將士疾苦。一九三三年一月，宋哲元率二十九軍在長城一線駐軍佈防、訓練，以抵禦日軍。馮玉祥以私人名義，向各方募得五萬餘元，購置軍用皮背心一萬件，分贈張學良部三千件，宋哲元部、龐炳勳部、孫殿英三部各兩千件，高桂滋部一千件。

本來，送就送了，頂多通知一聲：敬請收悉！就算完了。可是馮某人又特別專函致張學良：

漢卿世兄勳鑒：榆關陷落，華北垂亡，暴日野心，方張未艾，足下於艱難困苦之時，謀捍衛撐持之計，不勝佩慰。祥僻居邊塞，憂懷國危，悲憤之情，不能自解。近見報載，前方殺敵將士，冒彈雨，犯奇寒，不死於陷陣衝鋒，亦死於厲風慘雪，此其可痛，蔑以加矣。刻大敵當前，不克與前敵將士同甘苦，內省神明，時用慚愧。茲特募集捐款，趕製長皮背心一萬件，託鄧仲知、李時甫二同志，送上三千件。即請查收，酌發前方將士，聊備禦寒之用。其餘七千件，已分贈殿英、明軒等五同志。此區區之數，不免杯水車薪之虞。然倘能再募鉅款，當陸續以籌之。斯亦萬不得已之中盡其心力之所能及而已。再，此次榆關受傷官兵，當為慘烈光榮之犧牲，未能親致慰問，時抱馳慕之忱，爰置贈品數事，待後送去，並希代贈諸將士，不腆之物，藉表寸心耳，現寇患益深，國仇待雪，維足下為前途珍重，書不宣意，敬祝努力。馮玉祥拜啟。二二、一、一九。⑦

## 蔣馮禮贈往來

蔣介石與馮玉祥的禮尚往來，達二十餘年。馮氏處於主動的次數多而價值低；蔣的不多的主動性贈禮，多與政治性有關，後來就處於被動性或回贈性，有時甚至疲於回贈。蔣介石向馮玉祥贈送過法蘭西菸、銀花瓶、蘭花瓶、人參、家鄉土特產等。

一九二八年三月底，馮玉祥派他創辦的高級軍官學校校長李興中，赴徐州謁蔣，攜帶一種河南出產的野菜醃製的鹹菜、變蛋（今稱松花蛋）、麵包等物，適因蔣外出不遇。第二天，蔣派賀唐光、吳

⑥《申報》（上海），一九三六年十月十日，第十版。

⑦〈馮贈抗日將士皮背心萬件〉，《申報》（上海），一九三三年一月三十一日，第十一版。

藻華持他的親筆信謁馮，並回贈西洋罐頭兩罐。⑧

北伐勝利後，蔣邀集四大集團軍在南京裁軍編遣，馮玉祥恰在南京。因他所統領的第二集團軍已經發展到擁有三十四個師、二十個旅和十五個團，約三十萬人。佔據和統轄陝、甘、寧、青、豫、魯六省，成為當時四大集團軍中，不可小覷的一大實力集團。

一九二八年十月，國民政府改組，蔣委以馮行政院副院長兼軍政部部長。十一月七日是馮玉祥四十七歲生日，蔣偕宋美齡前來慶賀，並贈人參一枝。蔣在當天的日記中有此記載：「往訪馮玉祥，以今日為馮氏生辰也。」⑨但蔣在日記中並沒有寫他贈人參之事。而馮的當天日記中，沒提蔣的一個字。因蔣當時借編遣，刻意削弱其他實力派，馮是重點。馮眼看自己多年建立的發家資本，將被大量裁減，對蔣大為不滿，憤然稱病離開南京。

九年後馮的生日時，才在日記中作此追述，提到了那天蔣來訪還送了人參。

一九二九年的春節前，馮氏訂製「案頭日曆」三萬個，作為新年饋贈佳品。該日曆封面有赭石色馮氏小影（照片），下書誓師宣言。內為道林紙藍色刊印，每頁正面有軍中訓言，馮氏的「帶兵語錄」、黨義黨綱，中間有陰陽對照日期，並附帶節氣、曜日韻目等，反面印有駐地北平南苑，以及歷年來之戰績，插圖為銅版紙，並有圖片說明，每日不同，鮮潔美觀，另附有銅架。



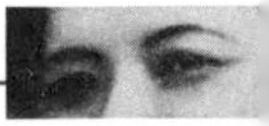

此物原本是由軍政部次長鹿鍾麟分贈下屬各機關，後來馮氏不知是動了哪根腦筋，又令鹿鍾麟派人送給蔣介石十個。蔣介石拿來隨便翻一翻，覺得很新穎，很有趣，認為主要是宣傳馮氏的赫赫戰績而已。而宋美齡看過，就不高興了，因為她在裡面看到了馮氏的「帶兵語錄」，連蔣介石都不敢如此囂張，於是派典禮局給馮氏送去蔣介石編輯的影印《孫總理致書冊》。此書是蔣把孫中山生前寫給蔣的二十三封手書，編輯成冊，另請譚延闓作序。此書先後被蔣介石刊印過十多種版本，專門備作禮物的。宋美齡贈此冊，意在教訓馮玉祥：別太囂張了。

## 打啞謎

一九三六年十一月二十五日，馮玉祥派門致中去看望被捕的救國會成員沈鈞儒等人，由於他們都是人們公認的「社會賢達」，世稱「七君子事件」。

門致中很細心，也很聰明，他不想惹麻煩，化妝後以「馬次章」之名，趕在「七君子」未被押解

⑧《時報》（上海），一九二八年四月五日，第二版。
⑨周美華編著，《蔣中正總統檔案事略稿本》第四冊（臺北：國史館，二〇〇六年），頁三五一—三五二。

到蘇州前，到南京去看望他們，並送去一筐橘子，一封慰問信。馮玉祥自以為作得神秘，但沒過幾天，「信差」到馮宅送一筐橘子，簽收條上的地址門牌都對，但收物者竟然是「馬次章先生敬收」，馮夫人李德全驚訝地問信差：送錯了吧？我家姓馮，也沒有這個人。信差回答，馮副委員長看了就知道。晚上馮玉祥回來後，看著那筐橘子，無奈的歎息道：雨農太厲害了。便再也沒說什麼，但李德全還是不明白。

原來，「次」為「二」，「馬二」就是「馮」字，再一聯繫「章」字，便是「馮煥章」了（馮玉祥表字煥章）。只是我們不知道這件事，是馮玉祥的主使，還是門致中自己的小聰明？

## 贈墨水匣

明清乃至民國時期，文人墨客流行一種「送墨水匣」的習俗。墨水匣主要是用黃銅製成，打開墨水匣蓋，可以在蓋子裡面研磨墨，墨水匣裡面放入絲棉，以便蓄含墨汁。盒蓋上一般刻有文字或圖案，圖案如松竹梅蘭等類。在盒蓋的右上方為接受者的名字、雅號等，左下角為送禮者的名字、日期。此外還有益世良言，如居安勿忘危、處樂勿忘憂、得意勿忘難、位高勿忘卑等。文字或多或少，圖案或簡或繁，蔚為大觀，由此也促進了刻銅業的發展和技藝提高。

民國初期，這種習俗向軍隊蔓延，那些沒有多少文化的「丘八」（指當兵的人，為舊時對兵痞的貶稱）將領，也附庸風雅，互贈墨水匣。馮玉祥就善於贈送墨水匣，他曾多次向部下將領饋貽此物，收到很好的效果，他們對馮氏的栽培，感念不已。一九二九年三月，馮氏贈送蔣介石一個用白銅精製的五寸見方「特大」墨水匣，右上款為「介石吾兄存念」，正中為空芯隸書四字「弘我漢華」，背景圖案是長城，左下款為：「馮玉祥贈　十八年三月」。據分析，此禮有與蔣緩和之意。

蔣的回贈，是他所編纂的《胡林翼治兵語錄》一冊。

## 兩贈繡品

馮玉祥隱居泰山時，馮夫人李德全閒來無事，偶有刺繡雅興，便習作枕套、桌布、門簾等，頗受讚賞。後由馮氏贈給泰山孤兒教養院「藝術枕套」三對。此教養院為美國教會所開辦，便將這三套枕套寄到美國芝加哥差會代售，在代售時還會借重馮的名位，又發起募捐，頗為可觀。一九三四年六月五日，教養院收到差會匯寄的售款和捐款計美金兩千元，作為院裡經費入帳，同時該院院長致函馮玉祥表示感謝，並懇請再贈一打，以補助該院經費不足，馮氏欣然應允。⑩

⑩《人民晚報》（南京），一九三六年六月八日，第二版。

馮玉祥嘗到了贈送的甜頭，竟然想到向蔣介石家鄉奉化孤兒院也贈送夫人繡品：手帕十方、披肩十條、枕套兩對。該院收到後，致信馮氏感謝，並轉告：「已委託勵志社的總幹事黃仁霖先生，將繡品送往國外出售。」因蔣、宋均為該院名譽董事，宋美齡親自到馮宅感謝，並對馮夫人的刺繡技藝大加讚揚，並回贈巧克力一盒、女帽一頂。誰知馮夫人在女帽上沿刺繡一朵蘭花，再回贈與宋美齡，令宋美齡無語了。

## 上呈「陳條」

馮玉祥不但經常向蔣送禮，而且還常向蔣寫「陳條」，據秋宗鼎在〈蔣介石侍從室紀實〉一文中回憶：「據筆者所知，在抗戰前後，向蔣進以忠言最多的，要屬馮玉祥了，其中大部分屬於如何帶兵、訓練和愛護士兵的建議。一九四一年六月初，馮在重慶用三十五張八行信紙，給蔣寫了一封信，痛陳當時軍政積弊，言辭頗中肯切直。」⑪

## 燒製紀盛瓷

一九三五年，馮玉祥一不登極，二不做壽，三無婚嫁，不知為「紀」何盛事，竟然也託九江久盛瓷器公司，在景德鎮代為燒製了一套精瓷，全套計有一品盤一件、和合大中小共十二件、菜盤、菜碟、飯盂、湯匙、湯匙托、醬油碟、點心碟等十份，另有茶壺兩把，蓋壺兩把、蓋碗八件。這套慰為壯觀的名品，細膩潔白的底子上，一色繪著姿態蒼勁的梅花，那淺紅的，嫩黃的花朵，疏落的點綴在赫褐色枝幹上，雅潔古樸。馮非常看重的是，每一件上都有他自己宣傳抗日的題詞。

在蔣介石五十大壽前，馮送去一套，蔣象徵性的打開其中一品和中號和合盤的蓋子上，見有馮手筆的「要忘了家來救國」，再看碗蓋上是「要先國而後家方能救國」，大號和合盤的蓋上題為「須要認定非抗日不能救國」，盤底上是「須要認定對日萬不可稍有退讓」，小號和合盤的蓋子上和菜碗上是「要記著收復失地」，和合盤的碗上與飯盂上「別忘了還我河山」，醬油碟上「精誠團結」，點心碟上「還我河山」，茶壺肚上是「誰不對亦比日人好」，湯匙上為「抗日救國」，湯匙座上有「收復失地」。⑫

如果說這套瓷器只送給蔣一人，還算是「蠍子拉屎——毒（獨）一糞（份）」，頗有紀念意義。但他馮玉祥不但為宋哲元母親七十歲生日贈一套，而且是先送宋母，後送蔣。⑬那在蔣這裡，禮物的獨特性就要大大打折扣了，此外他還分別送給了李烈鈞、朱培德、張治中、程潛、楊杰等人各一套。

⑪ 沈醉、康澤等，《親歷者講述：蔣介石一九四九》，頁三八九。

⑫⑬ 馮玉祥，《馮在南京第二年》（南京：南京三戶圖書社，一九三七年），頁七七三。

# 宋美齡贈禮

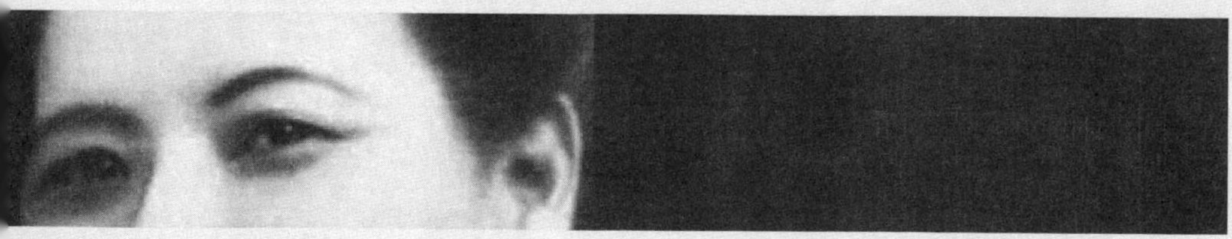

# 九 對毛夫人的贈禮

許多人都想知道，蔣、宋結婚後，宋美齡與蔣介石的原配毛夫人第一次見面時，各自的心態，以及宋美齡與毛夫人的關係如何。

蔣介石的原配毛福梅（一八八二—一九三九年），奉化縣岩頭村人。一九〇一年冬，十九歲時嫁給年僅十四歲的蔣介石。女大於男，在當時的浙江農村是很普遍的嫁娶現象。婚後毛福梅多年沒有生育，讓蔣母王采玉很著急，有時兒子在外地，她會把兒媳婦送到兒子身邊，直到九年後才生蔣經國。毛夫人雖然沒有什麼文化知識，但一生勤勞賢慧，辛苦持家，友睦鄰里，支持蔣介石求學從軍，頗得鄉賢讚譽。

一九二一年六月十四日，蔣母王采玉病逝，二十三日辦完喪事後，蔣介石宣告與毛福梅、妾姚氏脫離家庭關係，並「析定」家產與二子。①毛福梅失去丈夫的關愛，把全身心都投入到唯一兒子蔣經國的身上。一九二五年，蔣經國赴蘇留學時，毛福梅含淚親手將縫製的碎花棉背心，穿在十五歲的蔣經國身上。離婚後的毛福梅秉持「離婚不離家」，依然是溪口豐鎬房的女主人。一九三九年十二月十二日，被日軍飛機炸死，年五十七歲。

蔣、宋在上海結婚後，蔣第一次攜宋回溪口，住在武嶺頭的別墅「樂亭」（文昌閣）。事先蔣介石已向宋美齡交代了毛氏「離婚不離家」的情況。宋美齡是見過世面的大家閨秀，況且她十分清楚，以毛氏的出身、相貌和文化素養，以及纏足的小腳，②決不是自己的對手，所以表現的很大方，不僅沒有為難蔣，相反的對毛氏以禮相待。

她在「樂亭」安頓好後，馬上叫副官把豐鎬房管事的人找來，交給他人參、皮料等貴重禮品轉交毛氏。毛氏收到後，感謝「宋家姆媽」（毛福梅向蔣經國對宋美齡的稱呼）給了自己面子，對宋有很好的印象。蔣、宋到蔣家的先祖神位參拜，向族內長輩搬了茶（這是奉化新娘子見長輩的禮節），也接受小輩中新娘的獻茶，蔣介石按照奉化鄉俗，給宋美齡準備了茶儀和禮物：每人兩塊銀元，一件衣

①萬仁元、方慶秋主編，《蔣介石年譜》，頁七四。
②汪日章等，《在蔣介石宋美齡身邊的日子：侍衛官回憶錄》（北京：團結出版社，二〇〇五年），頁十九。

料。舉行了這些儀式後，宋美齡才正式成為蔣家媳婦。③

曾跟隨蔣介石十二年的侍從副官居亦僑回憶，有一次，蔣介石夫婦一同回到老宅，暗示侍從人員通知毛福梅不要回避。毛福梅雖然與蔣介石離了婚，兩個人的關係並未因此而中斷，她仍舊對蔣介石有禮有節，也仍然是這個大宅院裡的女主人，指揮調度家中的大事小情，在鄉親們面前，蔣和毛氏還保持著一定的感情。就是宋美齡陪蔣介石回溪口，毛氏總是熱情相待。宋美齡也總要帶些貂皮、人參送給毛氏。他們三個人一直和平共處，相安得宜，更加得到鄉民的尊重和欽佩。

另據汪日章回憶：每次蔣介石回來，她（毛福梅）都親自下廚，為他做幾樣可口的家鄉菜。尤其是蔣介石喜歡吃的奉化名菜雞汁芋艿頭，更是她的拿手好戲，每次必做，每年都要讓人送幾十斤奉化芋艿頭到南京官邸。蔣介石不但自己享用，還用來招待來訪的客人、身邊的家鄉侍衛。蔣、宋、毛三個人和平共處，對回國的蔣經國來說，也是一種安慰。由此，宋美齡一旦回到溪口，三人都圍繞這一個主題：蔣經國的孩子。因為兩位蔣夫人都很喜歡蔣經國帶回來的孩子，兩人還抱著孩子，坐在蔣介石左右合影留念，真是其樂融融。

對於三人見面後的情景，汪日章另有回憶：三人見面有禮有節，宋美齡親自送珍貴禮品給毛福梅，毛喜形於色，愉快的接受了，但談話很少，蔣介石和宋美齡在客廳裡的古式木椅上笑談片刻後便離開了。毛氏雖然不及宋的學識，但還是恪守禮尚往來之道的。當兒子蔣經國從蘇聯回來後，毛氏告誡他要去看望宋，並尊以長輩之禮。這也許就是她的回報吧。但她還不知道，蔣經國已經在杭州先拜見過了「宋家姆媽」。

豐鎬房帳房唐瑞福認為：毛夫人對宋夫人也不介意，一九三七年蔣經國要回來的電報一到毛氏手中，毛氏對她的外甥盧鵬達說：「經國回來，路過杭州，同時也應該看看宋家姆媽。」接著又說：不靠攏宋家姆媽，是要吃虧的。④蔣經國對於稱宋美齡為「姆媽」，開始時很有牴觸，然後是不情願。是在父親的威嚴和母親的開導下，不得已才慢慢接受的。

一九三七年三月二十五日，蔣經國帶著蘇聯妻子踏上了回國的旅途，四月中旬抵達上海。事先蔣介石派人在迎接蔣經國時，對蔣經國作了交代。一星期後，蔣和宋在杭州見到闊別十二年的兒子。蔣經國送給父親的禮物是一套蘇聯烏拉爾黑色大理石製的桌上小擺件，送給宋美齡的是一件波斯羊皮外套。這兩件禮物是中國駐蘇聯大使蔣廷黻，在莫斯科幫助蔣經國挑選的。蔣經國按事先交代，稱宋美齡為「姆媽」，夫人笑顏逐開，回贈的禮物：給蔣經國的俄國妻子一條純金項鍊，給蔣經國一塊瑞士

③④王舜祁，《蔣氏故里述聞》（上海：上海書店出版社，一九九八年），頁二八九、二九〇；六七、一四〇。

手錶（對宋美齡的回禮，有不同說法：其一是送十萬元錢；其二是送一輛小汽車，甚至還有送一座別墅，但沒有證據支持）。見到他從蘇聯帶回的皮箱已舊，立即吩咐副官蔣富壽去為經國夫婦購置衣履用具。⑤

毛福梅對這位俄國兒媳，有滿意之處，也有不滿意的地方。當她不滿意了，就給兒媳送禮，以禮作為規勸。毛福梅是很保守的，她看到蔣經國從蘇聯帶回一張小夫妻的泳裝合影，就不滿意了。那是一九三五年前後，兒子與兒媳在蘇聯海濱渡假時，游泳後的留念，當時蔣經國約二十六歲，體格結實；兒媳穿著泳裝，兩人手拉著手，頗為甜蜜。雖說這照片掛在兒子的臥房，別人看不到也就算了，但後來的事情，就讓毛福梅更加不滿意了。沒過多久，正值盛夏，兒媳有一次竟穿著泳裝在村旁的溪水裡游泳，因民風未開，引來過路人的圍觀，也讓街坊鄰居議論紛紛。毛福梅這下不滿可就大了，她想了許久才想出一個辦法，叫人從寧波買來一尊美人魚雕像，放在兒子臥房裡，對兒媳規勸道：看看就好，不必再穿泳裝游泳了。這件事直到蔣方良晚年，回憶時仍不覺莞爾一笑。

⑤中國人民政治協商會議全國委員會文史資料研究委員會編，《文史資料選輯》第七十三輯，張明鎬，《蔣介石在溪口》，頁一一六。

# 十 兩次贈禮鄧穎超

宋美齡贈禮的範圍十分廣泛，甚至曾兩次向周恩來夫人鄧穎超送禮。

一九三七年三月四日，周恩來接中共中央書記處來電，即飛赴上海，「先同宋美齡會晤，他根據中共中央十五項談判條件，所擬成的書面意見交宋，請她轉交蔣介石。宋美齡表示中共可以合法存在。」①周恩來還依稀記得，次日是宋美齡的生日，因此他和潘漢年給蔣介石夫婦各送去一份禮物，給夫人的是一束鮮花，並祝她生日愉快。給蔣介石的是一件大禮，也是一個好消息：蘇聯內務部已查明蔣經國的下落，並批准他返回中國，近日即將成行。蔣經國能夠返國，是由蔣宋、中共以及史達林三方努力的結果。因為此前，駐蘇大使蔣廷黻曾兩次向蘇聯方面提出尋找，但蘇方第一次告知下落不明，顯然是史達林的推託。蔣介石雖然已經知道蘇方找到了蔣經國的下落，但是由中共領導當面告知，並確認，還是讓蔣介石感到寬慰。

幾天後，宋美齡代表丈夫到中共代表的下榻處拜訪，感謝周恩來和潘漢年在西安事變時對她的理解和幫助，以及他們為國共合作所作的努力。同時她委託周恩來轉交給周夫人鄧穎超的禮物：一件長一二五公分，重二・五公斤的羔羊皮大衣。因延安氣候寒冷，中共物質匱乏，領導層生活亦很艱苦。宋美齡贈此禮，實用而得體，既是對周的禮尚往來，也是一種政治姿態。一九四九年底，毛澤東赴蘇藉為史達林祝壽之名，與史達林談判，謀求與蘇簽訂「中蘇友好同盟條約」，以取代蘇聯與國民黨政府簽訂友好條約。卻不得要領而遭冷落，毛急召周恩來赴蘇協助。鄧穎超送周上車時，將這件翻改縫補過的羊皮大衣披在周的身上。後來周又轉送給他的警衛員成元功。一九九〇年，成元功把它捐獻給南京「梅園新村紀念館」。②

全面抗戰爆發後，宋美齡與鄧穎超有過多方面的交往。抗戰初期，活躍在武漢的婦女界知名人士商議如何救助戰亂中的孤兒，鄧穎超發起成立「戰時兒童保育會」。保育會成立當天，宋美齡一身黑色絲絨旗袍，手戴白色長腕手套，發表了三千字的講話。次日，中央社以通稿向海內外發佈，《新華

① 李琦主編，《周恩來年譜，一八九八—一九四九》（北京：中央文獻出版社，一九九八年），頁三六七。
② 參考南京梅園新村紀念館展品說明書改寫。

日報》亦全文照登。這是宋美齡與鄧穎超第一次見面，宋美齡很客氣的走過來與鄧穎超握手，說對她「仰慕已久」（這種說法有疑，值得考證）。

到一九三八年二月召開籌備會時，鄧穎超請劉清揚、史良和沈茲九出面邀請宋美齡擔任該會的領導。宋欣然接受，出任該會理事長。在名譽理事名單中，林森、蔣介石、毛澤東、史沫特萊（Agnes Smedley）、司徒雷登（John Stuart）等名字赫然在列。同年五月，宋美齡邀請四十八位知名婦女代表，在廬山召開談話會，商討婦女界如何在抗戰中發揮更大的作用問題，其中包括共產黨方面的鄧穎超和王明夫人孟慶樹。此後，兩人又在重慶和抗戰勝利後的南京，多有接觸。

歲月荏苒，四十多年後，鄧穎超與宋美齡時有書信往來，鄧還在新年之際向宋寄贈賀年卡。一九八一年宋慶齡病重期間，思念宋美齡，那時宋家六兄妹僅她姐倆在世，宋慶齡希望姐妹倆能在上海見一面，並由她口述，廖承志代筆給宋美齡寫了一封信，由來華訪問的陳香梅轉交。宋美齡接到信後許久才回話：「信收到了。」便無下文。據鄧穎超的秘書趙煒回憶說：「鄧大姐後來又給宋美齡寫了一封信，是由我起草的。宋美齡也回了信，口氣有所緩和。」

一九八四年一月，在北京召開了「國民黨第一次全國代表大會週年學術討論會暨孫中山研究學會成立大會」。時任全國政協主席的鄧穎超在講話中，向臺灣方面發出建議：「只要大家都以祖國統一作為共同的前提，以誠相見，多商量，多交換意見，問題總是不難得到合情合理的妥善解決的。」她強調祖國統一是「歷史的主流，分裂只是短暫的插曲。」鄧穎超向臺灣方面提出忠告：「孤懸海外，受制於人，這種局面終究是很難長期維持下去的。是非利害，何等分明。孰去孰從，不難立決。」

遠在美國的宋美齡看到鄧穎超的講話後，於同年二月十六日回函鄧穎超，對她講話中談到統一問題明確拒絕。她認為，中共方面是因無力攻打臺灣，才提出「第三次國共合作」，她在信中提出要中共「信服三民主義統一中國」。這一年的二月四日是鄧穎超八十歲生日，宋美齡還依稀記得鄧是屬兔的，託人將一隻玻璃玉兔送給鄧作為生日禮物。③這是宋美齡第二次向鄧穎超送禮，兩次間隔四十七年。

## 蔣介石與周恩來關係一瞥

蔣介石待人接物，歷來就很有禮貌和分寸，對文人雅士揖讓謙和，但若遇到有爭論時，或許就不

③參考佟靜，〈晚年，宋美齡心繫「一個中國」〉，《百年潮》，二〇〇五年第三期。

耐煩了。比如面對下屬，或是曾經的下屬，他會說：你是我的部下，你應該聽我的。若是黃埔學生，那就更加理直氣壯了：你是我的學生，你應該聽我的！即便是對周恩來也不例外。西安事變發生後，張學良電邀中共參與調停，中共派周恩來前往。見面後，周的開場白十分得體：「校長，你比以前蒼老了。」蔣介石見到這個傾力征剿十年的「匪首」，則不知所措，只好言不由衷地說：「恩來，你是我的部下，你應該聽我的。」這也說明，他與周恩來有著坎坷的交往歷程。

美國前總統尼克森（Richard Nixon），在談到蔣介石與周恩來的關係時說：

周恩來與蔣介石之間的關係，就像在公園裡乘坐滑車一樣，時起時落。二〇年代初期，周恩來在黃埔軍校工作時，是蔣介石的下屬。據說當時蔣介石曾稱讚周恩來是一位「明智的共產黨員」。幾年之後，蔣介石卻又懸賞八萬美元搜捕周恩來。但總的說來，使我吃驚的是，我發現周恩來和其他幾位官員在提到蔣介石時，他們對蔣的態度顯然是相當複雜和自相矛盾的。作為共產黨人，他們恨蔣介石；作為中國人，他們又尊敬甚至欽佩蔣介石。在我與蔣介石的所有談話中，他卻從來沒有表示過對共產黨人有何尊重可言。④

尼克森最早與蔣介石相識，是一九五三年，那時蔣介石已退據到臺灣，當然有一種復仇的心態，也就不會有任何「尊重」可言。但是在四〇年代初期，蔣介石曾以最高禮節，宴請周氏夫婦，為周的生日祝壽，對周的父親去世，也派代表前往弔唁，甚至連周夫人鄧穎超的母親病故，宋美齡也親致唁電慰問。

## 鄧穎超的父母

鄧穎超的母親楊振德，祖籍長沙，世代經商，到楊振德父輩時，她的父親連同幾位叔伯醉心仕途，不承想大都半途而廢，祖產也揮霍殆盡。楊振德生於一八七六年三月，原是姊妹三人，兩位姐姐早逝，她便備受父母寵愛，取名夢醒、寶峰，很小就為她開蒙，也不讓她纏足。後被姑姑抱養，不久聽說妹妹要把小小年紀的她許配人家，就又將她要了回來。因家境困窘，他們一家人不得已到南寧謀生。然而就是這清苦的日子，也沒有維持多久，父母便相繼離去，十四歲的楊振德，隻身走向了社會，開始了她淒苦孤獨的人生旅程。

楊振德的父母很早就告訴她，祖父就是誤食中藥而致命，因此希望她學醫，既有助於人，也有利

④ 參看尼克森著，尤勰等譯，《領導者》（北京：世界知識出版社，一九八七年）。

於己。她一邊自謀生路，一邊苦讀醫書，兼習文史、地理，珠算等。在她二十五歲那年，遇到了鄧穎超的父親鄧廷忠。

鄧廷忠，字靖臣，祖籍河南省信陽光山縣，其祖屋位縣城司馬光中路白雲巷內。鄧穎超的祖父鄧功顯為武術教師爺。鄧廷忠一八六一年生，在四兄弟中最小，八歲入私塾，並開始習武，臂力超群，以刀、棍武功見長，二十三歲中武舉，二十六歲入京考取武進士，並被欽點為武翰林，授任御前侍衛。一八九七年隨馮子才在廣西抗法，因有戰功晉升為副將，在南寧養傷時，為他治療的正是楊振德。

鄧的原配去世後，留下了三個兒子，一九〇〇年鄧廷忠與楊振德結婚。不久鄧被擢升為南寧鎮台，成為鎮台夫人的楊振德生活安定後，開始懸壺濟世，婚後有一男孩不幸夭折，一九〇四年又生下一個女兒，取名文淑，又名玉愛，這就是後來的鄧穎超。鄧庭忠有嚴重的重男輕女思想，要把女兒送人。楊振德非常氣憤，以「你要送人，就先殺我」相抗爭，終於保住了女兒。

鄧廷忠性格直爽豪邁，與新任廣西提督在防禦上意見相左，多次發生爭執，一九〇七年回鄉省親。假期屆滿後沒有回籍任職，而是在昆明謀得糧道一職，不久被揭發，以「擅離職守，戍邊不力」罪名被人告發，終因「欺君之罪」，被流放新疆充軍三年。⑤那一年，鄧穎超年僅六歲，母女開始了流浪生活，先後奔波於廣州、上海、天津、北京等地，掛牌行醫。這期間，還曾受到丈夫前妻三個兒子的欺騙，花光了所有積蓄。一九一〇年經人介紹，在天津長蘆育嬰堂任醫生，雖收入微薄，但總算有棲身之地，而且可以讓女兒讀書了。

一九一一年鄧廷忠充軍期滿釋放，在徒步返回內地的路上病故，年五十二歲。靈柩被運回光山，葬於鄧氏祖墳——望水樓子。

民國初年，楊振德在陳翼龍創辦於北京的平民學校任教，這是一所專門為貧民開設的學校，因此沒有工資，只提供食宿。陳翼龍是「中國社會黨」創建人之一，並出任總務幹事，他常年奔走於北京、天津、上海、崇明、昆山等地，宣傳「無國界、無種族界、無宗教界」等主張，引起袁世凱的嫉恨。宋教仁遇刺後，陳翼龍籌畫配合孫中山、黃興發動起義。袁世凱探悉後查封「社會黨」，槍殺陳翼龍，取締了平民學校。楊振德又一次失業，不得不攜女兒返回天津，同時在四處任家庭教師，但收入依然微薄，她只好讓女兒虛報兩歲，進入不收學費的師範學校就讀。在這期間，鄧穎超參加愛國運

⑤參考《文史春秋》，二〇〇六年六期，頁四五—四六。

動，組織覺悟社，並結識了周恩來。

一九二五年八月八日，鄧穎超乘船抵達廣州，與在黃埔軍校任職的周恩來相會並結婚。兩個月後，楊振德也來到了廣州，相繼在幾所中學執教。一九二七年國民黨發動「清黨」運動後，楊振德母女化裝於五月一日到達上海，並巧妙登報尋人，與周恩來取得聯繫，不久轉入江西，年近花甲的楊振德成為「中央蘇區」的中醫師。紅軍長征時，母女再度分別，楊振德輾轉到南昌獨自謀生。

一九三五年四月，當局偵悉到楊振德竟然是周恩來的岳母，作為要犯繫獄九江反省院，但從她身上沒有獲得任何有價值的「情報」。抗戰爆發後反省院關門，她才獲得自由。周恩來得知她的下落，派人將她接到漢口。武漢陷落前，八路軍駐武漢辦事處，將一批中共領導的家屬，包括周恩來父親周懋臣、楊振德、李克農父母、博古的小女兒秦新華等一行二十多人，於一九三九年春，轉移到貴陽青岩。一九四〇年，貴陽遭日機轟炸，他們又被迫轉移到重慶。

同年十一月十八日，楊振德病故。鄧穎超在回憶母親時說：

> 我媽媽是一位平凡的婦女，慈祥的母親，她的一生是坎坷流離的一生。她具有獨特的性格，反對一切封建習俗，追求進步，嚮往大同世界，有助人為樂的精神。自強自立，勤奮閱讀，深研醫術。她對我的教育和影響是起了很好的作用的。

宋美齡於二十日派代表，備花圈弔唁，並慰問鄧穎超。國民黨負責處理中共事務的中央組織部副部長張沖等，亦派代表送花圈弔慰。⑥

周、鄧在《新華日報》刊登訃告：「鄧母楊振德女士，慟於民國廿九年十一月十八日上午九時，疾終重慶寓次，享年六十五歲。穎超等隨侍在側，親視含殮，並定於今（十九）日上午九時安葬，哀此訃／聞／女鄧穎超、女婿周恩來哀啟。」一連刊載三天。

十九日在八路軍駐重慶辦事處舉行追悼會，周恩來、鄧穎超及辦事處的工作人員參加，熊瑾玎代表辦事處同人致祭文：

> 鄧母志潔行芳，思想前進，性情剛強。早入社會，艱苦備嘗；自食其力，毋怠毋荒，或執教鞭，或施岐黃，稍有所得，不敢或藏。撫女入學，教女有方，引女自立，訓女周詳。救援志士，盡力相將。追隨革命，曾坐監房。不懼威脅，不畏風霜，法庭傳訊，慷慨激昂。意志堅決，孤處潯

⑥《新華日報》（北京），一九四〇年十一月二十一日，第二版。

陽，江西迎迓，歡躍無疆。日寇來襲，雖老不慌，關心國事，無日或忘。方期寇敗，得睹安康，豈料一疾，遽爾雲亡。回溯往昔，悲痛異常。爰備花果，敬獻靈旁。嗚呼哀哉。尚饗！

當天下午，周恩來、鄧穎超扶柩至重慶覃家崗復元寺村的「八路軍辦事處公墓」安葬。墓地是紅岩村大有農場主饒國模女士捐贈的。

## 周父周懋臣

周恩來祖籍浙江紹興，祖父周起魁，曾任山陽縣知事，也做過衙門裡的師爺。周父原名貽能，字懋臣，後更名劭綱，一八七四年生於紹興，早年隨父周起魁遷居江蘇淮安，後來家境衰落。周懋臣育有周恩來、周恩溥和周恩壽三子。在周恩來不滿周歲時，周懋臣看到幼弟貽淦病危而沒子嗣，便將周恩來過繼到弟弟膝下，使他在彌留之際有所慰藉。此後周恩來就與守寡的嗣母陳氏生活，由陳氏為他啟蒙。一九〇七年生母萬冬兒病故，翌年七月嗣母陳氏病故後，辦完喪事，家中債臺高築，靠典當借債度日，周恩來帶兩個弟弟回淮安，在表舅龔蔭蓀的家塾寄讀。

周懋臣早年花錢捐得有官銜無職務的「國學生」和「主事」銜，在那時，「國學生」算是很有文化的一種身分，而「主事」則是正六品的官階。周起魁去世後，周懋臣為了生計，遠走他鄉，先後在江蘇、湖北、東北及河北等地謀事，曾充任過幕僚、衙門小差事、家庭教師、文書、收發之類小職。周懋臣最難過的日子，是他在武漢時月薪只十六元，妻子萬冬兒病故他無法返回，家中又無人照料。

一九一〇年春，周懋臣由堂兄周貽謙介紹，到東北謀事，周恩來也隨之來到銀州（今鐵嶺縣）周貽謙家中寄養，並入銀崗書院就讀。一九一三年春，周貽謙調到天津長蘆鹽運司任科員，及官銀分號稽核員，周恩來也隨之遷居天津，⑦八月考取南開中學。不久在胞兄周貽賡的幫助下，周懋臣在齊齊哈爾謀到了菸酒事務局的辦事員，總算有了一份穩定但收入不多的差事。

周恩來與父親在一起生活的時間不多，但對父親仍然感情深厚，從國外留學歸來，曾回到蘇北探望父親。周恩來的一生，很少對別人提及他的家庭和父母。對此，他曾經極為相好的南開同學，後來出任上海市長的吳國楨有深刻印象，他在回憶錄中描述：

> 我們兩人從一九一四年到一九一七年間都在天津的南開中學求學，周恩來比我大五歲，高我一

⑦《淮安古今人物》第三輯（南京：江蘇文史資料編輯部，二〇〇〇年），頁七九。

班。但從一開始，即我們都還是孩子時，就互相敬慕。那時還有一個姓李的，經常同我們在一起，有些學生常常叫我們是「三劍客」。周那時是完完全全的孔子信徒。

**有個美國人問吳國楨，周是否出身於相當富裕、受過良好教育的家庭時？吳回答：**

這很奇怪，我在中國和這裡（美國）都讀過這樣的描述。如果有什麼人瞭解他的早期生活，我想我是有資格的，但這方面的真實情況我並不知道。他經常到我北京的家中來，暑假時也是如此。他只請我到他家中去過一次，那時他是同伯父住在一起。他從未談過他的家庭，他伯父似乎比較富裕，也從未給我談過任何有關他父母的事。後來在重慶，當他擔任中共代表時，我們突然在報上看到他父親去世的消息，你知道中國的習慣是要登個訃告，他登了。但據我所知，他從未向任何人談過他的父親。我想這可能存在著某種家庭的問題，但我不能斷定。

吳國楨所說的「還有一個姓李的」，叫李福景，是天津士紳李琴湘的公子。李琴湘也曾在清末的教育部門做官，與曾任學部侍郎的嚴修同僚，社會地位相當，私誼也不錯，因此李琴湘曾作過南開大學的校董，還向南開捐過款。當年在南開中學，「三劍客」的確赫赫有名，此三人還欲結拜異姓兄弟，後未果，據說是遭到某家長的反對，理由大概是「門庭失當」。

吳國楨之家，是湖北建始縣的望族，亦屬書香門第。其父吳經明（述齋）當時也在北京做官，顯然「門庭問題」是指周家，這對周恩來是一個刺激。有「南開校父」之稱的嚴修，就沒有門庭觀念，他對周恩來很欣賞，想把女兒嫁給周。一九二〇年十一月，嚴修向南開校長張伯苓提議，由他捐款，在南開設「范孫獎學金」，資助周恩來、李福景赴法留學，每學期由嚴修將兩人的學費，通過李琴湘匯給在法國的李福景，李再轉交周，不久李因考上獎學金，就把自己的那份也一同送給周。周雖感謝嚴修，但委婉謝卻這門婚事，認為一入富宅之門，便不自由了。一九二一年農曆正月初五，周懋臣特意從東北趕去天津拜謝嚴修。當張伯苓得知周參加了共產黨，要嚴修別再給周匯錢了，嚴修以「人各有志」而拒絕，但後來張伯苓還是開除了周恩來的學籍。

在此插述一段逸聞：臺灣駐美大使沈劍虹，於一九七一年十一月八日，在美國密西根州底特律市經濟俱樂部演講時，偶然提到周恩來：「周恩來出身富家，因而有能力供他到中國北方就讀於私立大學，後來又到法國深造。」⑧這都哪跟哪呀？作為駐外大使，就是不公開的間諜！可見，當時臺灣的

⑧沈劍虹，《使美八年紀要》（世界知識出版社，一九八三年），頁二七五。

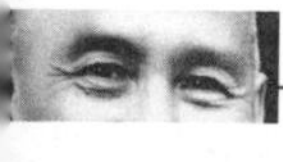

情報系統實在是太差勁了。

一九四六年八月，周恩來應《紐約時報》駐南京記者李勃曼之約，談了個人的經歷：

祖父五十多歲去世。他生前不事生產，不買地，只有房產。到了父輩，我們的家庭就中衰了。叔父當師父，父親當文書，進益不夠維持生活。但封建家庭素來好面子，擺空場面，寧可債臺高築，不肯丟掉面子。因此，我從小就懂得生活艱難。父親常外出，我十歲、十一歲即開始當家，照管家裡柴米油鹽，外出應酬，在這方面，給了我一些鍛煉。

從一九二七年四・一二事變前後，到一九三一年期間，周恩來在上海領導「地下鬥爭」，在最艱難的那些日子，周懋臣不拒危險來到上海和兒子在一起，並為周恩來做過一些輔助性的工作。周恩來參加長征後，與父親失去聯繫，實際等於拋棄父親。周懋臣便四處漂泊，艱難度日。直到一九三八年五月，周恩來才找到父親，將他接到武漢。奇怪的是，美國前總統尼克森，對周恩來這一時期的經歷，也有所瞭解，他在《領導者》一書中說：「抗日戰爭期間，周的父親由於走投無路，只好寫信向他當時業已出名的兒子要錢。周立即從他微薄的薪水中，分出一部份錢寄給他的父親。」

一九三八年年底，武漢陷落前，周懋臣與楊振德等人，被輾轉於一九三九年春，安全轉送到貴陽南郊的青岩。青岩距離貴陽五十多里，是一個較為封閉，保存相對完好的一個民風淳樸古鎮。他們當時是以難民身分暫居（一九八三年，時為國家旅遊局負責人、當年八路軍貴州交通站站長袁超俊去青岩尋訪舊址時，那裡的居民才恍然大悟，可見中共保密工作之嚴謹），這深巷裡的北街二號，是周懋臣的住所，楊振德則住在南街七十五號吳家後院。

周懋臣與楊振德兩親家，雖然年齡僅差兩歲，但風格與氣質卻是迴異地兩位老人。楊注重儀表，愛穿旗袍，個子也比鄧穎超稍高一些，見識廣，也健談，有文化修養，有大家風度，用現在的話說是比較新潮。見誰不舒服了，噓寒問暖，還熱心給予診治。周懋臣與周恩來身高差不多，清瘦羸弱，氣質上也頗顯老成持重，多穿夏布長杉或黑綢的長袍，戴頂瓜皮帽，性格隨和，不愛說話，也不善交際，老實、忠厚、膽小，遇事常皺眉頭。除了喜歡喝點酒，獨自外出走走，看看古碑石坊什麼的，沒有其他嗜好，有時還為別人傳遞信件報紙，掃掃院子，但不願為什麼事情操心。鄧穎超叫他「老爺子」，工作人員稱他「周老太爺」，在勸他外出不要走的太遠，少喝些酒時，則少了那個「周」字。但無論叫他什麼，他都沒有反感，最多抱以一絲苦笑。

一九四〇年秋，貴陽遭日機轟炸，八路軍貴州交通站將周懋臣、楊振德等人轉移到重慶。

一九四二年六月下旬，周恩來因病住進中央醫院。七月十日，周懋臣突然中風，送醫院後隨即不治，年六十八歲。

在重慶的董必武、鄧穎超等人，考慮到周恩來剛做了手術，不忍再使他過度悲傷，決定暫時不告訴他。七月十三日周出院時，看到來接他的工作人員的面色異樣，追問下得知實情，驚訝地臉色蒼白，加之身體虛弱，站不住了，立刻蹲到地上。經人攙扶回到辦事處後，周向鄧穎超發脾氣：這麼大的事為什麼要瞞著我，你難道還不瞭解我？並於當天守靈至拂曉。十四日上午，周恩來、鄧穎超等一百多人，將周懋臣靈柩安葬在復元寺八路軍辦事處公墓。

周於十七日致電毛澤東：「歸後始知我父已病故，悲痛之極，抱恨終天，當於次日安葬。」毛澤東立即覆電：「尊翁逝世，政治局同仁均深切哀悼。尚望節哀，重病新癒，望多休息，並注意以後在工作中節勞為盼。」同日，蔣介石派張治中為代表，前往周恩來的住所弔唁。⑨

## 為周恩來祝壽

一九四一年一月四日，皖南新四軍軍部直屬部隊等九千餘人，在葉挺、項英率領下開始北移。一月六日，當部隊到達皖南涇縣茂林地區時，與國民黨七個師約八萬人短兵相接。激戰七晝夜，因眾寡懸殊，彈盡糧絕，除傅秋濤率兩千餘人分散突圍外，少數被俘，大部陣亡。軍長葉挺被俘，副軍長項英、參謀長周子昆突圍後遇難，政治部主任袁國平陣亡。這是抗戰以來國共摩擦的最高級別，引起國際社會的廣泛關注。

蔣介石於一月十七日發佈命令，宣佈新四軍為叛軍，取消新四軍番號，下令進攻新四軍江北部隊。周恩來在中共所控制的《新華日報》上刊發題詞「為江南死國難者志哀」、「千古奇冤，江南一葉，同室操戈，相煎何急！」

中共一方面與國民黨針鋒相對的鬥爭，一方面四處活動，爭取國際社會的支持，同時重新組建了新四軍，任命陳毅為代理軍長，劉少奇為政治委員。不久，新四軍新軍部在江蘇鹽城正式成立。隨後，新四軍擴編為九萬餘人。周恩來於一月七日，向國民黨負責與中共協調的張沖提出嚴正抗議。一月二十四日，中共提出解決皖南事變、挽救時局危機的「十二條」。二月一日，周恩來與馮玉祥晤面，將近來的國共關係告知馮，馮允報告蔣。事後得到馮的答覆說蔣稱不知此事。周恩來同時還廣泛與黃炎培、張瀾、褚輔成、梁漱溟、左舜生、張申府、鄒韜奮、羅隆基等人士進行接觸，爭取他們對「皖南事變」的瞭解。二月十八日，中共七位參政會代表拒絕出席參政會，稱：在中共所提處理皖南事變的「十二條」「未得政府裁奪」以前，中共參政員「礙難出席」。⑩

⑨⑩ 李琦主編，《周恩來年譜，一八九八—一九四九》，頁五四九；五〇四—五〇五。

國際社會對此態度各不相同，其中日本最為興奮，立即調兵於一月下旬，以七個師團兵力大舉進犯河南。英國政府收到其駐華大使的報告，告誡蔣介石：內戰只會加強日軍的攻擊。蘇聯的態度最為曖昧：一月二十五日，蘇聯駐華大使潘友新就皖南事變，向蔣介石提出質問，蔣稱純為「整飭軍紀」。⑪

蔣介石的蘇聯軍事顧問崔可夫，與中共和八路軍、新四軍都沒有直接聯繫，只與周恩來有不經常的聯絡。他根據國際社會的輿論判斷認為：百團大戰後，中共主力實際已停止對日作戰。他甚至猜測中共高層與日本佔領軍保持某種聯繫；毛澤東的目標已不再是和侵略者作戰，而是盡可能積蓄力量，改善自己部隊的裝備，擴大新的根據地，想在將來奪取整個中國，與日軍作戰只是第二位的。崔可夫因此斷定國共軍事衝突，蔣介石、毛澤東都有責任。他並把這種觀點向史達林報告。但史達林是根據國際戰場的局勢，和對蘇聯的影響，來處理中國問題。二月九日，崔可夫正式轉達史達林就「皖南事變」，對中共和蔣介石雙方的意見：一、不願意聽到國共軍事衝突事；二、要團結抗戰；三、武器不好不能取勝的觀點是不對的……⑫

美國總統羅斯福最擔心的是，國民黨政府堅持不住，有與日本妥協的可能。得知「皖南事變」後很失望，於二月七日，派特使居里來華，同時致函蔣介石：盼望國共合作。周恩來拜見居里後，瞭解到居里來華目的有五：一、要求中國與蘇聯疏遠，但與中共維持關係；二、調查經濟狀況，確定美國可否對華投資；三、調查政治是否民主和軍事實力；四、要求在中國建立空軍基地；五、要求在戰後割讓海南島。周向居里說明：蔣若不改變反共政策，將引起大規模內戰。居里在隨後與蔣介石會談時表示：美國贊成中國統一，反對日本，不願看到國共內戰。居里其後還向蔣聲明：美國在國共糾紛未解決前，無法大量援華，中美間的經濟、財政等各問題不可能有任何進展。⑬

在這種情況下，蔣介石不得不改變策略，尋求與中共緩解關係，被迫保證決不再有剿共的軍事行動。三月十四日，蔣介石約見周恩來，瞭解延安意見，周仍以「十二條」為前提，而且態度堅決，所以這次談話沒有任何結果。⑭

蔣介石只好再找機會。這一年的三月五日，是周恩來四十四歲生日，而蔣介石沒有及時抓住這個機會，卻在二十天後的三月二十五日，宴請周恩來夫婦。《周恩來年譜》中是這樣記載的：

⑪⑫⑬⑭ 李琦主編，《周恩來年譜，一八九八—一九四九》（北京：中央文獻出版社，一九九八年），頁四九四；五〇二；五〇三；五〇八。

與鄧穎超赴宋美齡宴，蔣介石、賀耀組、張沖同席。周恩來要求停止軍事進攻和制止政治壓迫。事後他致電中共中央，說今天見面時蔣只是表面上的輕微緩和，實際上要看他是否真正做了些緩和的事。

蔣的侍從幕僚唐縱，在當天的日記中，披露了端倪：

蔣請周恩來、鄧穎超吃飯，我疑為周祝壽，這是宋美齡籌備，並發出的邀請，出席者有蔣、賀耀組、張沖。此前蔣召見周，周提出八個報告，請求放人、發餉、放車、發照。⑮

《申報》在一九四一年三月二十七日第四版有：二十六日重慶電悉：本日蔣委員長夫婦宴請周恩來夫婦，因蔣解散新四軍，與國民黨發生齷齪，而拒絕出席國民參政會，此以宴請，純屬交際性質。

⑮ 唐縱，《在蔣介石身邊八年——侍從室高級幕僚唐縱日記》（北京：群眾出版社，一九九一年），頁一九八。

# 十一 珍郵國禮　美齡旋風

投其所好，是贈禮最常見的一種方式，也最容易打動對方。比如向美國總統送什麼樣的禮物？肯定不是金錢所能吸引他的。抗戰時期，宋美齡應邀訪美，曾策劃過一次「國禮珍郵」的外交贈禮，不僅深深打動了美國總統，也成為國際集郵界的一則趣聞軼事，還是中國首次將珍貴郵票贈送外國元首的範例，更為中國的抗戰，爭取到國際社會的道義支援和軍事援助。

## 促成訪美的因素

一九四三年十一月，宋美齡訪美，是由多方面原因促成的，第一是美國總統羅斯福的邀請。

全面抗戰爆發後，蔣介石就希望國際社會，特別是美國出面干涉、制止日本對中國的侵略。但美國一直以局外人的心態坐山觀虎鬥，甚至繼續賣給日本軍火和廢舊鋼鐵，發戰爭之財，受到中國民間的廣泛譴責。直到「珍珠港事件」才擊碎美國作為「旁觀者的取利」之夢，被迫捲入二戰。一九四二年一月一日，有二十六個國家簽字的《聯合國家共同宣言》發表，這標誌著世界反法西斯統一戰線的正式建立。

但是，美、英主張「先歐後亞」的戰略，對中國戰場並未足夠重視。經五年半抗戰的中國損失慘重，國民政府的經濟狀況日趨惡化，特別是中國與外部世界聯繫的唯一通道滇緬公路被切斷後，中國的抗戰更加困難，美國對中國的援助遠遠不能滿足中國戰場的需要。不僅如此，盟軍的多次首腦高級會議均將中國領導人蔣介石排除在外，中國也未能參加盟軍參謀長聯席會議和軍火分配委員會。蔣介石對盟國忽視中國戰場的態度十分不滿，與美國派駐中國的軍事代表史迪威矛盾重重。

與此同時，羅斯福看過宋美齡的許多抗戰文章和演講稿，很是欣賞。為了緩和與中國的關係，一九四二年八月二十二日，羅斯福致電蔣介石，表示他本人及夫人都非常盼望「蔣夫人能即來敝國」。九月十六日，羅斯福夫婦再次致電蔣介石，重申這一邀請。

第二是總統派特使來華訪問，當面敦促。

羅斯福緩和中美關係的第二步棋，是派共和黨總統候選人威爾基訪華。威爾基在華期間，對宋美齡大加讚賞。威爾基認為：美國朝野不知道中國抗戰的艱難、犧牲的巨大，更不瞭解中國在反法西斯戰爭中的貢獻，以及獲得的援助太少等現狀。他竭力主張宋美齡訪美：「我是多麼堅決地相信，讓我的同胞瞭解亞洲的問題和亞洲人民的觀點是非常重要的……必須從這個地區派出一個有智慧、有口才和有道義力量的人來進行幫助……。」他認為宋美齡必將成為「十全十美的大使」。

威爾基回國後，不但向總統提出他的建議，而且通過美國所有的電臺，向美國人民廣播他的中國之行報告，引發美國公眾對中國抗戰的關注，為宋美齡訪美，作了很好的鋪墊。並兩次寫信給蔣介石，邀請宋美齡訪問美國。

第三是蔣宋共同的好友，《時代週刊》的老闆魯斯（Henry Luce，又譯路思義）極力說服。魯斯的父親亨利・溫特斯・魯斯（Henry W. Luce），一八六六年出生在美國麻塞諸薩州的史克郎頓城，父母都是虔誠的基督徒，經營一家頗具規模的雜貨店。一八八八年進入耶魯大學，一八九二年畢業後，入紐約協和神學院深造。一八九七年由美國北長老會派遣來華傳教，在狄考文創辦並主持的文會館任生物學教師。一九一六年出任新創辦的齊魯大學副校長，旋離職。一九一九年經司徒雷登推薦，就任燕京大學副校長。一九二七年秋，因病不得不提前從燕大退休，回國後的第二年九月，在哥倫比亞與協和神學院任教，不久又在甘迺迪學院研究中國歷史、宗教與文化。

亨利・溫特斯・魯斯不但是著名的傳教士教育家，也是著名的募捐專家，曾多次回美國為山東齊魯大學、北京燕京大學募捐並獲得鉅款。一九二九年五月十日，司徒雷登在燕大校園裡的未名湖島建亭閣，紀念為燕大發展作出巨大貢獻的亨利・溫特斯・魯斯。一九四一年十二月七日，就在珍珠港事件發生幾小時後，他長眠不醒，終年七十五歲。魯斯曾在臺灣花費鉅款，建立路思義教堂（The Luce Chapel）以紀念父親，教堂十分雄偉壯闊。

魯斯於一八九八年出生在中國山東登州（今蓬萊），十四歲時回到美國，成年後的他對中國懷有特殊的感情。大學畢業後他在美國創建了強大的「雜誌帝國」，最著名的有《時代》、《生活》、《新聞週刊》、《體育週刊》等刊物，並通過這些刊物影響世界、影響中國。魯斯一生數次訪華及訪臺，一九三二年，魯斯首先與宋氏家族建立了密切聯繫。其後，魯斯的來華訪問得到了蔣介石政府國賓般的接待，也由此他和蔣介石建立了深厚的個人友誼。

從一九三〇年代開始，蔣介石成了魯斯在中國實現其美國理想的代表人物。早在一九四一年五月訪問重慶時，就曾經建議蔣夫人赴美訪問，一則調養身體，二則替中國宣傳，使美國人民認識中國。魯斯說：「訪問」的效力可抵三十個師的兵力。但蔣宋那時都沒有這種意願，蔣對魯斯說：夫人在旁相助，其威力可抵六十師。後來當魯斯得知美國總統也有此意後，又舊事重提，並在宋美齡踏上美國後，成為宋在美活動的策劃人和贊助者。

第四是蔣介石的大力支持。

當孔祥熙和宋藹齡得知此事後，大為意外，並向威爾基求證。而蔣介石為抗戰的局勢考慮，一改兩年前態度，轉為極力支持。宋子文雖然曾堅決反對，但還是不得不執行命令。他在一九四二年十一月二日發了一通電報給羅斯福的顧問霍普金斯（Harry Hopkins），請他派一架飛機供蔣夫人使用，因蔣夫人「患有重病」，急需到美國醫治，並請代為安排醫院，一俟蔣夫人抵美即可立刻住院，出院後再到華府進行官式訪問。同時蔣介石的美籍政治顧問拉鐵摩爾（Owen Lattimore）將隨行。被認為是羅斯福「耳目」的霍普金斯馬上回電給宋子文說，羅斯福總統獲悉蔣夫人有恙，極為關切，並採取一切步驟，全力協助宋美齡儘快飛來紐約。十一月十六日，蔣介石致函羅斯福：

> 內子非僅為中（中正）之妻室，且為中過去十五年中，共生死，同患難之同志，對中意志甚明瞭，當非他人所能及。故請閣下坦率暢談，有如對中之面罄也。

## 籌備國禮

在籌備赴美之行的一系列事務中，宋美齡最大的難題，是向羅斯福總統送何種禮物，煞費苦心。幾次與丈夫及勵志社的總幹事黃仁霖等人進行探討，許多方案都被她否決。蔣介石在一旁插話，認為應該瞭解羅斯福的愛好和興趣。這勾起起黃仁霖的記憶：史迪威曾對黃說過，羅斯福是郵迷，史回國述職時，羅斯福親自向他索取過華郵實寄封，而且愛不釋手。這又引起蔣介石的回憶。

原來，酷愛集郵的羅斯福，在他任內不遺餘力地推廣集郵活動，對美國乃至世界的集郵發展都產生了巨大而深遠的影響。羅斯福在任內批准了二百多套郵票的發行，並對許多郵票的發行與否提出建議，還經常對郵票的選題、設計等具體工作「指手劃腳」，甚至忙裡偷閒，親自設計郵票草圖。

為了紀念中國「七七」抗戰五週年，並向中國軍民頑強抗日的精神致敬，羅斯福監製、美國國務卿亨利・史汀生（Henry Stimson）策劃、美國郵政總署於一九四二年七月七日，發行了一枚紀念中國抗戰五週年的郵票，羅斯福總統還特意要求將郵票面值設為五美分，這是當年寄往中國航空信件的基本資費。此枚郵票成為美國歷史上第一次用外國文字組成中心圖案的郵票，也是美國第一枚印有中文的郵票。這枚郵票共售出二千一百多萬枚，但以中國抗戰為主題的首日封就約占十七萬個。當一九四二年七月七日舉行發行式時，邀請了中國駐美大使宋子文、孫中山孫子孫治平出席。在儀式上，美國郵政總局局長法蘭克・沃克（Frank Walker）分別向羅斯福總統和宋子文大使，各贈送了一整版抗戰紀念郵票，同時向蔣介石郵寄了有蔣介石頭像的抗戰首日封。

黃仁霖建議送些珍貴的中國郵票，宋美齡認為有道理，但在抗戰離亂的當下，哪裡能找到？於是她讓黃多方瞭解。黃作為蔣的「大內總管」，交際廣泛，消息靈通，身分特殊，很快就找到銀行家，時任交通部長的張嘉璈。張告訴黃：上海是中國集郵的中心，但珍貴並且成套的郵票，在抗戰爆發後的大遷移中，失散很多，很難在短時間內蒐集齊全。不過他又賣了個關子，說原先在上海膠州路郵政總局的保險櫃裡，保存過成套的幾冊，應該是從清代發行第一套「大龍」郵票開始，到戰前各個時期的都有。但是，那裡現在被日偽軍把守的很嚴格。黃仁霖將情況向宋美齡作了彙報。宋與蔣協商後，把事情交給了戴笠。戴笠經過縝密計畫，一個代號為「玫瑰行動」的「盜郵方案」出臺。戴的手下都不是吃素的，他們成功的盜走了四本郵冊，三冊交「國庫」，一冊作為「國禮」進行包裝。

## 高規格接待

當威爾基向宋美齡發出訪美邀請之際，也正值宋美齡健康狀況極差之時，尤其是她的皮膚，因長久在外奔波，一直困擾著她的慢性蕁麻疹復發，在四川那種多霧的天氣下，令她苦不堪言：受傷的肋骨和脊椎骨長久以來因氣候變化而酸痛。一九四二年十一月十七日，宋美齡攜帶她寄託美好希望的禮物，飛赴美國。一到紐約，就受到霍普金斯前來迎接，隨即，她被安排住進哥倫比亞長老教會醫學中心哈克尼斯醫院。為保密起見，她包下醫院整個十二層的房間，第二天，羅斯福夫人即到醫院探視她。

宋美齡在醫院一直住到一九四三年二月十二日，總共十一個禮拜，在哥大醫學院教授兼附設長老會醫學中心羅布的主治，拔掉了智齒，治癒了鼻竇炎，身體逐漸康復。

二月十三日，宋美齡正式拜會羅斯福總統夫婦，並大方地呈上她的見面禮——那冊厚厚的中國「國寶」，淡雅的絲綢封面，繡有中國的吉祥物——「龍飛鳳舞」圖案。羅斯福夫人雙手接過，非常開心。宋美齡平靜地說：尊敬的總統先生，我希望我親手挑選的一點禮物，會使您的收藏有所增加。

羅斯福六歲開始收藏郵票，其中不乏中國的精品，但看到這麼全套的珍稀郵品，還是第一次，也是他夢寐以求的，讚歎不已。後來他又補齊了一九三七至一九四五年的中國郵票。從此，他對中國郵票的蒐集，堪稱十全十美，甚至比「中國郵王」周今覺的藏品還齊備。

總統夫婦對宋美齡給予高規格接待，邀請她住在白宮達十一天，後又轉至其私人住處海德公園小住，並分別陪同宋美齡出席國會演說和新聞發佈會，這在美國接待外賓史上是破例的一次。總統夫人把宋美齡視為子女般親切款待。宋美齡展示了她那迷人一般的外交魅力，日漸加深與總統夫婦的親密關係，從而擴大了訪問的影響力，使得她的美國之行異常引人注目。

幾天後，羅斯福就批准了國會的邀請，同意宋美齡在美國國會向參、眾兩院發表演說。她是第一次、也是第一個在美國國會演講的中國人。要說明的一點是，宋美齡的這篇演講稿，先後多次修改，並得到蔣介石多次電文商討和指令。宋美齡在美留學時，學過演講技巧，二十多年後的二月十八日，她將這種技巧，結合中國女性古典的矜持氣質和西方優雅風度，加之犀利、精明的演說風格，使西方人著迷。

此次演講二十餘分鐘，聽眾達二十五萬，在美國朝野引起相當大的反響。她演說的主題是強調中美兩國人民的歷史友誼，控訴日軍在中國的暴行，歌頌中國人民的抗日業績，闡述正義必將戰勝邪惡，呼籲美國朝野對中國抗戰予以更有力的支援，以求世界和平。宋美齡此行雖為求援，但她在各方面都表現出不卑不亢，慷慨激昂，充滿正氣，深深打動了美國聽眾：

> 我中國人民根據五年又半之經驗，確信光明正大之甘冒失敗，較諸卑鄙可恥之接受失敗，更為明智。

這句話在今天聽來依然令人鼓舞。

總統夫人盛讚這位「西方雕琢的東方美人」的演說：「不僅盛極一時，抑且舉世無雙」、「當我看到蔣夫人身著中國服裝，沿著階梯走向講臺，被四周站立的人群包圍時，我不得不為她的成就而感到榮幸之至。當她演講時，她儼然是一位鬥士！」美國眾議院外交委員會主席勃羅姆說：「蔣夫人演講時態度之優雅，揭示世界局勢之透徹，運用英語之流利靈巧，不但使每一聽眾能瞭解其意義，且能與其抱取同一見解，蒞美外賓之影響美國民眾者，從無若蔣夫人之甚！」議員凡登堡被宋美齡的演說感動得流下眼淚，並說：「蔣夫人在參議院之即席演講，為本人列席國會十七年以來最佳之演講詞，預料國會必能實際援華，不徒以空言塞責。」

演講不時被掌聲打斷，有時長達五分鐘。一位議員說他從來沒有見過這樣熱烈的場面，蔣夫人差點讓他掉下眼淚。美國朝野人士紛紛寫信向宋致敬，或邀請她去遊歷、演講，每天收到信函多達三、四千封。美國各界報刊雜誌紛紛發表社論和評論，多達有兩千餘篇。

宋美齡的演講和回答記者，莊重、嚴謹、不卑不亢，有時還伴隨著機智和幽默。三月五日下午，宋美齡在旅邸舉行記者招待會，回答記者提出的問題。當有記者問到她回國時的路徑，宋美齡回答不能透露，否則會讓日本知道，全場立即爆發出大笑。

總統夫人對宋美齡產生了深刻印象，一種關愛之情油然而生，她對報界說：「蔣夫人之剛毅與愉快的性格，和藹可親，給人以深刻的印象」，「我真想幫助她，就像幫我的女兒。」總統夫人是美國「酬勳委員會」的成員，她提議由這個委員會對宋美齡給予獎酬，並獲得通過。她即席演說：「……這種獎酬是每年一次，獎勵在某一方面有特殊貢獻的婦女，由此帶動更多的婦女參與社會事業。我對蔣夫人的獲獎非常高興。」

其後，宋美齡又接受紐約市長的邀請，出席市長主持的歡迎會，她因「亞洲第一夫人」的風采，被授予「紐約榮譽市民」。六月十四日宋美齡接受加拿大邀請，進行為期三天的訪問，十六日出席加拿大國會演說，在兩院議員的歡呼和掌聲中結束演講。西方媒體又一次稱讚她「以魅力征服了這個國家」，美、加等國則掀起了一股「宋美齡旋風」。當時恰好在美訪問的英國首相邱吉爾曾想通過羅斯福介紹，與宋會面，宋對羅斯福說：「他要想見我，就應該由他自己向我提出。」這次會面雖然因邱吉爾的傲慢和失措而未果，但他卻對羅斯福說：「這個中國女人可不是弱者！」

六月二十四日，宋美齡自美國南部乘美國政府特備專機啟程返國，羅斯福特派秘書隨機護送。六月二十九日，羅斯福致電蔣介石：「夫人此次訪美，余認為乃一大成功。」

## 贈禮與收禮

宋美齡此次訪問美加兩國，既有贈禮，也有收禮。

三月一日上午，宋美齡於十一點半出席紐約市長為她舉行的歡迎會，她登上市政廳外廣場上的高臺，與紐約一萬餘市民見面。宋美齡當即發表演說，主題是：「中國抗戰的目的不僅是為了中國，而且是為了正義和世界和平。」她激昂慷慨，使人渾然不覺，這就是剛才欲暈倒了的弱女子，人們聽到的聲音是柔美的，而詞義卻是堅強有力的，並在耳邊久久回盪！

在洛杉磯市的民眾歡迎會上，市長宣佈當天為「蔣夫人日」，並將「蔣夫人日」的政府通告的原件，裝入紅木錦盒內，贈給宋美齡，作為永久留念。

三月八日，宋美齡在校長陪同下，回訪暌違二十六年的母校衛斯理學院（Wellesley College）。宋美齡自畢業回國後，與母校及校友常有信函聯繫。一九四二年是宋美齡從衛斯理學院畢業二十五年，校友於當年十月發起，在大學中捐資成立「美齡基金會」，還邀請胡適、林語堂等名流參加成立大會，即席作專題演講，會議結束時募集到兩萬美元。在重慶的宋美齡得知後，除致函道謝外還陸續匯寄了不少捐款。目前已知，這個基金會一直運作到一九四九年，這期間宋美齡捐款不斷，她與母校感情之深，可見一斑。

這次的宋美齡重返母校，引起轟動，不少一九一七年的同屆畢業生，從各地趕來相聚。宋美齡「打破校規」，身穿便褲遊覽校園，參觀圖書館和昔日自修過的教室，重溫學校生活。當時該校有一多年的舊校規：只能穿裙子，禁止穿長褲。她們看到中國「第一夫人」穿著長褲（宋美齡穿長褲與她的皮膚病初癒有關），在校園中與同學漫步聊天，一位學生調皮地問校長說：「我們可以穿長褲了。」校長幽默地答道：「你們若有蔣夫人那樣的成就，當然也可以穿長褲。」

此次返校，宋美齡代表三姐妹，將六件精美的白絹刺繡品，贈送母校，其中兩件是象徵中美友誼長存的鳳凰與蒼鷹，其餘四件則是代表春夏秋冬四季變化的花鳥圖案。這些禮物至今仍存放在該校圖書館，供人參觀。

三月十九日上午，宋美齡抵達芝加哥。在這裡，宋美齡同樣受到了盛大的歡迎。芝加哥市長凱萊將一巨大金鑰匙（模型）贈給宋美齡，並說：「此乃本市一切事物之鎖鑰，芝加哥已屬於夫人所有。」宋美齡回答說：「敬謝此大鑰，用啟大心鎖。」

三月二十五日下午三時，宋美齡出席三藩市市政廳的群眾歡迎大會，並接受該市贈送的金鑰匙、檢閱了群眾遊行隊伍。

四月四日，洛杉磯市民在好萊塢廣場舉行盛大歡迎會，這是宋美齡訪美以來聽眾最多、最為輝煌、最為熱烈的一次歡迎會，是美國民眾歡迎宋美齡的最高潮。洛杉磯是美國電影藝術中心，因而歡迎節目也別出心裁，首先演出一個名為《中國》的默聲劇，以介紹中國自力更生、英勇抗戰的精神來歡迎宋美齡。劇情深刻，表演逼真，觀眾無不大受感動。劇終，播音員請宋美齡致詞，宋美齡在五十分鐘的演說中，重點介紹了中國抗戰的歷史與慘烈悲壯。當宋美齡講到中國軍民所受的苦難情形時，不少聽眾流下了熱淚。當她退場時，樂隊高奏《蔣夫人進行曲》，作為對她出色演講的回贈。

在喬治亞州的州府，宋美齡接受了衛斯理學院贈予的榮譽學位。這是這所歷史悠久的女子學府七十五年來，第一次贈予外籍人士榮譽學位。

## 豐碩成果

宋美齡此次訪美，足跡橫貫美國東西大陸，期間三次訪問白宮，並訪問加拿大會見荷蘭女王威廉明娜（Wilhelmina），歷時七個半月，行程五萬里，廣泛與美國政界、社會名流、新聞媒體、普通公眾等會見與交流。她在各地宣傳中國的抗日戰果，呼籲美國加強對華援助。她的這些努力，不但影響了美國領導人，還成功引導了美國的民意，喚起了美國朝野對中國抗日戰爭的普遍關注，堪稱各國對美外交之典範，美援抗戰大門被進一步打開。

宋還進一步向羅斯福建議，召開一次各國首腦會議，解決戰爭期間的特殊國際事務，得到了羅斯福的肯定。一九四三年十一月，宋美齡的建議得到落實：歷史性三大同盟國會議在開羅舉行，會後發表了《開羅宣言》，中國的國際地位和蔣介石的個人威望，得到空前提高，極大地鼓舞了抗戰中的中國軍民。

一九四二年年底，美國「對華救濟聯合會」收到的捐款總額達一千七百萬美元，有些捐款來自像魯斯這樣有財有勢的人物，但也有一些是來自美國的小城鎮和普通民眾。一九四三年十二月七日，由羅斯福總統提議，美國正式廢除實行了六十年的《排華法案》，在美華人得以擁有美國國籍的權利；①美國對華軍事援助增加到七億美元的貸款。波士頓市市長贈給宋美齡一張支票，以救濟中國難童；好萊塢各界相送捐款六千美元。②

到一九四四年上半年，美國援華空軍飛機超過五百架（曾幾何時，中國政府派宋子文去美國爭取五百架飛機，卻被告知「這比要五百顆星星還難」），下半年，通過「駝峰」航線的援華物資每月達到四六六〇〇餘噸。與此同時，美國派來一批技術人員及機器師，幫助中國建立煉油廠。

宋美齡訪美歸來後，甚至連中共設在重慶的《新華日報》都發表評論：

她為國家為民族贏得了無限的光榮盛譽，使中國六年抗戰，為世界和平和民主而奮鬥的光輝戰績，在國際之間更加顯著，國際地位因此高揚，外援因此廣泛地開展，直接有助於中國的抗戰，有助於中國與盟邦的相互瞭解。這些功績，對抗戰的幫助是不可計量的。

《宋美齡的外交生涯》一書的作者認為：在《聯合國家宣言》簽字國的排名商討中，美國堅持中國必須置於與美、英、蘇並列的四大國行列，英國首相邱吉爾表示反對，認為：「不能把重慶政府看作是代表一個世界大國」，美國認為中國是「在自己國內積極從事作戰的國家」之一，應有別於一般國家。最後，英國被迫做出讓步，中國排在第四位，在後面則是其餘的二十二個國家，依其國名英文字母順序排列。

赫爾（Cordell Hull）提出讓中國成為宣言共同發起國，在美國強硬堅持下，蘇聯外長莫洛托夫於十月二十六日表示，同意在沒有中國外交部長參加的外交部長會議上，由中國駐蘇大使傅秉常簽字。一九四三年十月三十日發表了《四強宣言》，由此，中國總算在國際文件上擠入「四強」之列，並為中國成為戰後成立的聯合國常任理事國，奠定了基礎。

對於戰後日本天皇的存廢問題，羅斯福也徵詢中國的意見。羅斯福在與蔣介石探討時指出：美國

---

①王丰，《美麗與哀愁——一個真實的宋美齡》（北京：團結出版社，二〇〇一年），頁二八六。

②洪亮、姚嵐，《宋美齡在美國》（北京：團結出版社，二〇〇八年），頁二五二—二五三；二五一。

國內輿論要求追究天皇的戰爭責任，廢除日本天皇制。蔣介石曾留學日本，深知日本國民對於天皇的崇拜，回答說：

這個問題，我認為除了日本軍閥必須剷除，不能再讓其起來預聞日本政治外，至於他的國體如何，最好待日本新進的覺悟分子自己來解決……我們應該尊重他們國民自由的意志，去選擇他們自己政府的形式。

關於對日本的軍事管制，羅斯福希望以中國為主，以減輕美國對遠東的負擔。蔣介石夫婦認為應由美國主持，中國可以派兵協助，究竟如何處理，可視將來情況再定。蔣介石夫婦還提出戰爭賠償問題，戰後日本在華的公私產業應完全由中國政府接收。羅斯福表示贊成，允許日本以實物作為賠償。

## 「珍郵」歸宿

宋美齡的這次訪美，在中國對美外交史上佔有非常重要的地位。蔣介石對宋美齡的這次訪美，評價很高，並曾對人誇耀說：「夫人的能力，抵得上二十個陸軍師。」③那麼，這冊郵票的作用又是幾個師？

羅斯福自幼受母親影響，一生收集了數十個國家和地區的郵票，多達一百二十多萬枚。他在任內不遺餘力地推廣集郵活動，對美國乃至世界的集郵發展，都產生了巨大而深遠的影響。據有關傳記記載，在他去世前的幾個小時，還在喬治亞州被稱為「小白宮」的溫泉別墅內，欣賞集郵冊。他有一句集郵名言：「我推薦你們收集郵票。郵票除給予興趣之外，更增加我對歷史、地理和時事的研究。我確信集郵能使人成為優良公民。」

羅斯福逝世後，因後繼無人，他的那些珍貴收藏，於一九四六年二月四至五日，在紐約海馬郵票拍賣公司進行拍賣，竟動用了裝甲車和貨車各一輛。難以想像，這是一筆多麼豐厚的財富？可以想見，這是他花了多少精力和心血的結晶。新任總統杜魯門為拍賣寫了序言，由陳志川翻譯成的中文為：

> 際茲盛會，予亟願向全世界集郵家致共祝賀之忱。彼輩有功於國際友誼之促進，自不待言。蓋唯交通之利器日繁，國族之接觸亦日密，「集郵者，探討人類關係之科學也」，旨在故羅斯福總統之言。夫吾美國人民之集世界各國之郵，亦猶世界各國人民集吾國之郵也，旦夕孜孜，窮年經營，

③洪亮、姚嵐，《宋美齡在美國》，頁二五一。

一郵之微，洵足以寬世界之大，往史之深。郵學昌明，四海乃如兄弟矣。故羅總統以公餘之暇，積郵盈框，為我國第一集郵家。總統少即嗜郵，論者謂其卓越之國際見解，獲益於郵學者殊多。余嘗觀其郵冊，不但巨細無遺，抑且羅列精詳，正所謂羅各國於尺員，瞭若指掌者也。是共運籌帷幄，旋轉乾坤，豈係偶然者哉，是為序。杜魯門序於白宮。

至於這次拍賣，是否有宋美齡送的那冊「國禮珍郵」，歷來有兩種不同的說法，支持者說：「禮品冊」最後以四七〇〇萬美元被羅蘭氏（Dr. Lioyd S. Ruiand）所得，並言之鑿鑿的舉出例證：一九四六年六月一日，上海國粹郵學研究出版社出版的《國粹郵刊》第四十二期《羅斯福郵集第二次拍賣華郵錄》一文中，均有詳細記載。反對者說：拍賣時，「禮品冊」被保存在羅斯福紀念館裡，也有文字資料和圖片為證。後來又有消息說：一九九七年，再度在香港拍賣場上露面，落槌價為一四〇萬港幣。孰是孰非，看來還有待進一步的史料發掘。

除前列註釋，本文亦參考：

吳景平，《宋子文政治生涯編年》（福州：福建人民出版社，一九九八年）。
佟靜，《宋美齡大傳》（北京：團結出版社，二〇一一年）。
《蔣介石的生活內幕》（長春：吉林人民出版社，一九九九年）。
風雲論壇編輯委員會，《蔣夫人與元老派》（臺北：風雲論壇社，一九八七年）。
《江西集郵》（江西），二〇〇五年第六期。
《中國集郵報》（北京），二〇〇六年十二月。

# 十二 與張學良的禮尚往來

宋美齡贈禮最多、持續時間最長、跨越地域最廣的人，便是張學良，這期間長達七十六年，縱橫跨越萬里之遙。

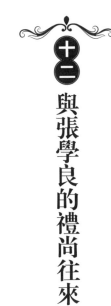

## 張、宋的初識和交往

張學良與宋美齡初識於一九二五年六月，那時，張學良因「調查滬案真相」，於六月十一日南下赴上海。十四日出席美國駐上海領事館舉行的雞尾酒會，第一次見到宋美齡。在北返的前一天，即六月二十二日，張應宋美齡的邀請，參觀她所供職的上海兒童勞工委員會。可見雙方都互有好感，據坊間私傳：兩人曾有幾次約會，事後張曾對人說：「若不是當時已有太太，我會猛追宋美齡。」

一九三〇年六月二日，蔣介石、宋美齡聯名電賀張學良三十歲生日，祝張、于伉儷「福壽連綿，德澤廣被」，並令恰好在瀋陽的吳鐵城為代表，前往致賀。同時又特派李石曾為祝壽專使赴瀋陽祝壽。李石曾此行除祝壽外，還奉蔣命調停東北時局、協商青島行政交由東北軍管理，①後東北軍所屬的海軍副司令沈鴻烈，即出任青島市市長。

張學良與宋美齡具有實際性質的交往，是一九三〇年十一月十二日，張學良赴南京列席國民黨三屆中央執委會四中全會。那時張的頭上有兩道光環，其一是力主東北「易幟」，促進全國「統一」，深得國人敬佩；其二是揮師南下，迅速平息中原大戰，維護了蔣介石一統天下的最高地位，讓蔣不得不刮目相看。國民政府不斷頒獎贈勳，還任命他為「海陸空副總司令」。

張學良掌控東北、華北的面積，超過了蔣介石，連武裝實力也在蔣之上。蔣介石對於他的到來，給予最高的禮遇，歡迎于鳳至抵達南京的「非常儀式」，是黃仁霖與宋美齡一同商議的。于鳳至剛一走下專列，宋美齡便快步迎了上去，親熱地與之緊緊擁抱，顯示出她個人對張學良、于鳳至的尊敬和歡迎。當晚，宋美齡在官邸設宴，為張學良、于鳳至洗塵。很快就同于鳳至產生了親密感，于鳳至拜宋美齡之母倪太夫人為義母，從此張、蔣兩家可以堂堂正正的以兄弟姐妹相稱和來往了。

---

① 張友坤、錢進、李學群編著，《張學良年譜》修訂版，頁三二四。

然而，患難見真情，在矛盾中才體現人性的「真」和「善」。西安事變使人們看到了張學良與宋美齡的大義和凜然。這其中，既有雙方為各自認為的國家利益發生的衝突，也有互相之間對對方「私人關心」和愛護，這也是眾人一直認為很難做的完美，然而事實上卻是都很完美。

## 西安事變的信函往來

西安事變發生的當天，張學良即致電宋美齡：

學良對國事主張，當在洞察之中，不意介公為奸邪所說，違背全國公意，一意孤行，致全國之人力、財力，盡消耗於對內戰爭，置國家民族生存於不顧，學良以戴罪之身，海外歸來，屢盡諫諍，率東北流亡子弟含淚剿共者，原冀以血誠（忱），促其覺悟。此次綏東戰起，舉國振奮，介公以國家最高領袖，當有以慰全國殷殷之望，乃到西北以來，對於抗日隻字不提，而對於青年救國運動，反而橫加摧殘。伏思為國家，為民族生存計，不帽（忍以）一人而斷送整個國家於萬劫不復。士義當前，學良不忍以私害公，暫請介公留住西安，妥為保護，促其反省，決不妄加危害。學良平生從不負人，耿耿此心，可質天日。敬請夫人放心，如欲來陝，尤所歡迎。此間一切主張，（以）「文電奉聞」，揮淚陳詞，佇候明教。②

宋美齡於次日電覆：

昨在滬上，驚悉西安兵變，即晚來京，接奉文電，深以為慰。吾兄肝膽照人，索所深佩，與介兄歷共艱危，誼同手足。在滬未接電前，已知其必承吾兄維護，當決無他。來京獲讀尊電，具見愛之赤誠，極為感佩。惟精誠團結，始足以禦侮抗敵；沉著準備，乃足以制勝機先。凡吾兄有所建議，苟利國家，無不樂於採納。介兄以地位關係，不得不加以慎重，藉避敵人耳目，吾兄賢明，當必深諒此意。我國為民主制，一切救國抗敵主張，當取公意，只要大多數認以為可，介兄個人，當亦從同。昨日之事，吾兄及所部將領，或激於一時之情感，別具苦衷，不妨與介兄開誠協商，彼此相愛既深，當可無話不說。否則別生枝節，引起中外猜疑，不免為仇者所快，親者所痛，想吾兄亦必計及於此。至如何安慰部曲，消弭事端，極賴藎籌。介兄一切起居，諸祈照拂，容當面謝，並盼隨時電示一切為荷。③

鑒於外界謠傳甚多，為穩定局面，也為使宋美齡安心，張學良於十五日電覆宋美齡：

②③ 張友坤、錢進、李學群編著，《張學良年譜》修訂版，頁八〇一；八一二。

……介公在此，極為安全，精神飲食如常，良常謁談，並飭妥加侍奉，萬望勿以為念。介公處境艱苦，良所素知，但國家民族已至存亡最後關頭，中央非變更對外妥協政策，不足以救危亡。精誠團結，固為必要，但必須中央政策，悉合民意，始足以言團結。沉著準備，固為勝算，但強敵無厭，危機一發，何容再談準備，數年來良之擁護介公，竭誠盡智，為夫人之所深知，金石可鑒，此心無二。只以愛國愛家愛介公出於至誠，屢經以立起抗日涕淚陳詞，文證具在，絕非虛語，乃介公之主張堅執不移，萬不得已，始有文日之舉。區區之心，為公而非為私，尚介公實行積極抗日，良仍當竭誠擁護。端納即行遄返，不盡之意，由渠面為詳陳。統祈鑒察為禱。④

十二月十八日，張學良之母自請替張學良作人質，南下願繫獄南京。于鳳至由倫敦來電，要張學良護送蔣安全出境，同時下野。張在津兩弟學銘、學俊接各方函責，不能安居，突然出走。十九日，張學良致宋美齡：「倘不能阻止進攻，切勿往陝，因為無力保護（宋的）安全。」⑤

十二月二十二日，端納（William Donald）、宋美齡、宋子文飛往西安。在飛機上，宋美齡把手槍遞給端納說：「如果叛軍對我有任何不禮貌行動，你可用此槍立即將我槍殺。」足見宋美齡在危難之際的義節凜然。張學良、楊虎城去機場迎接宋美齡，宋對張學良說：「漢卿，這是我的東西，就不要再檢查了吧？」張學良馬上說：「夫人，豈敢，豈敢！」兩天的各方磋商，「事變」開始發生根本的轉折。二十五日，張學良護送蔣介石返回南京，標誌著西安事變的和平解決。這其中，宋美齡的睿智和多方斡旋；張學良的大義和寬厚處置，均起到重要作用。

## 張、宋贈禮的歷史分期

張學良與宋美齡禮尚往來，可以分為四個歷史時期：

第一是西安事變之前的所謂「義姐義弟」期。在蔣介石借重張學良的擁兵自重，固守東北，穩定全域的策略下，雙方互贈禮物是對等的，少帥或自己、或通過夫人、或委派代表，向蔣、宋以及義母倪太夫人，豪爽的送去東北特產，如人參、狐皮、虎骨、鹿茸、綢緞，甚至是罕見的清宮遺物，如明朝時用大象皮製成的皮帶和箭囊、象牙笏板、金鑲玉如意、玉雕等，顯示出張家雄厚的財力，豪據一方的霸氣，讓蔣、宋不得小看。蔣、宋向于鳳至及張學良送有洋酒、洋菸、外文畫報、機械芯的玩具、西式餐具、新出產的外國小家電等，向張氏夫婦推介西方文化和生活方式，讓對方耳目一新。

第二是西安事變後，雙方地位急轉，義弟成為階下囚，但義姐並沒有鄙視或遺棄義弟，關心多

④⑤張友坤、錢進、李學群編著，《張學良年譜》修訂版，頁八三四；八六〇、八六三。

了，但義姐的贈禮次數並不多。這也許與蔣介石對張學良管束嚴格有關，因為連宋美齡見張學良，也要得到蔣的允許；也與宋多方謀求釋放張學良連遭失敗有關，還與戰亂流離，以及宋出訪美、印等國有關。

第三是初到臺灣，這一時期，無論送禮次數、數量和禮品種類，都是最多、最豐富的，也最能體現出宋美齡的細心和人格魅力。宋的贈禮，不局限於實物，還送去對張學良寂寞、枯燥生活的撫慰和開導。

第四是蔣介石去世後，到張學良逝世的二十一年間。蔣介石去世後，與張學良以兄弟相稱、交往密切的蔣經國主政，仁厚的他放寬了對張學良的限制。但宋美齡對張學良的送禮，次數和數量卻越來越少。這一方面是宋不必通過送禮，來改善張學良的生活狀況，更不必撫慰張煩躁苦悶的心情了，同時也與她的年紀、精力和心態有關。

## 優厚的生活待遇

一九三七年一月十三日，張學良被押解到溪口，暫住國際旅行社，配有專門的廚師、護理員、按摩師和一名副官隨侍。通常他的早餐都很豐盛，有火腿、雞蛋、牛奶，還有金山桔等，甚至還有進口水果，全都是按照他以往的生活習慣配置。午餐和晚餐一般都有七、八個菜，副官應漢民會來請示他想吃什麼菜，然後就吩咐廚師照著做。飯後還有張學良喜歡吃的花旗橘子、美國蘋果和其他新鮮水果。特務隊每個星期都要去寧波，購買他所需的海味、水果等食品。宋子文等人也曾給他寄來整箱整箱的外國水果、可口可樂、香菸等物品，有時軍統局還委託中國旅行社代購物品運來。

張學良每天都要喝三、四瓶可口可樂，有時也喝咖啡，但很少喝酒，偶爾會在飯後吸上一支菸。他每天晚上大約十點左右就寢，臨睡前要洗澡。洗澡後由私人醫生騰蔚萱進行按摩。知道張學良喜歡體育運動，好動不喜靜，戴笠特意讓看守他的劉乙光，在「招待所」前安置了一架單杠，在旅行社後面又闢出個球場，既可以打籃球、排球，又可作為網球場地，同時還讓人在溪口上游圍了一個游泳池，派人送來釣魚竿。

憑心而論，在最初的生活上，蔣介石對張學良的照顧還是很周到的，然而，精神上呢？張學良苦悶萬分。有時候，他真想跑到一個無人之處，痛痛快快地哭上一場，吼上一陣子，一解心中的煩憂。可是，天下之大，竟然沒有他張學良一個可以自由哭笑的地方，日日夜夜、時時刻刻、分分秒秒，他的身邊都有警衛，像幽靈一樣，注視著他的一舉一動，他無論做什麼事情都不能遂意。即使有的人經過蔣介石同意可以探望張學良，劉乙光也形影不離，伴隨左右，說話極不方便。

張學良是個愛說愛鬧愛運動，不甘寂寞的人，幽居以來，身邊只有看管他的人，而且這些人是不能同他隨便說話的，這讓張學良很苦悶。一九四七年十月三十日，西北行轅主任張治中帶著女兒，赴臺作例行休假，還特意到井上溫泉看望張學良。張學良見到張治中大發談興，東拉西扯什麼都說，一會兒就談到了女人上，而且是非常的不像話了，張治中則笑個不停。趙四小姐在一旁受不住了，正要阻止他，張學良把她攆到臥室，關上門繼續滿口飛沫。

不久，莫德惠來看他，張學良仍然談興十足，談到了一個張治中的故事。那是西安事變之前，張治中還是中央軍官學校教育長，有一次他和蔣宋夫婦一同到杭州西湖的樓外樓吃飯。吃完飯蔣走在前，張治中在後，三人步出樓外樓時，門前地上有一灘污水，正在宋美齡猶豫時，張治中從褲兜裡掏出手帕，鋪在地面上，攙扶宋美齡邁過那灘污水。⑥張學良不是要說誰的壞話，而是要排遣苦悶和無聊。

## 禮尚往來

張學良與宋美齡的禮物往還，無論是禮物本身、還是事件本身，都很有些人情味。以到臺灣後為例，張學良一般是在每年宋的生日時，託人帶去祝壽函，另備一件禮物。當張學良得知宋美齡學習繪畫，並卓有成就，就改送自己收藏的古人字畫了。而宋美齡向張送禮，則機會很多，如每年的春節、耶誕節、張學良生日、出訪回國後、公務路過其住地、或其他事件等，都是她送禮的時機。從一九四六年開始，至一九六〇年，宋美齡和張學良一直保持著書信來往，這期間，宋美齡還曾六次與張學良會面，每次都過問張學良的生活情況，令張學良十分感動。

張學良生前留下五百封以上的信函，其中以與宋美齡的通信最多，有一百封以上，是張生前保留最多、也是研究張學良的珍貴資料。在雙方的來往信中，他們也討論歷史、藝術、宋美齡習國畫的進程、宗教信仰、聖經教義、互祝聖誕快樂、祝壽、拜年等，話題極為豐富。

在整理張學良遺物中，有宋美齡贈送的馬車型檯燈、蔣介石題簽、宋美齡手繪的《墨蘭圖》，蔣經國寫給張學良的許多墨蹟，一些民國政要相贈的書法作品等。⑦

我們來過眼一下，看兩人是如何互贈禮物的。

⑥王佚名，《張學良幽居閒趣》（香港：長年印書社），頁十三。

⑦竇應泰，〈張之丙與「毅荻書齋」的建立〉，《百年潮》，二〇〇二年第六期。

一九三七年四月十日，宋美齡在奉化雪竇寺妙高臺招待張學良、于鳳至午餐。在座的有宋子良、端納、董顯光。宋向張送了一些書籍和食品。飯後大家還一起打了「五百分」。宋美齡在臨別時，單獨召見張學良，她對張學良說：「gentleman」，「不過性情急躁，須改。」⑧十四日，宋美齡在雪竇寺又單獨請張學良、于鳳至吃飯，談及張學良今後的生活。飯後，他們一同欣賞雪竇山盛開的杜鵑花，張學良低頭感悟著宋美齡的勸慰。

一九四六年四月十五日，莫德惠探視張學良，並帶來了宋美齡的慰問信。張學良託莫帶去許多他寫的信，其中有致蔣介石、宋子文、宋美齡各一封。

一九四七年耶誕節前，宋美齡送給張一盒聖誕蛋糕。

一九五一年三月四日，為宋美齡生日（農曆二月十二日），張寫了賀壽函，並從當地人手中買了用原始方式生產的布料作為壽禮。同年四月二十二日，宋美齡託張的老友伊雅格轉交一封信，對張的這件禮物表示欣賞：「我非常感謝你記得我的生日，你送我當地生產的布料，很可愛，我特別喜歡其親和的顏色。」

三個月後，即七月二十九日，張學良得知宋美齡對繪畫感興趣，並得到蔣介石的支持，閒暇之時常習畫為樂，即託人送去《查士標畫冊》。此後，張學良再向宋美齡祝賀生日，所「附送」的禮物，多有古人字畫。

查士標（一六一五—一六九八年），字二瞻，號梅壑散人，懶老。新安（今安徽歙縣、休寧）人，流寓揚州一帶。明末生員，家富收藏，故精鑒別，擅畫山水，詩與書法俱佳。與孫逸、汪無端、僧弘仁等書畫家一同被稱為「新安四家」。家藏甚富，鼎彝及宋、元真跡皆有，遂精鑒賞，他的山水畫，筆墨疏簡，風神嫩散，氣韻荒寒，晚年畫風突變，直窺元人之奧。遺有《雲山圖》、《空山結屋圖》、《秋林遠岫圖》、《雲山煙樹圖》等傳世。他的書法以行書、草書見長，書出米、董，上追顏真卿，頗得精要。時稱米、董再生，名重天下。行筆俊逸豪放、神韻深邃。著有《種書堂遺稿》等。

一九五二年三月三十日，宋美齡以英文致函張學良：

漢卿吾兄鈞鑒：承蒙惠賜優美畫冊和照片與手卷，極美，謹此致謝。幸得閣下懸念，早應致意，只是數週來苦於支氣管炎，不便作書，目前始漸癒。《生活》雜誌擬刊一文，附余畫作照片，出刊後當寄奉一本。余習石濤、沈石田甚勤，以余師謂，余筆法風格近此兩家之故，然臺島難得真

⑧張友坤、錢進、李學群編著，《張學良年譜》修訂版，頁一〇一〇。

跡親炙，盡力而已。適得香港友人寄巧克力一盒，望漢卿喜食。以漢卿目下入境，能否行動，余甚疑之。隨函另附美國雜誌數本。臺北另外有何可以安勞之處，請即告知。送禮言情……

從此信可判斷，在這一年宋美齡的生日前，張學良向她送「手卷」，祝賀她的生日。所謂「手卷」，應該就是張學良收藏的古字畫原作，可惜張學良在日記中沒有記述，宋美齡的感謝信也沒說明是何人所作。

一九五四年三月十四日，張贈宋一軸「王石穀畫軸」，祝賀她的生日。在日記中記：「上蔣夫人賀壽箋，附王石穀畫軸。」⑨

王石穀（一六三二—一七一七年），單名翬，是康熙時期的山水畫大師，在清初「四王」中，技法比較全面，成就比較突出的一位。其山水畫源於家學，後受王鑒和王時敏的指導。他學習古人的範圍較廣，從元四家到宋人的大青綠山水都有涉獵。曾受康熙帝之命主繪《南巡圖》。畫成，由皇太子胤礽親書賜「山水清暉」匾額，聲名益著。晚年的山水畫，在簡練中求蒼茫，偶畫花卉，秀雋有致。有「畫聖」之譽，其畫風影響後代。

可見，張學良所贈此禮的分量非同一般。

不久，宋美齡因治療「神經性皮炎」，不得不赴美就醫，於當年十月二十三日返回臺北，二十五日就給張寫了一封長信：

我前兩天剛回臺北……我忘記了是否已謝謝你送我精美的畫軸，做生日禮物。我當時身體不適，可能忘了及時感謝你，不過你要知道，我非常感謝你想到我，在我不適的時候，這幅畫帶給我欣慰。⑩

一九五五年農曆二月十二日，為宋美齡生日，張與趙一荻買一籃白色康乃馨交人送到官邸。⑪

一九五七年三月十日，張學良為美齡宋生日，「上蔣夫人賀壽函，附錢東牡丹花立軸一幅。」⑫錢東（一七五二—一八一七年），杭州人，客寓揚州。字東皋、杲桑，號袖海、玉魚生等。清代乾隆嘉慶年間畫家。錢東從兄，工詩詞，善書畫。花卉師法惲壽平沒骨法，筆致秀逸，設色雅麗，小品居多，亦精妙。中年曾一度棄儒從商。

一九五八年三月十日，張學良為宋美齡生日，「上蔣夫人賀壽函，附程孟陽小軸松石。」⑬

⑨⑩⑪⑫⑬ 張友坤、錢進、李學群編著，《張學良年譜》修訂版，頁一〇六六；一〇六七；一〇六九；一〇六九；一〇八八。

程嘉燧（一五六五—一六四三年）明代書畫家、詩人。字孟陽，號松圓、偈庵，又號松圓老人、松圓道人、偈庵居士、偈庵老人、偈庵道人。晚年皈依佛教，釋名海能。休寧（今屬安徽）人，應試無所得，僑居嘉定，折節讀書，工詩善畫，通曉音律，與同里婁堅、唐時升，並稱「練川三老」。謝三賓合三人及李流芳詩文，刻為《嘉定四先生集》，有《浪淘集》。其論詩主張先立人格，再立詩格，反對前後七子摹擬之風，當時被人稱為「一代宗主」、「晚明一大家」。亦工山水，宗倪瓚、黃公望，畫花卉沉靜恬淡，格韻並勝，筆墨枯淡，偏於閒靜。與李永昌屬天都派，亦為新安派先驅，吳梅村把他稱為「畫中九友之一」。

宋美齡去世後，蔣、孔兩家後人在整理她的遺物時，發現另有張學良贈送宋美齡的古代字畫，有徐渭、陳洪綬、石濤、任伯年等人的原作，尚不在前述之內，⑭由此可見，張學良送給宋美齡的古字畫，至少在十軸以上。

再看看宋美齡怎樣禮遇張學良。

一九四七年耶誕節前，宋美齡送張學良聖誕蛋糕。⑮

一九五〇年四月三十日，宋美齡將張學良接到大溪官邸，這是一九三七年四月十日，兩人在溪口一別十三年後的再次會面，雙方均感慨萬端，唏噓不已。張向宋提出兩項要求，一是「見一見蔣先生」，二是「想問家裡要幾個錢花」。宋均答應了，並說：以後寫給家中的信由她轉。在宋的關照下，張的山居生活得到很大改善，陸續收到家人的來信，伊雅格從美國寄來了錢款、照相機等物品。這年的中秋節，宋託人送來了月餅、茶葉、水果、罐頭、雜誌等，讀到了于鳳至從美國的來信，以及眾多子女的來信。同年八月二十三日，劉乙光交來伊雅格從美國匯來的三千美元。⑯

一九五一年四月二十二日中午，由宋美齡安排，張學良去大溪蔣家別墅做客，意外的見到了伊雅格，特別興奮。伊雅格是義大利人、早期張學良的軍火商（掮客），後定居美國，成為張學良在美國財產的管家。伊雅格與張家三代人均熟稔，張學良與趙一荻的孩子閭琳，就是託他在美國安排在他的友人科恩夫婦家中寄養的，當時科恩夫婦的兒子與閭琳同歲，這對隻身在異邦的閭琳來說，是很好的夥伴，有益於他在美國的讀書和成長。伊雅格帶來了幾份銀行文件讓張簽字，這些錢對張來說，是雪中送炭。兩人熱談了幾個小時，到下午四點才分手。因山路難走，張不得不留宿在蔣家。第二天一早，張帶著一車各界贈送的禮物返回，這其中有宋子文，宋美齡、伊雅格的信和禮物。⑰

⑭ 竇應泰，《宋美齡身後重大事件揭秘》（北京：團結出版社，二〇〇八年），頁一一七。
⑮⑯⑰ 張友坤、錢進、李學群編著，《張學良年譜》修訂版，頁一〇五四；一〇六二；一〇六二。

一九五二年五月一日，張在日記中記有：「蔣夫人信並附有手畫一幅，雜誌一束，罐頭兩打半。即覆函謝。」⑱

一九五三年二月十二日，張日記：「臺北送來年禮四包，云係蔣夫人所送。」那時，宋美齡正在美國治病。⑲她從美國買的東西，萬里來贈，讓張學良感動。同年三月二十七日，宋美齡返回臺灣。五月一日，信差送交「蔣夫人來函，附來家信，伊雅格信及孔庸之（孔祥熙）等信，共二十三封，外附衣物兩大包」，其中有四件夏威夷襯衫是給張學良的。細心的宋美齡在信中告誡張學良：「這些襯衫是著於長褲外的，而不是穿在長褲腰帶內，我希望你穿時感到涼爽。」宋美齡的細緻和關心，又一次讓張學良感動。

一九五六年耶誕節前，宋美齡派人專程送來「節賞」，其中有：夾克衫、溫度計、放大鏡、糖果、聖誕樹等。

一九五九年七月二日，張學良收到宋美齡一封信，告知他要送他一些在美國買的物品，「如：一盞燈，適合於他這種患有眼疾的人使用」、「此燈調整極易，任何位置、角度都能使用，余在美亦有一盞，用來非常滿意。附上三藩市著名的Blums糖果店一些糖果。」第二天，張果然收到臺北專人送來的一個箱子，裡面還有一封宋美齡的信，另附張家家書多函、伊雅格的信和照片、檯燈、一盒糖、英文雜誌十五冊等。⑳

同年十二月二十四日，宋美齡派人送來了一棵聖誕樹、張學良家人的信和照片。來人把聖誕樹放下後，告訴張學良說，是蔣夫人限時限刻讓他們送過來的，為的是讓張學良能在節日裡看到家人的來信，能享受到節日的歡樂氣氛。張學良手持家信，看著掛滿飾物的漂亮聖誕樹，感慨不已。為了紀念這一令他難忘的時刻，張學良坐在聖誕樹前，讓趙一荻為他拍下了與聖誕樹合影的照片，隨後，他也為趙一荻拍攝了與聖誕樹合影的照片。幾天後，張學良託劉乙光將這兩張照片寄給宋美齡。

一九六〇年一月十七日，宋美齡隨蔣介石陪同南越總統吳廷琰，到高雄參觀，乘機到西子灣同張學良商量諸多家事。如，張家在美的存款如何管理、請誰來陪張學良讀聖經、有關趙一荻、于鳳至及子女教育等諸多事情。協商的結果是，宋美齡推薦由董顯光來陪讀。二月二日，董顯光帶著夫人和孩子，一同來到高雄與張學良同住。㉑

⑱⑲⑳㉑張友坤、錢進、李學群編著，《張學良年譜》修訂版，頁一〇六四；一〇六五；一〇九二；一〇九四。

## 雙方禮物價值的比較

如果單從雙方所贈「禮」的價值論，張學良肯定是吃虧的。宋所贈之物，有的是他人所送的再轉贈。而那些食品、日用、書籍等，怎能與張的古字畫相提並論，好在此時的張學良也顧不得、更無須計較這些了。但也有人認為，張早年購買的這些古物，多係贗品。那時，有人得知張富於財力，又不懂行識貨，就合夥作局騙他，這也許是事實。另一件事實也要考慮：袁克文是袁世凱的次子，後來居住上海，成為青幫中的「大爺」。晚年潦倒後，將許多古字畫一股腦的都轉售給了張學良，據說不僅價格不斐，而且還都是經行家鑒定過的真跡妙品。㉒

不管怎樣，張學良早年的這些收藏，在他羈押期間發揮了他意想不到的作用。張學良很明智，他對所藏古物的餽贈很嚴謹，除有一、兩次例外，並不輕易送人。其中一次是一九四六年九月十四日，張學良在貴州桐梓縣小西湖致函趙季恒：

> 兩卷字畫係我多年珍藏，泡椒是趙四小姐親手所做，貓是我從國外帶回來的，解繩本領很強，初到一地必須關好，不然會跑掉，餵熟後很會捕鼠。區區小意，不成敬意，望笑納。㉓

趙季恒，時任桐梓縣縣長，曾探望過張，對張學良多有關照，兩人結下友誼。但張突然被轉移到重慶松坡林，幾天後即解往臺灣。在離開小西湖的頭一天下午，張派人給趙送去兩卷字畫，一小罐海椒，一對波斯貓，並寫下這張紙條。

另一次是五〇年代末，張大千來臺北開畫展，當他離臺時，有人匆匆趕到機場，送給他一件物品，說是張學良囑託專程轉交的，請他到了巴西再打開。大千急於知道是什麼，在東京機場休息時，就拆開來看，原來是新羅山人華嵒的一幅精品《紅梅圖》，並附短箋，大意是：

> 大千吾兄臺鑒，三十年前，弟在北平畫商處遇見此新羅山人山水，極喜好，遂強行購去，非是有意奪兄之好，而是愛不釋手，不能自禁耳！現卅年過去，此畫伴我度過許多歲月，每觀此畫，弟便不能不念及兄，不能不自責，兄或早已忘卻此事，然弟卻不能忘記，每每轉側不安。這次蒙兄來臺問候，甚是感愧。現趁此機會，將此畫呈上，以意明珠歸還舊主，寶刀須佩壯士矣！請兄笑納，並望恕罪。弟學良手奏。四小姐附筆問候。

㉒ 趙杰，《張學良在美國最後的歲月》（北京：中國文史出版社，二〇一二年），頁六九。
㉓ 張友坤、錢進、李學群編著，《張學良年譜》修訂版，頁一〇四二。

由此信，勾出二十多年前一段往事：三〇年代初，張大千在北平琉璃廠見到此畫，仔細辨認，確定是一件真跡，欣喜不已。賣家索價四百大洋，大千一時手絀，便相約三日內攜款取畫。誰知當他如約而至，卻被告知此畫以六百元賣出。大千很是生氣，掌櫃無奈地解釋說，買者是張學良，我可得罪不起。大千嘖嘖而悻悻，此事便如過耳之風，歲月無痕。㉔

到臺灣後，連求毛人鳳幫助送于鳳至去臺北看病，張學良也僅僅是送了派克筆和自己飼養的四隻土雞。一九五九年二月十八日，張託情報局長在香港買書，為感謝他，特意送了洋酒、火腿、茶葉、派克筆等。蔣介石的御醫熊丸為他看好了小病，張也送了一支派克六一型金筆。㉕

張學良收藏多少古字畫，一直很難統計。在解禁後的張學良家中，掛有蔣經國畫的梅、蘭。蔣經國絕少以畫作示人，由此也顯示張與蔣經國情義非比尋常。九〇年代初，張學良赴夏威夷定居前，曾託人在臺北拍賣字畫，據說其中有些是古字畫，據悉得款數百萬美元。但他特別留下宋美齡、蔣經國、張大千等人送的畫，現在均由美國哥倫比亞大學保存。㉖

## 非實物性贈禮

張學良在數十年的羈押中，迫切想知道家人的生活狀況，如果你及時告訴他這些資訊，是不是比送他三斤蘋果、兩瓶洋酒，更讓他開心？答案是肯定的。而宋美齡就善解人意，也是這方面的高手。

在宋美齡的運作下，一九六〇年四月八日，張學良動身抵達北投。在他六十歲生日之際，終於搬到臺北。五月三十日，宋美齡突然光臨張的臨時寓所，再三詢問寓所如何，並到張的臥室小坐。宋美齡要張到「其私人禮拜堂去做禱告，並令趙一荻和董顯光夫人一同在另一處禮拜堂做禱告。」這個安排讓張學良費解，後來他才知道，宋美齡將他們分開教堂作禱告的真實用意，從心眼裡感謝她。㉗

第二天是張的六十花甲大壽，蔣經國和董顯光夫婦設宴為之祝壽，下午收到宋美齡送的生日蛋糕，晚上又收到許多禮物，飯後又一同去參觀蔣經國別墅，夜裡十二點才返回。六月五日，早九時四十五分，張同趙一荻、劉乙光夫婦一同到董顯光寓所。接著，趙一荻、劉乙光夫婦、董顯光夫人去了榮民醫院做禮拜；十點五十分，張同董顯光到士林官邸禮拜堂做禮拜，由盧牧師講馬太福音，十一點三十分結束。當蔣介石返出時，與張學良相遇，宋美齡特別示意蔣與張握手，這一瞬間「使得眾人注目」。㉘宋美齡苦心積慮，製造機會，為張學良返歸平民作鋪墊。

㉔張魁隆，《張學良在臺灣》（北京：新華出版社，一九九〇年），頁十七—十八。

㉕㉖㉗㉘張友坤、錢進、李學群編著，《張學良年譜》修訂版，頁一〇九一；一〇五三；一〇九五；一〇九五。

宋美齡曾兩次詢問張學良在美國財產的數量、種類，這是她在改善張的生活、並能與家人保持聯繫後，又在籌畫送給張的另一項大禮。一九五九年七月二十五日，宋美齡派車將張學良接到陽明山官邸，兩人作了一次長談：「……談到金子事、閭瑛回國、吳媽老杜等事。宋又問：你『在美國有多少存款？』張作了回答，宋頷首不言。」第二次，即一九六〇年一月十七日，宋美齡借陪同南越總統吳廷琰到高雄參觀之際，到西子灣張家商談。

原來，宋美齡籌畫在一九五九年張「解禁」後，動員張自建一處房子，這不僅僅是張有一所自己的房子，更關鍵的是，可以使張向「擁有一個完全的公民權利」，邁進一步。

在宋美齡的示意下，張學良向蔣經國提出在臺北自費蓋房，得到同意。一九六〇年六月二十七日，宋美齡派游秘書請張學良到陽明山官邸作客。宋對張說：你要自己選一塊地，自己建房，這是你自己的事，房子大小皆可，地點在臺中、大溪、角板山皆可。張學良卻異想天開，他說他想在陽明山居住。陽明山原名叫「草山」，風景優美。一九四九年，頗具堪輿經驗的蔣介石視察到這裡，一眼便相中了這塊風水寶地，但這個地名讓蔣感到有「落草為寇」之不快，於是以他崇敬的明代哲學家王守仁的「號」命名，並且早有規劃，哪能容「謀反逆黨」玷污？所以，不明就裡的張學良是妄想了。但深知內幕的宋美齡，拒絕得很巧妙，她說：「陽明山區太潮濕，宜夏不宜冬」，接著，她以堅定不容再議的口氣說：「你另選它地！」

張學良被羈押多年，幾乎與外界隔絕，不但對人事關係生疏了許多，而且對選地建房等諸事，也毫無經驗，於是又問宋美齡：可否找經國幫助？得到宋的嘉許。他又請教他的「伴讀」董顯光，董也非常高興，並提醒他：越快越好。但蔣經國卻耍了個滑頭，再次讓張學良莫名其妙的「難堪」。

第二天他找到蔣經國，「因兩人都沒有準備」，商議半天毫無結果，張不便再打擾這位身居「國防會議副秘書長」的好友，決定還是自己來做吧。然而他的選擇，卻遭到劉乙光的激烈反對，厲聲責問他為什麼不請示蔣經國，這讓張學良摸不清頭腦了。在劉的責問聲中，張聽出一些頭緒：劉乙光剛剛見過蔣經國，蔣經國暗示劉：張學良是沒有權利自己選地的。這讓想當然的張學良感到，原以為與蔣經國親密無間，說什麼都無所謂，而到事頭上，看清了蔣經國表面嘻哈的內在鋒芒，只好再請蔣經國一同去「看地」。臺北的夏季，暑熱難耐，蔣經國不辭辛苦，上山下河，徒步攀登，揮汗如雨，這又使張學良感動不已，但也對這位變臉無常的仁兄，更加迷茫了。

一九六一年八月三十一日，在勘定房址為一千二百餘坪（約四千餘平米），預付了三十萬的支票後，仿造洪蘭友住宅樣式，於十一月四日開工。新房建好後，蔣經國送了一套豪華的中式客廳傢俱，後來又送去了歌頌蔣介石的大幅油畫。那時張學良正熱衷於種植蘭花，蔣經國每次去看他，就帶來一

些名貴的蘭花新品，讓張學良歡欣不已，連聲道謝。㉙

宋美齡策劃的送給張學良最後一項非實物性大禮，是斡旋在于鳳至和趙一荻之間，她先勸于鳳至同張學良離婚，再策劃張學良與趙一荻結婚。一九六四年七月四日，六十四歲的張學良與五十二歲的趙一荻，在張學良的外籍管家伊雅格的臺北家中，與趙一荻舉行婚禮。宋美齡見證了這一簡樸的婚禮，更是在欣賞自己的傑作：這對榮辱與共，患難四十年，有實無名的戀人，終於實至名歸。宋美齡同于鳳至是結拜姐妹，對她直爽的性格很欣賞，交往中有一定的感情因素，因此對趙一荻是有所不滿的，認為她是插足者。但趙一荻的所作所為，漸漸地改變了宋美齡對她的看法。宋美齡所贈此項大禮，不僅是給了趙一荻一個「張夫人」的名分，也是對她二十多年來，陪伴張學良艱辛生活的肯定，同時還是對她堅貞不渝的愛情，贈以極致的讚美詞。㉚

婚禮日期，是按照中華民族雙日完婚的傳統習俗，精心擇定的良辰吉日。在警衛、便衣人員的「保護」下，前往臺北市杭州南路的伊雅格寓所舉行結婚典禮。寓所寬敞而明亮，客廳華麗富有宗教色彩，正合張學良心意。前來參加婚禮的賓客有宋美齡、總統府資政張群、立法委員王新衡、國策顧問何世禮和畫家張大千等十二人。證婚人是年近百歲的牧師陳維屏博士。因趙一荻在臺灣沒有長輩可以為她做主婚人，乃請黃仁霖充當，黃牽著她的手，將她交給張學良。黃的夫人文華在鋼琴前，彈奏一曲溫婉脈脈的祝婚旋律。

## 蔣家三代與張學良揖讓佳禮

宋美齡與張學良的禮尚往來，不但感動了張學良，也緩解了張對蔣的不滿；而且在政壇引起積極地評價，還促使蔣家其他人加入與張學良的往來，如蔣經國和他的長子蔣孝文，也子承父業了。

一九三七年四月底，蔣經國由蘇聯回國，旋即到溪口探望生母毛氏。五月，初登雪竇寺遊覽，驚悉張學良就住在此處。經劉乙光允許，蔣經國偕妻、子到中國旅行社，以子侄輩稱呼張學良，洽談甚歡，張還請蔣經國吃飯。這是二人首次見面，此後又見過兩次。㉛

一九五〇年夏，時任總政治部主任的蔣經國，到陽明山巡視，並會晤張學良。蔣經國主動提出，他的住處與張寓不遠，希望今後多多來往，至少也可解解寂寞。張答：寂寞我倒不怕，十多年了，已經習慣了。此後，蔣經國幾乎每月都要到陽明山來，也都要拜會張學良，有時還陪張學良遊山釣魚、

---

㉙㉚㉛張友坤、錢進、李學群編著，《張學良年譜》修訂版，頁一〇九三；一一〇三；一〇〇一。

談天說地、漫話古今、茶酒詩詞等。但對政治時局，和敏感的西安事變，兩人都克制著繞過去。㉜一九二九年蔣介石與張學良在南京互換蘭譜，義結金蘭，如今差了輩分，張學良與蔣經國稱兄道弟起來。政治這個怪物，真能羞辱人、折磨人。

一九五八年中秋節前，臺北友人紛紛為張學良送來禮物，其中有蔣經國夫婦送的紅葡萄酒兩瓶、月餅兩盒。六月十五日，蔣氏父子在高雄官邸，召見劉乙光，詢問張學良的近況和身體情形。事後，蔣經國送張學良一輛轎車。十二月二十四日，在耶誕節前，蔣經國夫婦送來電剃刀、香水、糖果兩盒、張居信（張學良的孫子）的照片、洋酒兩瓶。轉年的春節，張回贈蔣經國四盆洋蘭（在臺北中山路購買的），蔣經國再回贈年糕、火腿。㉝

一九六二年四月，美國著名的「白雪溜冰團」到臺北演出，蔣經國邀請張學良夫婦一同觀看，這是蔣經國深思熟慮後爭取到的，也是公開向張學良送的一件禮物，為公眾所關注。㉞

蔣經國甚至連趙一荻的生日也要送禮，所以，趙一荻在一九六四年五月二十二日，用英文寫信給蔣經國夫婦，表示將永遠珍惜他們送給她的生日禮物。㉟那麼，張學良夫婦為蔣方良生日送禮也就不奇怪了。一九六六年五月十八日，蔣方良寫給趙一荻一封英文短信，謝謝少帥夫婦記得她的生日，送來佳禮，「我與經國一起祝福你們」。

有時，蔣經國無暇兼顧，就讓長子蔣孝文代表自己送來禮物，就如同當年自己代表父親去那些元老家裡拜年、去送禮那樣。

一九六〇年十二月二十一日，蔣經國派蔣孝文送來蔣經國的耶誕節禮物，這樣，張學良就同時收到兩份「節禮」，因為孝文也送了自己的一份。㊱

這樣的事例很多：一九六六年十二月二十六日，趙一荻用英文寫信給蔣孝文夫婦，感謝致贈生日禮物：「這個禮物使我每當抽菸時，就想到你們。」此後，蔣孝文還自己單獨向張學良送過幾次。張學良對孝文「稚嫩」的禮物選擇，表示出極大的喜悅和欣賞。

## 張學良與其他人的禮品互贈

西安事變發生後，張學良為維護蔣介石的威望，勇敢地承擔起護送蔣安全返回南京的責任。他預想幾天後就會回到西安，沒想到這一「管束」就「嚴加」了幾十年。這引起人們對張學良命運的關

㉜㉝㉞㉟㊱ 張友坤、錢進、李學群編著，《張學良年譜》修訂版，頁一〇六一；一〇八九、一〇九二—一〇九三；一〇九九；一一〇三；一〇九三。

注，和對他未來的猜測。因對張的羈押是處在嚴格的保密中，難以探視，一旦有機會，人們就會以送禮的形式，表示自己的態度。

一九三七年一月十三日，戴笠、劉乙光等四人，伴隨張學良乘坐專機，由南京飛杭州、再轉溪口。其餘人員轉乘汽車趕去。張到溪口先在武嶺學校住兩天，旋移居雪竇寺中國旅行社招待所。到雪竇寺看望張學良的有：端納、伊雅格、宋子文、汪精衛、錢大鈞、陳布雷、吳國楨、賀耀組、祝紹周、宋子良、董顯光、邵力子、貝祖貽，以及東北耆老舊屬莫德惠、劉尚清、王樹翰、劉哲、王卓然、田雨時等人，他們來時無不多有饋贈。送禮次數最多的人，除宋美齡之外，是莫德惠、宋子文了，㊲禮物多是吃的、用的、書籍（古史、聖經、詩詞）。

戴笠一直負責對張學良的「嚴加管束」，但他很會做人，從一九三七年初，到他遇難前的十年間，每年總要抽空去看望張一、兩次，每次照例送些食物、日用、書刊、一些親友的信函等。㊳

張學良對莫德惠尊以父執，他也的確承擔起「父執」的責任：他是探視張學良次數最多的人，他曾送給張洋酒、日本產的榨橘子汁的電動小機器、小型電動磨粉機等。一九四六年四月十五日，莫德惠在處長李肖白陪同下，探視張學良，並帶來了眾人的禮物和張家及朋友們的一包信件。莫在張寓小住五日，談話時李（肖白）、劉（乙光）不離左右。莫德惠轉達了「東北人」對張學良寄予的希望，使張「感激而慚愧」，接著是「心中痛快又難過，不覺眼淚流出。」張寫十九封信託莫德惠帶去，有給家人的多封。其中有致蔣介石、宋美齡、宋子文各一封，外國友人三封。[39]

一九四七年十一月十一日，因張學良與劉乙光相處不洽，趙一荻也與劉的老婆鬧矛盾，劉乙光想藉這個機會，為送患有間歇性精神病的老婆，到臺北醫院看病，請假一個月。保密局長鄭介民想讓張嚴佛接替劉乙光。張嚴佛原是張學良的部下，又與毛人鳳嘔氣，正好想離開原職，於是鄭介民讓總務處處長成希超作準備：英國產加利克香菸一大罐、白蘭地酒一打，以及其他食品，作為毛人鳳和張嚴佛兩人送給張學良的禮物。[40]

## 張學良與劉乙光的恩怨

劉乙光，又名書之、昌校、別號耆五，一八九九年出生於湖南省永興縣高亭鄉。父代章，克勤克儉，母李氏，親操杵臼，頗有聲譽於鄉里。一九一七年，劉乙光在資興縣讀高小，第二年考入衡陽第三師範，與黃克誠（一九五五年九月，被中共授予大將軍銜，並排名第三）同學，且關係密切，畢業

[37][38][39][40] 張友坤、錢進、李學群編著，《張學良年譜》修訂版，頁九五三；一〇四〇；一〇七三、一〇四一；一〇五〇。

後在縣內湘陰堡口黃家當小學教師。一九二四年考入黃埔軍校，一九二六年加入中共，並在黃克誠勸說下轉入黃埔第四期政治科大隊第三隊，畢業後任中央軍校上尉指導員。一九二七年四月脫離中共。

一九二八年春，劉乙光任中央黨務學校軍訓隊長。黃克誠在湘南暴動失敗後，在逃往上海途中路經南京，劉乙光親自把黃送到上海，以後每月還寄錢，予以救濟。不久，劉乙光因有接觸共產黨嫌疑而受到指控，回湖南湘陰縣岳父家避風。一九三〇年，劉乙光任中央政治學校第一期教官等。一九三一年任政工隊長、指導員、政訓室主任。一九三二年後參加復光社，任委員長侍從室警衛隊隊長、復興社特務處副隊長、隊長，杭州警官學校指導員等職。有人評論說：劉乙光這個人，外表斯文儒雅，少言寡語，其實對人非常嚴厲苛刻。

其實，劉乙光這個人，也是挺倒楣的，自從西安事變之後，他就一直專門與張學良「作對」。試想，如果一個人每天都面對另一個人，關注著他的吃喝拉撒睡，又提心吊膽的怕他跑了、自殺了、意外了、胖了、瘦了、病了……如果是一兩個月，尚且過得去，但相處二十五年就枯燥乏味了。表面上他是自由之身，但是他要想私自離開張學良一天，都是不可能的，因為說不定何時，就會出現某種情況、或蔣介石、戴笠打來電話，詢問某某事情。這和張學良的被羈押，有什麼區別？照這樣看來，劉乙光太了不起了，他竟然沒有被「憋」瘋？因為他的老婆「都被憋瘋了」，這句話是蔣介石體諒他，為他辯護時脫口而出的事實。

有時，為了讓張學良高興，還得陪著他打麻將、下象棋、學唱京戲、上山狩獵、化裝後上街轉悠。只要張學良想玩，劉乙光和特務們就奉陪到底，毫不含糊。就是因為他專門與張學良「作對」的太出色，沒有讓張發生大的「意外」，深得蔣的信任。張學良對劉的不滿，一度讓保密局長鄭介民動搖了，倒楣的劉乙光，還是被蔣介石「首肯」下來。那接下來的日子，他該怎樣繼續與張學良「作對」？

再說一個「其實」。其實，劉乙光是很有才幹的，在大陸的十年間，他帶著一個連的憲兵，便衣四十餘人，另外有張的副官、護士、廚師、保姆、司機、轎夫等數人，領一團的經費，押著張學良，輾轉於奉化、安徽黃山、江西梅嶺、萍鄉、湖南郴州蘇仙嶺、沅陵鳳凰山、貴州修文縣、開陽縣、桐梓、重慶等地，及至到臺灣後，先住草山一夜，次日轉新竹井上溫泉。一九五七年十一月搬至高雄西子灣、再遷居北投，共計十六次的搬遷。在那兵慌馬亂，敵機頻襲的艱難歲月，在與上級失去聯繫，供給、錢款都無法及時補充，真不知他是怎樣籌畫和度過的。

有一次，蔣介石突然打電話給他，讓他立即遷移，他述說沒有錢了，蔣厲聲喝斥：借！向縣長借！他又說沒有交通工具。蔣介石還真有辦法，不加思索，張嘴就來：就在屯溪封路（攔路截車）！所以，蔣介石對他的一些小過錯、小霸道、黨國要人的不滿、張學良家人的責難，也就睜眼閉眼了。

一九四〇年，劉乙光因看守張學良有功，晉升為軍統局少將專員。

雖然他對張學良有著諸多的管理權，但有時，在有的方面，他還不如張學良。張學良有眾多對他感恩戴德的部下，有一批身居高位的政要朋友，都是他得罪不起的，他們「慰問」起「少帥」來，那送的東西多得驚人，有時甚至是拉來一汽車吃的、喝的、用的、穿的、玩的、看的，海了去了。有的東西，劉乙光見所未見，聞所未聞，他甚至不知怎樣打開洋罐頭、怎樣開啟洋酒的瓶蓋，洋玩具也不會擺弄，無法逗弄自己的寶貝孩子開心。

面對這些必須經過他轉交、檢查、過數，甚至是保存的吃不完、用不了的東西，他不克扣才怪。只不過有時作的過分了一些。

一九四七年耶誕節前，宋美齡送給張的聖誕蛋糕，過了十五天，即一九四八年一月十日，劉乙光才拿給張學良。一九四九年二月十二日，劉乙光交來一封宋美齡轉來的于鳳至來信，卻是一九四八年十月九日寫的，氣得張學良掰著手指頭數好幾遍，竟然是一百二十六天以前寫的信。㊶

張學良初到臺灣，陳儀（臺灣省行政長官）對他很照顧，為他準備好了住房，並特意囑咐劉乙光：讓張住在寬敞、明亮、通風的房間。還帶來兩個服侍張和趙四小姐的下女。陳儀走後沒幾天，劉乙光就與張學良對換了房子，（為節省開支）兩個下女也被他打發走了。十多年來，宋美齡和親友送的禮物，常被他克扣，有時被截留一半，甚至全然沒有了，與來信所寫的對不上數是家常便飯。即便

是被張發覺，劉也毫不在乎，依然如故。張學良怕因這些小事鬧翻了，會更受罪，只好忍氣吞聲。㊷

逢年過節，劉乙光特別喜歡在張學良住所度過，因為可以打打牙祭。一九五七年的春節，劉乙光一家來張學良住所過年，張請劉全家吃飯。趙一荻做了一桌子好菜，先開了一瓶宋美齡送的法國香檳酒，立刻滿屋子香氣瀰漫，沁人心肺。又喝了一瓶莫德惠送的英國一九三六年產的威士忌，一向內斂、低調的劉乙光，顯然喝得有些高了，笑著大聲說：「今天開了洋葷了。」

說到這瓶威士忌，頗有來頭，那是他被遷到臺灣後，莫德惠第一次來看他送的。張學良一直猜不透莫德惠贈送「一九三六年」的酒，蘊含什麼？幾次見面都想問問，又都被打斷。所以，他一直捨不得喝，想等到自己解除羈押，慶賀時再開瓶。可是趙一荻貿然拿了出來，張學良不好當眾駁回，事後還特別生氣：不值得！生誰的氣？他也說不清楚。

## 讓張學良感動的方面

一九四七年，臺灣發生二·二八事件，張學良住地與外界隔絕，糧食也運不進來。憲兵、便衣們

㊶㊷張友坤、錢進、李學群編著，《張學良年譜》修訂版，頁一〇五四、一〇五六；一〇五一—一〇五二。

連續吃了五天山芋、番薯，連趙四小姐也不例外。除張學良每天中午可吃一頓米飯外，其他人是一粒米也吃不到。劉乙光的老婆氣得大罵，孩子餓得大喊大叫，劉乙光不為所動。張學良心有不忍，就把自己的米飯讓給那孩子吃，他和大家一起吃山芋、番薯。這樣的日子一直熬了九天才結束。

一九五四年夏，劉乙光通過保密局，遞上了一個請調報告。因妻子的瘋病讓他不堪重負，如若繼續讓她生活在這種與世隔絕的環境裡，很可能會使她的病情更加嚴重，直至不治而死。蔣介石雖然同意他陪妻子看病一個月，之後仍由劉乙光看守張學良。

一九五六年九月十五日，張學良因劉乙光之子即將出國進修，擬贈兩萬元助行，為劉謝絕。但劉乙光想借用他的一張兩萬元存單作抵押，兩個月後歸還，張欣然接受。

對於劉是否接受了張的贈款，有不同的說法。劉乙光的大兒子劉伯涵說：

> 在感情上，我們是偏袒著張先生的，對外面的風言風語，我們都很關心，因為我們有著很深的感情……我八歲就與張學良先生生活在一起，我的弟妹們與張相處的時間更長。張先生、四小姐待我們如親生子女一般，我們也把他們視若父母般敬愛……後來我這二弟學有所成，出國時張先生還送了旅費，成為海水淡化專家。

張學良被解除「羈押」後，劉乙光於一九六二年調回安全局。臨別時，張學良特意為他舉行了「餞別」宴會，蔣經國、彭孟緝等人應邀參加。酒席上，張學良語驚四座：「劉乙光是我的仇人……」眾人面面相覷，張學良一轉口氣：「他也是我的恩人。說是仇人，因為他嚴格看管我；說是恩人，因為他曾救過我的命。現在他要走了，我想送他一筆錢，算是我的一點心意。」原來，一九四一年五月，幽禁在龍崗山的張學良，突然得了急性闌尾炎，必須立刻住院動手術。在來不及請示獲准的情況下，劉乙光自作主張，找貴州省主席吳鼎昌，請求幫助，將張送到貴陽中央醫院，急救開刀並痊癒。否則，後果不堪設想。蔣經國代表劉乙光，婉拒張學良的饋贈。

一九八二年五月二十日，劉乙光深夜起床，不慎失足，左腿骨折，入和平醫院治療。七月十九日，因心肺衰竭病逝，終年八十三歲。

後來當張學良談到劉乙光時，他說：「劉乙光有他的立場，我還是很懷念他的。」這「懷念」二字，體現了張學良寬容大度的胸懷。

## 餘音

一九九〇年六月四日，是張學良九十大壽。早在這一年的二月初，由總統府資政張群領銜開始為他籌備祝壽事宜。到五月初，有八十名政要在「張漢卿先生九秩壽慶籌備會」的邀請函上簽名。壽慶宴會在臺北圓山飯店十二樓崑崙廳舉行，大廳正中是一個紅底金字的大「壽」字，旁邊是李登輝、李元簇致送的壽屏，下面是兩座九層高，將近兩平米的大蛋糕，四周擺滿了各界人士贈送的花籃、壽屏、和壽禮。宋美齡送來一個精緻的大花籃致賀。[43]趙一荻特意撰寫了一篇〈張學良是怎樣的一個人〉，發表在臺灣的《中央日報》上：

> 這幾年來，各處書報雜誌常常登載有關張學良的文章，但是卻沒有人知道他確實是怎樣的一個人。一個與他共處了六十多年的人，是應該知道的。我現在就要簡明地來講一講。
>
> 張學良是一個非常愛他的國家和他的同胞的人。他誠實而認真，從不欺騙人，而且對他自己所做的事負責，絕不推諉。他原來是希望學醫救人，但是事與願違，他十九歲就入了講武堂，畢業之後就入伍從軍。他之參加內戰，不是為名，不是為利，亦不是為爭地盤。他開始時是為了遵行父親的意願，後來是服從中央的命令，實在是不得已而為之。
>
> 日本帝國主義對東北的不斷壓迫和無理要求，暴露了它侵略中國的野心，亦更加激起他抗日的情緒。他不願看見自己的國家滅亡，人民被奴役，但是單靠東北自己的力量，是不能抵抗日本侵略的，所以當他的父親在皇姑屯被日本人謀殺之後，他就放棄他的地位和權力，毅然易幟與中央合作，使國家能夠統一，希望全國能夠團結起來，一致抗日。
>
> 九一八事變之後，日本佔領了東北，他就不忍再看到自己的同胞互相殘殺，削減國家抗日的力量，所以他就主張停止內戰，團結抗日。他並不愛哪一黨，亦不愛哪一派，他所愛的就是他的國家

和他的同胞，因為任何對國家有益的事，他都心甘情願地犧牲自己去做。

今天是他九十歲生日，真是感謝上帝在過去的歲月中這樣看顧他，賜給他健康的身體，又賜給他屬靈的智慧，使他因信耶穌基督而得永生。他自己從來沒有想到他會活得這麼久，亦沒有想到他會成為一個基督徒。這完全都是上帝的恩典和祂的奇妙的安排。他知道上帝既要他活在世上，他就應該盡心盡意盡性盡力地完成上帝所給他的使命。他要在他有生之年為上帝做證，傳講耶穌基督的福音，把上帝賜給他的恩典與大家分享。

一九九七年三月，宋美齡百年誕辰之際，已獲自由的張學良，很想從夏威夷到紐約去為宋祝壽，但因醫生囑咐「不能坐飛機」為由勸阻，未能成行，只得託人送壽禮表示他的感激之情。他的賀電稱宋美齡是「了不起的女性」。㊹

張學良將有關文獻資料、物品，捐獻給哥倫比亞大學的文物收藏處，哥大決定設立「毅荻書

㊸張友坤、錢進、李學群編著，《張學良年譜》修訂版，頁一一三四。
㊹洪亮、姚嵐，《宋美齡在美國》，頁一九四。

齋」。落成揭幕時，張學良堅持要用宋美齡贈送他的橫幅《墨蘭圖》，作為入口處的「門面」，而大學方面則想用李登輝的手書，據說為此還有過不愉快的爭執。

二〇〇〇年六月二十二日，趙一荻女士病故於夏威夷。二十九日，宋美齡派外甥女孔令儀從紐約專程飛到夏威夷，送來了用各種鮮花紮成的十字架。上面有「四小姐安息吧」，落款為「蔣宋美齡敬輓」。孔令儀對記者表示：「蔣宋美齡女士獲悉趙一荻逝世的消息，十分難過。她特別交代我送花致敬，並請張學良節哀。」㊺

二〇〇一年十月十四日，夏威夷時間晚八點五十分，張學良在夏威夷市特老比醫院駕鶴西歸，享年一〇一歲。與張學良有長達七十六年深厚友誼的宋美齡，對張學良謝世，悲痛不已，一連數日，哀傷不止，她喃喃的說自己對不起張學良。為表達哀悼之情，這位一〇四歲的老人，特別交代臺北婦女聯合會秘書長辜嚴倬雲，代表她赴夏威夷參加二十三日舉行的追思禮拜與公祭，並向家屬致意。同時她還囑咐辜嚴倬雲，預備一個由鮮花紮成的大十字架，置於少帥靈前。這是她最後一次向張學良送禮，以此為兩人相識和禮尚往來，畫上一個完整的句號。只不過這次是用於葬禮。

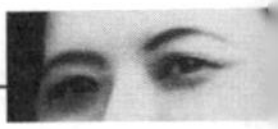

㊺張友坤、錢進、李學群編著，《張學良年譜》修訂版，頁一一八五。

# 十三 送《聖經》

宋美齡曾說過：

> 我的家庭乃是傳道家庭，雙親都是非常虔誠的基督徒。我從小就上主日學，參加主日聚會，以及每天的家庭禮拜。有時我心中極不高興那樣勉強坐著聽那冗長的講道，然而就在不知不覺中，倒吸收了不少主的道理。

宋美齡的父親宋耀如早年從美國購置一臺印刷機，在上海的家裡印刷《聖經》。一八八八年三月，宋耀如又在江蘇太倉辦了一個印刷所，在印刷《聖經》的同時，也出版一些教會學校用的教科書。①這在西風東漸的當時社會，信仰基督教的中國人，每年都以爆發式的速度增長，中文的《聖經》供不應求。宋家以此致富，並多財善賈，又投資其他行業。一九三八年一月三日出版的美國《時代》週刊，推選蔣宋為一九三七年度「風雲夫婦」。在介紹這對夫婦時說：「他是鹽商之子，她是《聖經》推銷員之女……」可謂一言中的。

宋美齡的母親也是推銷《聖經》的高手，不過到了上世紀二〇年代以後，她更多的是「送」《聖經》了。蔣介石為向宋美齡求婚，第一次見到她母親時，老太太先問蔣讀過《聖經》沒有，接著，寓意深遠的送了一本《聖經》給蔣，算是模稜兩可中的另一種期待，也許她的目的是寄託在這本書上了。②

此後，宋美齡所送出的《聖經》，已遠遠超過了她的母親，這是由於她同蔣介石結合後，所處的環境和經歷所決定的。

宋美齡對《聖經》的熟悉程度，已經到了出神入化的境界，對舊約中的故事，可以如數家珍、倒背如流。在她的著作、演講和日常生活中，經常引用《聖經》上的話，十分得體。蔣介石去世後，她

①洪亮、姚嵐，《宋美齡在美國》，頁四五。
②王丰，《美麗與哀愁——一個真實的宋美齡》，頁一二五。

就幾次說過：「我要打的仗已經打過了，要走的路，已經走過了，但《聖經》永遠讀不夠。」③她試圖以基督的精神，感染她身邊的每一個不信仰基督的人，向他們贈送《聖經》，是她感染並影響對方的方法之一。她通過送《聖經》，使許多人走上了「為上帝傳播福音」的道路。

## 送的形式與方法

宋美齡贈送《聖經》，引導人們信仰基督的形式和方法很多，有時，也很婉轉。

抗戰時期，宋美齡組織了一些縫紉班，為前線將士縫製服裝、背心、鞋襪。她採取非常民主的方法來管理，並以身作則，使許多高官的太太和女士們，都能坐在一起，共同學習縫紉與編織。在她的領導下，這個縫紉班有上百架縫紉機，縫製了數以百萬計的各類服裝，運送前方。④對於這些參與縫紉的女士們，宋美齡除了送些食品、日用品之外，送最多的，就是《聖經》，並成功的使其中一部分人成為「上帝的使者」。

在戰爭年代，許多受傷致殘的士兵因生活困苦，不知親人下落，對前途無望而在醫院自殺，這種比例一度很高。宋美齡在黃仁霖的協助下，做了兩件事，一是派牧師到軍隊中傳道；二是舉辦「軍中牧師講習班」，將受過培訓的牧師，派到醫院裡去，與病人聊天，送些食品、毛巾、衣褲、代寫家信等，逐漸的獲得他們的信任，向他們宣講教義，再送《聖經》。後來醫院裡的自殺比例大大減少。

在大陸時期，宋美齡出面組織過許多形式的募捐會，多大獲成功。對捐款最多之人的回報，有各種方式，但宋美齡除了發紀念品，為他申請褒揚令、褒嘉令外，有時就是送《聖經》。一九三九年，宋美齡在一次演講中說：「我們現在保育了兩萬名兒童，每月經費需二十五萬元，除國家補助大約四分之一外，大部分都是辛辛苦苦募捐而來的。」各地保育會的工作人員，也是宋美齡贈送《聖經》的對象。

在臺灣時期，宋美齡屬下的中華婦女反攻抗俄聯合會、華興幼兒院、振興復康醫學中心、圓山大飯店等機構，都是她推行基督教文化、贈送《聖經》的對象。⑤

利用耶誕節之際向人贈送《聖經》，也是宋美齡常採用的方式。上世紀五、六〇年代，她常在耶

③王丰，《美麗與哀愁——一個真實的宋美齡》，頁八、十五。
④黃仁霖，《我做蔣介石「特勤總管」四十年：黃仁霖回憶錄》（團結出版社，二〇〇六年），頁七四。
⑤陳立文主編，《蔣夫人宋美齡女士行誼口述訪談錄》（臺北：國史館，二〇一四年），頁二二三。

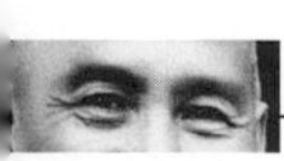

誕節前，到醫院慰問受傷的官兵，贈送節日禮物是必不可少的內容之一，其中就包括《聖經》。⑥她主持的婦女聯合會，團結了一批高官太太協助自己，因此有的人以能到士林官邸的「凱歌堂」做禮拜，為莫大的榮幸。其實，是把做禮拜，當做「政治禮拜」去做的，完全是為了討好宋美齡，感謝她送的不同版本的《聖經》和其他宗教書籍。但宋美齡態度卻始終如一，在不影響政務的同時，傳播她的基督教文化。⑦

早期在士林官邸，星期天做禮拜，是一件很慎重的大事，警衛部門大費周章，設計通行證、控制人員出入，布置嚴密的警衛系統。一些高層官員和他們的夫人們，都應邀在列。當然，宋美齡是以教徒的「平等身分」邀請的。但是在那個人治色彩濃厚的時代，大家都清楚：如果要生存，就要跟隨領袖「同甘共苦」，領袖信教，大家也只好跟著信了。除了士林官邸「凱歌堂」的禮拜活動外，還有婦聯會每週一次的小型祈禱會。在婦聯會活動頻繁的時期，宋美齡也是積極參加的，很少缺席。⑧

蔣夫人是以實際行動代替口號的信徒，身為第一夫人的她，言行舉止影響和感動了許多人，更因為她的氣質與行為，而讓人們對她的信仰產生更堅強的信心。侍衛應舜仁回憶說：夫人引導杜月笙的四姨太姚谷香，最終受洗為基督徒。這樣的例子很多，她帶領早期負責中央情報工作的葉秀峰太太信主，過程非常曲折，說來也許有人不信。她請葉太太參加婦女祈禱會，遭到葉秀峰激烈的反對，經常是厲言怒色，夫妻關係日益惡化。有一次葉太太一回到家，《聖經》就被葉秀峰撕毀。宋美齡沒有牽怪葉秀峰，而是再送一本請蔣介石親筆簽名的《聖經》，這下葉秀峰不敢撕毀了，並且態度也慢慢好轉。後來不但葉太太到祈禱會不會受阻，葉秀峰自己也偶爾來教堂看看，繼而還去做禮拜了。⑨

可以說，宋美齡送《聖經》，傳播基督教文化，以族群而論是無遺漏、以年紀而分是無盲點。一九八八年三月二十三日，在臺北的宋美齡已經九十二歲高齡了，她向原住民一些老年婦女贈送聖經，並囑咐她們：你們要把福音傳給原住民同胞，這本書裡記載的都是上帝的教訓。⑩

## 未達目的

但是，宋美齡贈送《聖經》的目的，有時很成功，有時就失敗。在陳布雷先生活著的時候，宋美

⑥《中央日報》（臺北），一九五九年十二月二十二日，第一版。
⑦⑧王丰，《美麗與哀愁——一個真實的宋美齡》，頁九；五一、八七。
⑨秦孝儀，《蔣夫人宋美齡女士與近代中國學術討論集》（臺北：中正文教基金會，二〇〇〇年），頁八五。
⑩嚴倬雲、汲宇荷、焦維城彙編，《蔣夫人百齡嵩慶》（臺北：中華民國婦女聯合會，一九九七年），頁四六。

齡曾向他和他的夫人王允默都送過《聖經》，希望能感染他們。但布雷先生並沒有成為基督教徒，在他去世後的棺木中，陪葬物中有宋美齡贈送的一本嶄新的《聖經》、一罐菸、他平時常用的一支派克筆。宋美齡真是執著的很有趣，當陳布雷活著的時候，她沒有如願，死後仍堅持陪送到天國。

西安事變發生後，在多方斡旋下，十二月二十五日，張學良護送蔣介石飛回南京。但他一下飛機立即被扣押。宋美齡向他送了《聖經》，希望他信奉基督。當時的張學良，心情極為浮躁，耐不下心來，終日喝酒生氣。受宋美齡委派，前來照顧張學良的黃仁霖，奉宋美齡的旨意，再次送給張學良一冊《聖經》，黃在上面寫了一句話：「我希望這本書能幫助你，就像它所幫助我的一樣。」張學良心不在焉的回應道：謝謝你了。據黃仁霖後來回憶說：我卻沒有看見他對這本書，有潛心閱讀的意思。⑪雖然宋美齡這一次的努力歸於失敗，但在她不懈的堅持下，到一九五六年，張學良終於皈依上帝，成了虔誠的基督徒。

宋美齡送《聖經》未能如願，最大的失敗，是勸身邊的女秘書錢用和。

錢用和（一八九七—一九九〇）江蘇常熟鹿苑人，又名祿園，字韻荷。畢業於北京女子師範學院，五四運動時期任北京女界聯合會會長。一九二二年任江蘇省立第三女子師範學校校長。轉年留學美國芝加哥大學、哥倫比亞大學，一九二九年回國，受聘於上海暨南大學、金陵女大、重慶女子師院和交通大學教授。一九三一年被宋美齡調任南京遺族女校，任校務主任，當年年底轉任宋美齡私人秘書，旋即住進官邸。此後一直追隨宋美齡左右，並在江蘇省教育廳、南京市政府社會局、教育部及重慶賑濟委員會兼職。一九三八年三月，任「中國戰時兒童保育會」常務理事，十二月當選國民參政會參政員。一九四八年擔任國立交通大學教授、監察院監察委員。一九四九年去臺灣，仍出任監察院監察委員。一九五七年，蔣介石任命她為中央評議員。

錢用和很有才華，文章寫的很優美，著有《錢用和回憶錄——半世紀的追隨》、《韻荷存稿》、《浮生八十》、《難童教育叢談》、《歐風美雨》等著述。錢用和深得宋美齡賞識，稱讚她很有主見，是「腹笥充盈，惜不善運用。等於是兩腳書櫥。」⑫

早在三〇年代初期，宋美齡就多次向錢用和送《聖經》，錢用和收了《聖經》卻不理不問。宋美齡有一次問她，錢用和回答：「因我個性與夫人不同，所受教育亦異，獲得的社會經驗，又在另一個

---

⑪ 黃仁霖，《我做蔣介石「特勤總管」四十年：黃仁霖回憶錄》，頁十四。
⑫ 錢用和，《宋美齡私人秘書：錢用和回憶錄》（上海：東方出版社，二〇一一年），頁一七〇。

方面。所以對救人救世的宗教思想，欽佩而不易信仰，我既不應敷衍夫人，更不宜欺騙上帝，故請原諒！不加入基督會，但對夫人之忠誠，始終如一。」宋美齡聽了無可奈何，卻不怪罪與她。

但宋美齡沒有放棄努力，一九五六年七月二十日，臺灣組團參加「世界道德重整會」，由何應欽任團長。宋美齡特意讓錢用和參加，目的還是希望能促使她信教。

當她們返回臺北時，正是中秋節，宋美齡以茶點、月餅招待錢用和，並微笑著問：「現在，經過道德重整的訓練，你當信仰上帝了。」錢用和回答：「信仰是由家庭訓導、學校教育、社會經驗中產生。我一向重視道德，但腦海中沒有上帝的觀念。因為道德是從內心自發的，由上帝監督去行善，就被動了。」宋美齡聽了，難免有些失望和不悅。但錢用和接著說：「我不能像其他人那樣，為接近夫人而想盡一切辦法迎合夫人，包括信教。我不敢欺騙夫人，短短兩個星期的訓練，固然獲益不少，感謝夫人盛意，但請夫人原諒，我仍然不能信仰上帝。」宋美齡聽了，大為釋懷，認為錢用和是個率直、真誠的才女，對她依然如故。就這一事例，錢用和稱讚道：這是夫人的精神之偉大。⑬

一九五〇年七月，在穩定臺灣局勢、復任總統後，蔣介石為改造國民黨，也為培養蔣經國為接班人，進行了一系列的改造國民黨運動。他指定新成立的「中央改造委員會」，把陳立夫排除在外，而陳果夫也只是在安慰性的中央評議會中掛了個名。此時的陳果夫已病入膏肓，活不了多久。陳立夫十

分清楚蔣的用意，便順著蔣的心思提出去美國。臨走前，蔣介石親自送了他五萬美金。當他起身告辭時，在一旁的宋美齡送了他一本《聖經》，並對他說：「你過去擔負這麼大的責任，現在一下子冷落下來，會感到很難適應。這裡有一本《聖經》，你帶到美國念念，你會在心靈上得到不少安慰。」陳立夫聽了這話啼笑皆非，瞟了一眼掛在牆上的蔣介石肖像說：「夫人，那個活著的上帝都不信任我，我還想得到這個上帝的信任嗎？」後來的事實證明，宋美齡這次努力是徹底地失敗了。

## 蔣介石入教

一九三〇年十月二十三日，蔣介石改變了宗教信仰。為了有一個適當做禮拜的地方，蔣修建了一些「凱歌堂」（抗戰勝利後興建第一處，因此被稱為「凱歌堂」）。到了臺灣，「凱歌堂」建得更多了，先是在士林官邸旁，建立一處私人的禮拜堂「凱歌堂」，後來，連蔣宋常去遊歷的地方，哪怕是

⑬錢用和，《宋美齡私人秘書：錢用和回憶錄》，頁一三一。

荒郊野嶺也興建私人禮拜堂，像南投、日月潭的涵碧樓，其後側就蓋了一棟教堂，就是蔣宋專用的。其他各地的落腳點，也有不少蔣家私人禮拜堂。

宋美齡贈送《聖經》，目的就是引導對方信仰基督教。那麼她一生中，最成功的引導，就是促使蔣介石皈依基督。因蔣自幼受篤信佛教母親的影響，所以，岳母和宋美齡最初的努力是困難的，但她堅持不懈，終獲成功，其中有趣的事例，蔣還記在日記中。

蔣介石接受基督教，有一個漸進的過程。宋美齡曾說：

> 在蔣先生與我結婚以前，他曾答應我母親要查考聖經，後來他果然忠實踐守這諾言。這在我母親臨終以前，她帶領了蔣先生正式歸主。後來他每天仍然自行查考聖經，想要明白舊約中複雜繁奧的真理，這是一件頗為煩難的工作，因為難得有幾則聖經歷史，是一個不在基督教環境中長大的人所能領會欣賞的。當我看到他這樣在困難中努力查考的時候，我曉得我應該幫助他，像我母親一向所作的一樣。

蔣介石在他的日記中，有這樣的記述：⑭

一九二九年十二月二十四日，宋母「……來京，躬迎之。晚……看《耶穌教之人生哲學》，甚以人心思亂，毫無定力為憂，曰：唯有宗教以範圍之乎。」

一九二九年十二月二十五日，「上午，批閱後……到勵志社觀耶穌影片，甚有感，曰：其能生死如一，始終不渝，為可法也。」

一九三〇年二月十七日，宋母堅勸蔣入教。蔣以「於教義尚未徹底研究，不便冒昧相從」答之，但蔣對「宋太夫人則欲公加入之意甚摯」所感動。宋美齡在旁乘機勸說，蔣答以：「原有約定，討逆成功再入教。」宋美齡無話可說，「乃即從之。」

最讓蔣介石感動的，還是有一次宋母病重，蔣前往探望，見她「精神遠不如前，甚擔憂。」宋母以微弱的聲音仍再勸說他入教。蔣在日記中寫到：「先慈既棄養，但願外姑長壽。」

一九三〇年十月二十三日下午，蔣終於接受基督教洗禮，請江長川牧師在宋宅施洗禮，「太夫人對之精神頓佳，蔣亦良慰。」⑮

宋美齡在談到蔣介石入教時說：

---

⑭《蔣中正總統檔案事略稿本》第七冊，頁二九八、三〇一、四八五。

⑮《蔣中正總統檔案事略稿本》第九冊，頁七七。

我母親的宗教精神，給了蔣委員長很大的影響，我於是想到，我在精神方面，不能鼓勵我的丈夫，實在覺得萬分遺憾。委員長的太夫人是熱心的佛教徒，他的信仰基督教，完全是由於我母的勸導。為了要使我們的婚約得她許可，委員長允許研究基督教義，並且誦習聖經。後來我發現他謹守前約，我母去世後，也絲毫不變初衷，但教義中，初起也有一些不能瞭解的地方，讀時很覺沉悶。他每天誦習舊約，苦思冥索，自多困難，所以我在日常談話中，實有把難解決之處，委婉示意的必要。

宋美齡記述蔣介石信教後，她對蔣的引導：

……於是我就利用我的舊筆記、舊課本，開始每天同他有一段查經的時候，一直到現在，我們還保持這個習慣。每天早上六時半我們一起禱告、讀經，並討論彼此的心得。每晚就寢前，我們也在一起禱告。

此後，讀《聖經》、祈禱、唱聖歌，成為夫妻倆每天一同進行的必修功課，即使在病中也從未中輟。一九三二年十月七日，蔣在日記中記有：⑯

晨早起，先看《孟子》，後讀《聖經》，再批閱。

倪太夫人去世後，宋美齡認為自己有責任，繼續輔導蔣介石深入研究《聖經》，她說：

於是我方始明瞭，我只要就丈夫的需要，盡力幫助他，就是為國家盡了最大的責任。我就把我所知道的精神園地，引導丈夫進去。同時我因生活紛亂，陷於悲愁的深淵，也想找一自拔的途徑，於是不知不覺地又回到了母親所信仰的上帝那裡。我知道宇宙間有一種力量，它的偉大，決不是人們所能企及的，那就是上帝的力量，母親鼓勵委員長精神生活的任務，既由我擔負了起來，我也日漸和上帝接近了。

可見，晚年的蔣介石，對基督教信仰的堅定。這一點，也充分實踐了他答應宋母倪桂珍的結婚條件。宋美齡的書房桌子上，擺放著《聖經》、教義之類的靈修書籍。她每天都要利用下午的時間，閱

⑯《蔣中正總統檔案事略稿本》第十七冊，頁四六。

讀一小時的《聖經》，讀完之後，用英文寫日記，這成了她每天不輟的例行安排。⑰在宋美齡的臥室裡，總是掛著一張耶穌像。每天一大早，宋美齡便拉著蔣介石跪在耶穌像前作「晨課」。住在南京時，中山陵的「凱歌堂」，每個禮拜天的上午，她與蔣介石都要在這裡花上兩個小時，認真地讀經、禱告。

臺灣作家王丰卻認為：「實際上，蔣介石就和一般老一輩的人一樣，把基督教中國化了，而且還和他的政治信仰、意識形態結合在一起，這恐怕是宋太夫人所料想未及的。但是，無可否認的是，他對宗教的執著，在外在的形式上，是絕對超過宋美齡的。」⑱

## 《聖經》相傳 父子一脈

在蔣家，由宋美齡影響蔣介石皈依基督，再由蔣介石影響蔣經國皈依基督。

一九三七年三月，蔣經國從蘇聯回國後，蔣介石在百忙中，仍抽出時間關注兒子的學習，常寫信指導他如何讀書、做學問。一九四三年八月，他在信中說：讀書如鍛煉身體一樣，要循序善進，否則「欲速則不達」。他還建議兒子學習算術和英文「每週均不宜超過六小時」，除了要研讀中國古籍、總理遺訓之外，他還鼓勵蔣經國多讀《聖經》和其它基督教書籍。

一九五六年蔣經國在一次會上介紹父親的「行誼」時，強調基督教信仰在父親一生中起極大作用。顯然蔣介石的宣教工作收到成效。蔣經國於一九三九年抵達贛州，工作生活穩定後，就開始讀起《聖經》。如同蔣介石一樣，在研讀《聖經》幾年後，一九四三年的復活節，蔣經國一家人在重慶，由畢范宇牧師施洗，正式成為基督徒。

蔣經國受洗成為美以美教派信徒（Methodist），就跟他尊奉孔、孟聖賢之道一樣，是自屈從父親的意旨開始，但漸漸地也和父親一樣，對誓言遵奉不渝。此後一生，經常帶著兩本書：一是日記本，一是《聖經》。在父親推薦下也開始讀《荒漠甘泉》，這是一本每日一題、闡述基督精神的文集。蔣介石每天讀後，就「眉批」一些自己的靈思心得，日積月累，頗有體會。因此，他也建議蔣經國邊讀邊做「眉批」。蔣介石每日批註的那本《荒漠甘泉》，現在陪著他的遺體放在慈湖的棺木中，等候有朝一日落葉歸根，歸葬故土。

不知是出於孝心，還是真心喜歡，《荒漠甘泉》也成為蔣經國喜愛的讀物之一。上世紀五〇年代

⑰⑱王丰，《美麗與哀愁——一個真實的宋美齡》，頁八八、九〇。

初期，駐臺美軍官員看到蔣經國在戰地的繁忙中，仍然翻讀一本已經快翻爛了的《聖經》。陪他一起出差的副官，夜裡到他房裡聽取最後指示時，經常看到床頭或桌上有一本《聖經》。蔣經國把《聖經》從頭到尾讀了好幾遍，每讀完一遍，他在第一頁就做個記號，在他去世時，總共有十七個記號。但是，據蔣家在臺灣的家庭牧師周聯華說：

經國先生在宗教信仰及其它問題上，沒有他父親那樣嚴格，那樣虔誠，有時不堅持教條，也不會有封閉心態。……他身邊的人認為他只是「追求者」（seeker）。這是因為他與父親有所不同，身邊沒有像宋美齡這樣負責和嚴格的監督者。

他自己研讀《聖經》，不跟周聯華或其它傳教士討論宗教問題，也僅只偶然參加做禮拜。周聯華頗為不滿的評論說：「他可以到美以美會以外的基督教會做禮拜，也可以到佛寺上香……」

## 對學生的殷殷期待

宋美齡對她教育過的遺族學校的學生，非常關心。當年在大陸時期，每當學生們畢業要離開學校時，她都會送他們每人一冊《聖經》，並希望他們能常回母校看看。學生們也常在她生日時趕去拜壽，即使是遺族學校解散後多年，他們也常保持這一傳統。宋美齡曾對外賓們不止一次的說過：「這些學生很可愛，他們都是我的孩子，我是他們的母親。」

一九九二年二月，是宋美齡九十五歲生日，那時遺族學校已經解散了四十四年，當年的三百多名學生們，有的已經成為六、七十歲的老人了。他們中有博士二十人、碩士五十多人，他們聚在一起，商議如何為夫人祝壽。最後他們推舉了十八位代表，到美國的麥哈頓拜壽。夫人對這些遺族子弟有著特殊的感情，在異邦相聚，使雙方都非常高興。夫人幾乎問遍了每一位學生的家庭和生活狀況，對他們在事業上取得成就、對社會所做出的貢獻，表現出由衷的興奮、關切之情，殷殷慰語，讓他們非常感動。她一直捨不得他們走，護士勸了好幾次才放行。臨別時，夫人送給每位學生一本《聖經》，對他們說：「要好好的看啊，每個人都要會背下來。」代表們笑著回答：「夫人，放心吧，下次來背給您聽」，她愜意的點點頭。宋美齡再次拒絕護士的勸阻，親自送他們到門口。⑲

⑲魏惟儀，〈世紀之愛：愛國、愛民愛真理〉，《近代中國》，第一五四期，頁一七七。

## 最後的贈送

蔣介石去世後，宋美齡在他的棺木裡放入了四本書：一本孫中山的《三民主義》、一本《聖經》、一本《荒漠甘泉》、一本是他平時最愛讀的唐詩。西方基督教的書占了一半。也許，這樣的陪葬品，只是代表了宋美齡的一種願望。

《荒漠甘泉》是考門夫人（Mrs. Charles E. Cowman）寫的日記，她是一位基督徒，在每日生活中實踐福音教導，並記下她的靈修感悟，許多人都深受此書的感染。考門夫人，原名麗蒂伯德（Lettie Burd Cowman），一八七〇年生於美國伊利諾斯州。年輕時一度病危，其夫查理（Charles Cowman）向上帝祈禱，求神保佑：一旦康復，願將餘生侍奉真神。考門夫人痊癒後，二人力踐誓言，到世界各地傳經布道，辦院講學。本世紀二〇年代初，考門夫人曾到過中國上海。其著作《荒漠甘泉》在基督教世界裡被譽為：一座支取不盡的心靈寶庫，一泓鮮活的甜美的生命甘泉。

晚年的宋美齡，雖然退出政壇，但她仍利用一切機會傳播基督教。一九九四年九月，當宋美齡結束探視孔令偉病情的行程，搭機回美國時，親手送給李登輝一本《我們相信上帝》（*IN GOD WE TRURT*），李登輝心裡釋然了。外界有評論認為：「……充分說明宋美齡的晚年，完全心向宗教，無意於政治紛爭的純粹內心世界。宋美齡的這一禮物，把以往所有傳說中的風風雨雨，粉碎於無形之



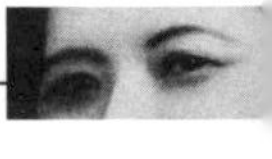

中。」

二〇〇三年十月二十四日，宋美齡在美國去世，享年一〇六歲。十月三十日，宋的靈柩運往芬克里夫公墓。她的暗紅色銅棺內，鋪有厚厚的海綿絨墊和經過防腐處理的褥子。如同蔣介石和蔣經國的棺木一樣，為了種種考慮，宋美齡的遺體旁不曾有外界想像的有許多富貴的陪葬品，甚至連她生前喜歡的一塊玉器珍珠也沒有，只有兩本書：一本是英文版的《聖經》，一本由周聯華牧師早年為她抄寫的「神學講義」。孔祥熙的長女孔令儀，是服侍宋美齡晚年生活的親人之一，她另外主張把宋美齡生前常戴的一副老花眼鏡，一隻助聽器，也放進棺內。孔令儀對蔣家後人解釋說，她的用意，是希望她的小姨在冥冥世界裡，也能每天都讀上幾頁《聖經》。⑳

⑳ 竇應泰，《宋美齡身後重大事件揭秘》，頁五六。

# 十四 協助夫君　收攏異將

宋美齡經常協助丈夫拉攏、瓦解狂傲不羈的地方勢力，為蔣所用。這其中，先通過送禮、請客、金錢收買等方式籠絡這些人的妻子、愛妾，再由她們去說服各自的丈夫，更是她的拿手好戲。宋美齡與王家烈的妻子萬淑芬的交往，就是典型的一例。

## 王家烈與蔣介石的交往

貴州地處僻遠，不服蔣介石的中央調遣由來已久，只因鞭長莫及，蔣介石一直無力實現對貴州的實際控制。為平復周西城這一股割據勢力，蔣介石曾屢次挑起貴州內部和滇黔兩省的戰爭。一九二九年周西城陣亡時，王家烈也身受重傷。副軍長毛光翔被蔣介石任命為貴州省主席兼二十五軍軍長，王家烈升為副軍長。一九二九年冬，張發奎聯合桂系反蔣，蔣特委王家烈為國民軍討逆指揮官，並將軍政部第四電臺撥給王使用，王對蔣竭盡效力，出兵黔桂邊境，牽制李、白後方。接著，王家烈又逼走賴心輝，佔據黔東南。由此，毛光翔與王家烈爭奪對貴州統治的矛盾突顯。在蔣介石的默許下，王進一步佔據同仁、松桃以及黔東北一帶，擴大了地盤，王對蔣的依賴更深一步。

一九三〇年七月，蔣介石令王家烈配合中央軍「圍剿」湘、鄂紅軍，每月發給軍餉三萬元，湖南的何鍵部每月再接濟兩萬元。使王的經濟實力和軍事實力大大增強，圍剿紅軍的戰績突出，深得蔣介石的賞識，曾當面誇獎他，撥與迫擊炮十六門、子彈二十萬發，並出席國民黨四屆全國代表大會。隨之而來的是，王家烈與毛光翔的矛盾更加尖銳。恰在此時，湘西發生兵變，王家烈受當地政府之請，進駐湘西洪江，不但兼任湘黔邊區司令，而且還控制了「黔土」過道稅，獲益頗豐，又在當地招兵買馬，擴充實力。蔣介石得知後，特意召他來南京，予以熱情接待，慰勉有加，贈他一把銀柄手槍，撥充給他德國新式步槍一千支。宋美齡不僅接連請萬淑芬吃飯，還向她贈送簽名照片、絲綢、美國畫報、進口的化妝品等禮物。幾乎每次見面，都會讓萬淑芬有意外的收穫。

在蔣介石的扶持下，僅三年多的時間，王家烈就從一個小小的連長，通過擴充部隊，新增了三個團，更新了大部分裝備，設立元洲軍士教導隊。當他感到羽翼豐滿後，在蔣介石的慫恿下，於一九三二年春，逼迫毛光翔讓權，蔣介石立即任命王家烈為二十五軍軍長，兼貴州省主席。

志滿意得的王家烈，掌握貴州省黨政軍大權後，唯我獨尊，終日沉溺酒色，盡情享樂，昏庸度

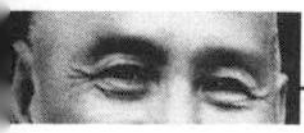

日，不理政事。夫人萬淑芬則乘機干預軍政，很快就掌握了八個團的兵力。與此同時，她還頻繁往返於南京、兩廣之間，四處活動，與宋美齡、王文湘（何應欽妻子）等南京高官夫人打得火熱。萬淑芬還在貴州的軍政兩界，大量安排萬氏家族和同鄉，逐漸掌控王家烈的部分權利，在二十五軍中形成銅仁系（萬淑芬為銅仁縣人）、桐梓系（王家烈為桐梓縣人），暗鬥十分激烈，而王家烈卻視而不見。

## 萬淑芬其人

一九三四年八月，中央紅軍長征進入貴州境地，蔣介石電令王家烈率部擇要道堵截。當時他只掌握何知重、柏輝章兩個師計十五個團的兵力，自覺力量單薄，難與紅軍對抗。如不回應，又擔心蔣介石乘機派兵入黔，攝取貴州，吃掉自己。便與老婆萬淑芬商議，一方面暗中與桂系聯繫，請求李宗仁、陳濟棠援助，另一方面由萬淑芬出面，同時與廣州的胡漢民、南京蔣介石疏通關係。①

王家烈能夠成為貴州之主，得力於他的內助萬淑芬。萬淑芬為貴州銅仁人，名門之女。相傳萬宅門口刻一副對聯：「一門貳令尹，三代五公侯」。萬淑芬自幼飽讀詩書，雖是女流，卻愛讀兵書。王家烈駐銅仁時，不過是個連長，就託人向萬家求婚。一九二六年，他終於與二十三歲的萬淑芬結為伉儷，從此，萬淑芬成為他離不開的枕邊「軍師」，屢屢給他設計妙策。萬淑芬不僅寫得一手好字，還寫得一手好文章，許多以王家烈名義發表的文告、文章，皆出於萬氏之手。萬淑芬常代表王家烈赴南京、上海，結交宋美齡等高官夫人，八面玲瓏，富有外交手腕，為王家烈上下打點。每當王家烈行軍作戰，萬氏夫人總是乘轎隨行，在軍中為王家烈出謀劃策。出行時，她把頭髮高束，戴上帽子，穿一身西裝，但不結領帶，外人不知，還以為是位俠客。其實，她是一位小腳女人，平素穿著寬大而塞了棉絮的皮鞋。

## 宋美齡斡旋

萬淑芬先到廣州找胡漢民，胡此時與蔣鬧翻，已無南京中央一層的實權，空有「黨國元老」的牌子，僅能對西南施加影響，所以他對萬淑芬的請求，難以作出允諾，對萬淑芬並不熱心。萬淑芬惱怒之下，也不再找別人了，直飛南京。蔣介石與胡漢民截然不同，這些年來他征戰討伐，收買安撫，軟硬兼施，無所不用其巧。於是立刻讓宋美齡出面，熱情款待。宋美齡心領神會，又是設宴招待，又是

① 胡必林等編，《民國高級將領列傳》第四集（北京：解放軍出版社，一九九六年），頁五八。

陪同遊覽，假以合影留念，十分熱情，很快就贏得了萬淑芬的好感。於是，兩位夫人結成「同盟」：一個表示有什麼需要貴州方面幫忙的事，一定盡力而為；另一個則說，南京方面需要幫忙斡旋的，一定傾力相助。萬淑芬感到這一趟沒有白來，豪情萬丈的認為：不但要為丈夫做點事，也要為貴州做出點事蹟。

宋美齡把這一切，看得十分透徹，趁熱打鐵，第二天就安排萬淑芬與蔣介石見面。會晤中，蔣介石笑容可掬地對萬淑芬的到來，表示歡迎。隨後又說了一大通中央如何信任王家烈、如何寄希望於貴州軍民的話。蔣介石走後，宋美齡又詳細地說明了蔣介石對貴州局勢的態度，以及對王家烈、對嫂夫人的看重。萬淑芬深信不疑，連連表示：「我這次回去，一定讓貴州聽委員長的。」不久，萬淑芬帶著蔣介石贈送的兩百枝連發炮和宋美齡給的一萬塊大洋，洋洋得意地返回了貴陽。

萬淑芬回到貴州的第一件事，就是告訴王家烈，蔣介石和他的夫人對他們深信不疑，非常友好，開導王家烈多聽委員長的。王家烈卻認為，貴州要想自保，必須有鄰省的幫助，貴州勢單力薄，為老蔣而得罪鄰省，並不一定合算。萬淑芬一方面大講聯合南京的好處，一方面又離間桂軍和川軍，提醒王家烈小心。在夫人的勸說下，王家烈也漸漸心動了。

於是，通過萬淑芬，蔣介石進一步掌控了王家烈，貴州也不再以西南的聯省自保為軸心，而是直接聽命於中央的指揮了。不久，王家烈和鄰省各實力派逐一冷淡甚至翻臉，然後幫著蔣介石追堵過境的紅軍殘部，半年廝殺下來，元氣大損，內部更是四分五裂，矛盾重重。

## 結局

一九三四年十二月，中央紅軍長征入黔，蔣介石為了圍剿紅軍，順便去掉地方勢力，統一中央政令，一方面派薛岳率部入黔支援緊追紅軍；一方面派貴州籍的「鄂豫皖行營」秘書長李仲公、晏道剛入黔，拉攏、分化王家烈部下。

一九三五年三月二十四日，蔣介石偕夫人及顧問端納、陳誠，由重慶飛抵貴陽，督師「剿共」。蔣介石一到貴陽，便巡視貴州省政府及二十五軍軍部。從軍部出來，又提出到王家烈公館去坐坐，王家烈以最隆重的禮儀接待這位黨國元首。蔣、宋與王家烈夫婦談笑風生，宋美齡還答應萬淑芬，第二天一同遊覽螺絲山上的王陽明祠。蔣介石夫婦一離開王公館，萬淑芬馬上著手安排第二天陪同宋美齡的遊覽活動，想利用這個機會，好好巴結一下。

次日下午，螺絲山戒備森嚴，貴州省府高官家眷們，個個濃妝豔抹，花枝招展，坐著大小轎子，向螺絲山彙集。可是當這一大堆夫人，興致勃勃地站在螺絲山上，卻左等右等就是不見宋美齡的駕臨。焦急萬分的萬淑芬派人去催請，結果宋美齡傳話：「今天身體不舒服，不來了。」萬淑芬聽後，猶如三九天一盆冷水當頭淋下，那些官眷也垂頭喪氣而歸。這次的臉丟得大，回來的路上，萬淑芬少有地因難過而流下了眼淚。而就是這時，萬淑芬悟出了一些異樣，但她強忍淚水，仍然勸導王家烈。

過了兩天，蔣介石召見王家烈，要他在省主席和二十五軍軍長兩職中，任選一職。王家烈回去後召集部下開會，商定取捨。幾經爭論，幾經權衡，最後決定保留軍長。三月三十日，蔣介石下令免除王家烈貴州省主席，由蔣的結拜兄弟吳忠信接任。接著，蔣介石進一步施壓，又以軍餉逼迫王辭去軍長，至此，王家烈退出貴州政界。

王家烈離黔後，新任貴州省主席吳忠信任命蕭樹經為省警察局長。蕭樹經藉口搜查槍枝，抄了王家烈的家，把蔣介石贈送給他的銀柄手槍搜走，還當著萬淑芬的面，抓走她的族侄萬式原、萬式謹，押往老東門槍斃。萬淑芬母子含淚逃往銅仁老家避難。

# 十五 宋美齡的國際贈禮

宋美齡作為傑出的外交家，外交贈禮是家常便飯，但她更願意以私人名義贈送「非私人性質」的禮物。

一九四四年十月，蔣介石攆走了史迪威，一年之後，美國五星上將馬歇爾（George Marshall）來華，調停國共紛爭。蔣宋接受「史迪威事件」的教訓，①這回要謹慎處事，與馬歇爾搞好關係。從一九四五年十二月二十二日，馬歇爾抵達上海，到一九四七年一月八日，他離開南京，這期間的一年多，在馬歇爾生日、馬歇爾夫人來華以及生日，馬歇爾的女兒來華，蔣宋或聯名，或分別的都送了不少禮物。馬歇爾的女兒曾得到宋美齡送的旗袍、照相機、小擺件等禮物，但對於旗袍她自言不敢（或是不願）穿出去。

一九四八年十一月二十八日，宋美齡第二次訪美，照例攜帶一批禮物，作為贈送的儲備。她這回有兩次是住在馬歇爾家裡，在馬宅的客廳裡懸掛的名貴大型壁畫，是宋美齡贈的，在餐廳的玻璃櫃裡陳列的一套瓷器，是蔣介石送的。馬歇爾夫人對宋美齡說：「您贈送的那件古老的銅雕塑（古代青銅器），我擺放到了臥室裡。我總是擦拭的一塵不染……因為它畢竟是很難得的。」宋美齡很得意她的贈送，能被馬歇爾夫婦這樣欣賞，這樣愛護，這樣的念念不忘。

在這次訪美期間，值得一提的是：十二月八日，是珍珠港事件六週年紀念日，美國援華聯合總會華盛頓委員會，在五月花飯店中國廳舉行援華「義賣會」，杜魯門夫人也應邀出席。宋美齡原打算不露面，但該委員會極力邀請她光臨。該委員會主席弗雷德里克・布魯克夫人還特地請孔令傑來做她的工作，駐美大使顧維鈞也打電話給宋美齡的隨員游建文，請他向宋美齡著重說明，美國婦女渴望她表示盛情贊助。宋美齡被迫答應出席，但要求不講話。由於布魯克夫人情緒激動，在致詞中感謝蔣夫人的光臨，結果宋美齡不得不臨時致詞。宋美齡還贈一塊錦緞參加義賣。

一九四二年二月，蔣介石、宋美齡秘密訪問印度，其目的：一、與英國商討協防戰事；二、協調

---

① 史迪威自一九四二年擔任中緬印戰區參謀長及駐華美軍司令等職務，卻在中國軍隊指揮權、美援物資支配權，及對待共軍等問題上，與蔣介石爆發衝突，蔣曾數次要求美國撤換史迪威。

英印關係；三、與國大黨取得進一步聯繫，促進中印合作，以提高中國的國際地位。

這次印度之行，在一定程度上促成中印共同抗日。國大黨領袖尼赫魯（Jawaharlal Nehru）邀請蔣介石夫婦一行，訪問著名的國際大學。在歡迎會上，該校領導人贈給宋美齡絲織印式漂亮女服一套，宋美齡發表了熱情洋溢的英文答辭，她對不久前逝世的泰戈爾表示崇高的敬意，並熱情讚揚了中印兩國人民的友好關係。全印學生聯合會於同年二月十五日舉行「中國日」活動，並請宋美齡代轉一面錦旗送給中國學生團體，錦旗上書有：「敬贈英勇的中國學生」。全印婦女協會還舉行歡迎茶會，宋美齡向印度婦女界領袖奈都夫人贈送了中國絲綢、繡品、茶葉。

在與甘地的會談沒有任何結果，但宋美齡卻意外地得到甘地贈送的特別禮物，甘地說：「現在我想把我的武器贈送給夫人」，就在宋美齡納悶時，侍傭推來一架紡車。甘地是以「絕食」、「非暴力不合作」的方式，來抵制英國對印度的殖民統治。他要求國民不納稅，不買英貨，連他穿的衣服，也是以印度傳統的生產方式，親自用紡車紡紗所織成的布做成的。甘地贈宋美齡紡車，除了宣傳他的「非暴力，不合作」的主義之外，也是對「會談無果而終」的一種補償。

一九四一年三月二十五日上午十一時，諾貝爾文學獎獲得者海明威（Ernest Hemingway），偕他第三任新婚妻子瑪莎（Martha Gellhorn），從關島飛抵香港機場，開始了他在中國兩個多月的蜜月旅行。瑪莎是羅斯福總統夫人的密友，她聰明、漂亮、活躍，獨立性極強，不願凡事都聽從丈夫的指揮，而作為作家的丈夫，卻偏偏有軍人的指揮欲望。

海明威這次是以紐約《午報》記者身分，名為度蜜月，兼為寫作小說而「蒐集中國抗戰材料」，當時的西方媒體也予以認可，因此受到中國政府的熱烈歡迎，給予破格款待。但是在幾十年後的現今，卻有一種觀點，認為他是負有特殊的秘密使命：為美國政府蒐集情報，來印證美國與日本的戰爭是否可以避免。

他們先後訪問了香港、韶關、桂林、成都、昆明等地。四月六日，海明威夫婦搭乘運鈔機飛抵重慶。在機場，他遇到了老朋友孔祥熙，這緣於海明威的叔叔維勒白曾在山西作了八年的傳教士醫生。孔祥熙在美國留學時，曾住在海明威父親的家裡，與海明威是老相識了。得知海明威來華訪問，孔祥熙派機要秘書夏晉熊陪同宋靄齡，專程從重慶飛香港迎接，並由夏晉雄陪同他倆訪問廣東前線和桂林，再護送至重慶，同時擔任翻譯兼照顧他倆的生活。海明威夫婦受到孔祥熙夫婦的宴請，菜餚之豐富，令客人瞠目結舌。宋靄齡向瑪莎贈送紅緞面中式服裝和巧克力等禮品。瑪莎對海明威說她不喜歡孔夫人的面孔，但喜歡她穿的那身衣服。後來瑪莎回憶說：

我遇見了孔夫人，她很會穿著打扮。她的衣服是我所見過的最漂亮的一件，是中國古典式，黑天鵝絨的。旗袍從衣領到下擺的小扣子都是鑽石製成的。據說孔夫人還有紅寶石和祖母綠的扣子，藍寶石是因為顯現不出來，就不穿了。

隨後，他們會見了蔣介石夫婦，由蔣夫人擔任翻譯，四個小時的會談之後，是蔣介石出面的宴請。宋美齡向瑪莎贈送了禮物：一頂美國農夫式草帽，一只鑲有玉石的銀質胸針。蔣介石還安排海明威夫婦會見了許多國民黨軍政要員，並飛往成都參觀了軍工廠和軍事學院。這期間，海明威夫婦還秘密會見了周恩來。

宋美齡與美國出版家、《生活》週刊的大老闆魯斯的繼配夫人，很快就搞好了關係，他們互贈過許多禮物，宋美齡曾送給魯斯夫人一架中國古代的「雙魚紋飾旋轉大銅鏡」，那個架子是贈送前，特意雕刻配飾的。當時中國的能工巧匠，通過這個雕飾花紋的黃檀木架子，使古銅鏡可以旋轉，又不損壞銅鏡。魯斯夫人非常高興，特意請了客人來家裡吃飯，讓他們欣賞這件既有實用價值，又有裝飾性的珍貴文物。

五〇年代初，宋美齡發明「度假外交」，邀請美國政要到臺灣休假、旅遊，以此擴展臺灣的外交空間，影響美國最高當局的對臺政策。隨著艾森豪將軍的上臺執政，美、臺關係日見親密，被邀請訪問臺灣的人士更多。據臺灣出版的一九五四年的年鑒統計：僅一九五四年，訪臺的美國朝野人士和軍政官員共計幾十人次，其中國會議員、知名人士大有人在。宋美齡的這一舉措，的確達到了她的目的，同時也是她向客人贈送精美禮物的大好時機。

曾任美國參謀長聯席會議主席的雷德福（Arthur Radford）夫婦每次訪臺，在受到高規格接待的同時，宋美齡還會請官邸裁縫為雷德福夫人做幾件漂亮的旗袍、送上一幅自己的得意畫作、外帶一些工藝小製作。而在蔣介石這邊，或許有這樣那樣的政治許諾，當然，也的確使一些人與蔣介石建立起深厚的友誼，他們也自然會為美臺關係的改善，賣一把力氣。

在美國的參眾兩院中，不乏一批被邀請的度假官員，為蔣介石夫婦及臺灣未來大唱讚歌。美國前駐俄大使館蒲立德（William Bullitt），是這方面的另一類型代表人物。他每次度假回來，就會興高采烈地對友人和家人講起他愜意的海島小憩：他對友人說：從沒有任何一個地方，過得比那裡更愉快，真希望能多待幾天。他並且邀請友人在下一個冬天去多住些日子。②蒲立德還得意地拿出宋美齡畫的一幅中國山水畫給顧維鈞看，上面有蔣介石為他題寫的詞句和宋美齡的親筆簽名。

② 顧維鈞，《顧維鈞回憶錄》第九冊（北京：中華書局，一九九八年），頁五〇二。

## 唯一的一次慰問在華蘇軍

一九四六年一月下旬，宋美齡奉蔣介石之命，到東北慰問駐紮在那裡的蘇軍。這次慰問，是提前進行了精心的籌備，攜帶了一大批饋贈禮物，包括名貴菸酒肉食、禦寒裝備等。為了表示尊敬，蔣經國專程去重慶迎接，再陪同前往東北，隨行的有周至柔、董顯光、黃仁霖等一干人員。一月二十二日，由空軍大隊長衣復恩駕駛「美齡號」專機飛往長春。身穿褐色皮大衣、頭戴貂皮高筒帽，雙手袖著貂皮袖筒裡的宋美齡，由蔣經國攙扶著緩緩走下飛機舷梯，與前來歡迎她的蘇聯紅軍總部參謀長等幾位高級將領握手後，搭乘蘇方提供的黑色防彈大轎車，開往蔣經國特意為宋美齡準備的住處——谷公館休息。

第二天即開始勞軍慰問。宋美齡由蔣經國陪同，冒著嚴寒去蘇軍總部會見蘇軍高級將領。儀式非常簡單：贈送獎旗、勳章、致慰問詞，最後遞上慰問品清單，由蘇軍參謀長代表馬林諾夫斯基元帥接受後，蘇軍總部以酒會形式作為招待。簡單的宴會氣氛，嚴肅得近乎冷淡。也許是因為語言不通、也許是氣候原因，宋美齡在蘇聯人面前的表現，與她和美軍官兵交往時相比，判若兩人。有記者回憶道：她在整個勞軍過程面無表情，言語很少，慰問詞都由蔣經國代讀，另由特派員公署第一科長許培堯翻譯，完全是例行公事，任務完成後即匆匆返回公館。

當晚，宋美齡舉行宴會，邀請蘇軍將領數十人出席，由東北行營經濟委員會主任張嘉傲、行營副參謀長董彥平、東北軍元老劉哲以及在長春等候接收的東北各省市的省主席、市長，如關吉玉、楊綽庵、趙君邁等，以及外交特派員公署科長以上人員作陪。宋美齡即席致詞，表示對蘇聯軍隊在抗戰時期，對中國的支持的感謝和慰問。她祝願中蘇友誼長存、中蘇兩國互惠互利、和平相處，這些均由蔣經國翻譯。也許是伏特加的刺激，蘇方軍人到這時才「熱情高漲」，派出儀仗隊、軍樂隊，又是獻花，又是講話，氣氛比白天熱烈多了。第二天，宋美齡接待來訪的中方女賓，並向在座的每人贈送一盒化妝品，裡面有法國描眉筆、描唇膏、高級香水，以及長毛大圍巾。

歷史就是這樣有趣，不到兩年，宋美齡再次慰問士兵，竟然是要鼓勵他們對蘇作戰了。那是一九四七年十二月十九日，宋美齡代表蔣介石，在上海江灣慰問過境赴東北作戰的新兵，黃仁霖隨行並代表蔣介石，向他們每人分發花生糖、芝麻糖各一包，肥皂一塊，豬肉三兩。

美國老作家、畫家兼雜誌發行人弗洛爾•考爾斯女士，是宋美齡多年的老友，兩人時有互贈禮物，書信往還，她曾給宋美齡畫過素描像。從宋美齡向她贈送的禮物，就可看出兩人的親密程度，宋美齡曾為她起了一個非常女性化的中國名字：梅花，並送她一個刻有「梅花」二字的印章，以及一幅中國畫。對中國人來說，如果沒有深厚的交往，是不會給對方起名字的，但後來考爾斯出版了一部《交友錄》，列舉了許多她交往過的名人，還附有他們的照片，但唯獨沒有談及宋美齡。

# 十六 與蔣經國的贈禮往還

說到宋美齡對蔣經國的贈禮，就要先從她與蔣經國的關係，或者是說，蔣經國對宋美齡態度的轉變說起。自一九三七年四月，蔣經國從蘇聯回國，到他去世的五十多年間，蔣經國對比自己年長只有十三歲的宋美齡，對「母親」稱呼的轉變大致有四個過程：

第一是不接受，暗中抵制；

第二是在父親的威嚴逼迫下，被迫接受，表面應承；

第三是從內心敬佩、服從，但作為「母親」，實不情願；

第四是蔣介石去世後，蔣經國在表面上依舊維持原有態度，但在權利方面，排斥、瓦解宋美齡的勢力基礎。那時，已經形成了太子派和夫人派，宋美齡也不得不重新調整對蔣經國的策略。最後就是眼不見、心不煩的避走美國。但她依然對臺灣政局關注，對蔣經國關心。

宋美齡是促使蔣經國回國的最早提議者和策劃人，這使蔣介石對她的信任，更增加一分。蔣經國回國後，宋美齡是真心的很高興，為他在國內生活安排一切，甚至別人沒想到的，她想到了，別人沒做到的她先做到了，而且做得使各方都滿意。對於蔣經國的冷淡，甚至是抵制，她並不在意，首先她有蔣介石的支持，其次她知道，在蔣經國親生母親還在世的情況下，要想扭轉蔣經國的抵制情緒，需要時間的冷磨和自己的熱化。因此她依舊關心蔣經國，而適時、適度的關心、贈禮，有助於熱化感情。

曾任臺灣國史館副館長的朱重聖，對宋美齡與蔣經國的關係，別有體會，他是從時間上來劃分宋美齡與蔣經國關係的轉變，也是分為四個時期。他說：蔣夫人與經國先生的關係，可概分為抗戰時期、民國三十八年、民國四十三年、蔣介石崩逝後等四個階段，兩人由互有心結到關係改善、母子相稱以至相互扶持。

一九七五年四月，蔣介石在病榻上，曾幾次緊握蔣經國的手說：「孝順你的母親，則我可安心於地下矣！」又將宋美齡的手放在蔣經國的手上，叮囑道：「要以孝父之心孝母。」蔣經國「敬謹」回答：「兒當謹遵父命，過去如此，今日如此，日後亦永遠如此。」說罷相對而泣。

宋美齡不得已，離開臺灣長住美國之舉，外界也多將其解讀為母子芥蒂未除。此時的蔣經國早已實質接班，但蔣經國很會做事，一方面，每遇重大事件，仍會禮貌性地向宋美齡「請益」，例如蔣經國在挑選副總統人選時，宋美齡曾建言「慎重考慮副貳人選」，她提出的條件是「對吾黨宗旨深切服膺」與「堅持執行復興大業」者。後來蔣經國選的副手是李登輝，宋美齡其實是不滿意的，但她常向人說「經國主政，我不便再插手干涉」，即使她對李登輝有意見，最後還是尊重蔣經國的佈局。另一方面，蔣經國對官邸內的「夫人派」勢力的打擊，絕不軟手，在某些關鍵的大事上，不會屈從。

在送禮方面，蔣經國回國初期，是宋美齡主動的多。據說，蔣經國一回到杭州，宋美齡就把位於西湖南山路的一幢別墅，送給了蔣經國。到五〇年代是雙方互有往還。

五〇年代中期，宋美齡的繪畫日漸臻熟，曾贈送蔣經國一幅《修竹》，並在上面題有：「示兒」。①宋美齡行事很少魯莽、草率，大都經過深思熟慮，所以，宋美齡的「示兒」二字，絕不是隨隨便便寫的，想必是她這位「母親」，得到蔣經國的認可，自己也覺得是當之無愧的，沒有不妥之處。另有說法：宋美齡還有一幅贈蔣經國的《竹子》，題寫的是「贈吾子」。雖有不同字面，含義不盡相同，但到底是宋美齡兩次贈蔣經國竹畫，還是僅此一次？或張冠李戴？尚需考證。

宋美齡與蔣經國互贈禮物，彼此問候的密集期，應該是在一九五〇年到一九七五年，蔣經國的問候、請安、到機場送行迎接多，宋美齡回饋的書信、禮物多。宋美齡贈送給蔣經國的禮物有：皮鞋、大衣、放大鏡、餅乾、糖食等；蔣經國孝敬的則有：時果珍饈如冬筍、柿子、枇杷、梨、荔枝、肉鬆、燕窩及水磨年糕等家鄉食品。

據資深外交官陸以正早年聽一位黨國大老說，蔣經國是到一九四三年以後，才改口喊夫人為「媽」。蔣經國曾寫給宋美齡一張便條：「慈母手中線，遊子身上衣。臨行密密縫，意恐遲遲歸。」②

一九四七年三月，宋美齡五十歲整壽，在外地的蔣經國為之賀電遙祝。兩年後的四月二十七日，是蔣經國四十歲生日（舊俗：虛祝一年），在美國的宋美齡致電蔣經國：

> 刪（十五日）日為汝生辰，余未克趕回，殊為掛念。但不久即可家人團聚。惟望珍重，為國努力，特電祝福。方良及諸孫同此。母。阮（十三日）。

蔣經國接電後相當意外，旋覆電云：

> 阮電拜悉。年已四十，毫無建樹，無任慚愧。今後惟有為國努力，以報大人之恩。並望大人早

---

① 洪亮、姚嵐，《宋美齡在美國》，頁一九四。

② 林蔭庭，《尋找世紀宋美齡》（臺北：天下文化出版社，二〇〇四年），頁一九九、二〇六。

日返國，同聚天倫，敬祝福體康健。兒，經國、方良謹稟。卯删。③

此後，兩人常有禮物互贈和問候，宋美齡多是在耶誕節、蔣經國生日時，而蔣經國則是不定時的送去禮物，以表孝心。蔣經國除了賀電遙祝外，還要讓兒子蔣孝勇全家作代表，專程前往問安拜壽。再有就是夫人和蔣經國對彼此健康的關懷。④

由此堪慰，兩人關係日漸改善，蔣經國對宋美齡不但以母侍之，亦以良師待之。⑤一九五六年蔣經國四十六歲生日的前一天，宋美齡送蔣經國一幅手筆國畫，上題寫：雪筠影清節　聲翠傲歲寒。乙未三月經兒四十晉六生日，父題母畫（畫面為竹枝竹葉）。⑥

蔣經國處事秉政頗多心機，連送禮也凸顯此一風格。臺灣的風景名勝——太魯閣國家公園，位於天祥以東三公里處，也是立霧溪與荖西溪的交會處，故又稱此地為「合流」，且盛產大理石。據說古時曾有位少年在此被洪水沖走後，其母卻仍每日在此佇立，盼兒早歸，深受感動的後人於是在此建橋，命名為「慈母橋」。蔣介石有感此事，聯想到自己慈母的種種遺事，為紀念母親王太夫人而在此建「慈母亭」，成為孝親的一大景點。

有一次蔣經國到慈母橋附近遊覽，看見一塊大玉石，頗有心計的他，便收藏起來。一九六九年三月十六日，是宋美齡七十二歲生日，蔣經國「進呈母親大人以為慈壽嘉慶」的禮物，就是他收藏的這塊取自「慈母橋」邊的玉石，經過修飾雕刻，被蔣經國取名為「慈母石」。此石高一米，雕刻極為得法，特別是巧妙利用大理石的自然紋理，雕刻出臺灣中部橫貫公路的縮影，惟妙惟肖，實為對蔣介石、宋美齡在臺灣政績的歌頌。蔣介石借慈母橋紀念母親，建慈母亭，蔣經國取慈母橋之玉石，刻慈母石為繼母宋美齡祝壽，異曲同工，相得益彰。這塊慈母石被收藏在士林官邸，並陳列在正房公開展出，教育後人。

一九八六年十月二十三日，宋美齡為蔣介石百年誕辰致祭，由蔣孝勇和醫生陪同，返回臺灣，一住五年。對於她的到來，蔣經國是歡迎的，宋美齡也經常關心蔣經國的健康，還常常留他吃晚飯，並希望自己能多陪蔣經國一些時候。在蔣經國生命的最後幾個月裡，因政務特別操心勞累，有時心悶了，胃口不好，宋美齡便特別交代廚房，給他多做幾樣家鄉小菜開胃。蔣經國如果公事太忙，無法在

---

③④⑤ 秦孝儀，《蔣夫人宋美齡女士與近代中國學術討論集》，頁五七四；五七七；五七五。

⑥ 唐安邦、路智寬，《中華民國保母蔣夫人之偉業》（臺北：青川出版社，一九九八年），頁六。

用餐時間到宋美齡的寓所，她便派人把飯菜送到蔣經國的住處。⑦

為了慶祝宋美齡九十歲生日（一九八七年），蔣經國懇請歐豪年創作一幅畫，作為生日壽禮。歐豪年以萱花、玫瑰、百合、鬱金香與牡丹等十組花卉為主題，畫了一幅手卷畫，故宮博物院秦孝儀院長，特地請院裡的裱畫師將畫作裱褙後送給蔣夫人。院長還請印刷公司把畫印刷出來，也裱製成禮物，送給每位參加生日的賓客作為伴手禮。⑧

⑦洪亮、姚嵐，《宋美齡在美國》，頁三五三。

⑧陳立文主編，《蔣夫人宋美齡女士行誼口述訪談錄》，頁二二八。

# 後記

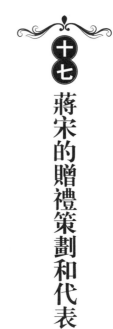

# 十七 蔣宋的贈禮策劃和代表

## 多面人生黃仁霖

在研究蔣介石夫婦送禮風格時，不可忘卻一個重要人物——黃仁霖，他曾是蔣氏夫婦送禮的策劃者、贈禮代表和見證人。蔣介石曾有過許多贈禮代表，而黃仁霖則是代表蔣送出禮品數量和次數最多的人。一九二九年，他被蔣介石正式任命為勵志社總幹事，用他自己的話說，從此他便成為蔣介石「家庭中的一分子」。蔣氏夫婦的每一次出行、每一處住所，都由他負責安排照料。當時蔣介石身邊的人們，每遇到難事，就會對蔣宋建議說：「讓黃仁霖去辦吧。」黃仁霖說：「這幾乎成為一種典型式的任務了。」①

提到黃仁霖，或許有人還真不明白他是什麼身分。

比較起來，他的頭銜和名號都不太多，但抖出一個就令人刮目相看，比如：策劃大師、籌款高手、送禮代表、首席迎賓專使、接待將軍、治喪專家……這樣的身分，在整個民國史上，獨此一尊。一九五九年，從陸軍中將、聯勤總司令職位上退下來的黃仁霖，轉任招商局董事長。那一年他去美國訪問，想拜見病中的馬歇爾。馬歇爾夫人告訴他，丈夫的病已經很重了，醫囑不能見客，連邱吉爾來訪都被婉拒在會客廳，卻想見見黃仁霖。黃仁霖見到的馬歇爾已經不能說話了，但神志還清醒。馬歇爾見到黃仁霖，表情有些激動，黃仁霖回憶道：

> 我看到將軍睡在床上，有管子通過他的鼻孔，臂上在靜脈注射。我伸出手去握他的手，感覺到一些輕微的反應。我試著提起一些他在中國時的趣事，他微微有一絲笑意，眼珠在轉動，似乎是在尋找那些記憶……

黃仁霖踏進蔣宋夫婦的官邸後，第一件事，就是先把蔣宋身邊的侍從副官、秘書、廚師，甚至包括宋美齡的女傭蔡媽在內，都「打點」到了。這樣，黃仁霖不但可以從蔣宋的官邸後門出入，而且蔣

---

① 黃仁霖，《我做蔣介石「特勤總管」四十年：黃仁霖回憶錄》，頁七六、一〇八。

宋每天什麼時候起床？約見什麼人？辦什麼公務，行止怎樣，情緒如何？都能一清二楚。所以黃的「通天」本領，比任何派系都強。比如，蔣在全國各地的官邸，都是黃仁霖派人佈置和照料。蔣的行蹤極為秘密，但黃仁霖總比別人知道的早一些。這樣，蔣宋夫婦無論想到的，還是沒想到的，黃仁霖都能事先為他們辦好，令蔣宋大為滿意，認為他這個人考慮周到、會辦事。久而久之，蔣宋夫婦連官邸宴會，都交給勵志社中西餐部代為辦理。

但是，也有另一種說法：黃仁霖能得到蔣宋的信任，有三個方面的原因：一是孔祥熙推薦；二是他的岳父余日章牧師是蔣宋婚禮的主婚人；第三他是宋美齡的同學。這第三條就讓人懷疑了：宋美齡在美留學，讀的是女子學院，怎麼就「同學」了？中國人赴美留學，從第一批留學生開始，就有一個很好的習慣，後來成為百年來的傳統，那就是他們利用節假日互相來往交友、聚會、郊遊，彼此關心照顧。如果說黃仁霖與宋美齡是通過這種方式結識的，那倒也說得過去。

黃仁霖（一九〇一—一九八三年），字順龍，江西安義人，蘇州東吳大學畢業，在美國哥倫比亞大學獲碩士學位。一九二八年底，由孔祥熙介紹給蔣介石，參與組建勵志社。一九三七年出任新生活運動促進會幹事。一九四三年作為蔣介石、宋美齡的隨從，飛赴開羅參加三巨頭會談，全程照料蔣氏夫婦的生活起居，並奉蔣之命，直接與美國總統羅斯福、英國首相邱吉爾的代表商談會務安排。他雖然不參加正式會談，卻是臺前幕後最忙碌的中方人員。

抗戰勝利前後，他與盟軍高級將領史迪威、陳納德（Claire Chennault）、魏德邁（Albert Wedemeyer）、蒙巴頓、艾森豪等政要，都有直接和廣泛的接觸，是接待來華「調處」國共矛盾的馬歇爾特使的負責人。因接待美軍來華作戰人員的工作較有成效，獲杜魯門總統褒獎。一九四七年赴美考察美國軍事後勤保障業務，旋出任聯合勤務總司令部副司令。

遷臺後，於一九五四年升任聯勤司令，執掌三軍後勤補給大權。一九五五年晉升為二級上將，一九五八年任臺灣東吳大學董事長，翌年任招商局董事長，一九六一年出席墨西哥國際港埠會議，並當選為會長。一九六五年出任臺灣駐巴拿馬大使十年，退休後旅居美國，獲美國奧立佛脫及奧克拉荷馬大學名譽法學博士學位。

在國民黨的將官中，沒有領兵打過仗，榮獲將軍銜者，不在少數，如張群、何成濬等人。但沒有領兵打過仗，只憑接待外賓而榮任將軍者，僅此一人。

## 籌建勵志社

一九二六年十月，黃仁霖由美回國後，先在上海青年會工作，但他真正的「事業」，要從兩年後籌組勵志社開始。一九二九年一月一日，國民黨在名義上統一中國後的第一個元旦，一個名為「黃埔同學會勵志社」的機構，在南京正式成立。蔣介石為它制定了一句格言：立人立己，革命革心。同時還頒布了十條紀律，要求所有社員一律遵行：一、不貪財；二、不怕死；三、不招搖；四、不驕傲；五、不偷懶；六、不嫖賭；七、不吸菸；八、不飲酒；九、不借錢；十、不說謊。

黃仁霖還根據蔣介石的旨意，對勵志社的宗旨作進一步的解釋：勵志社是對黃埔軍官和學生灌輸道德、提高精神而設立的。可見，蔣的最初期望，是讓軍官和黃埔學生在該社「養志」，成為軍人端正軍中風氣的場所。然而，在宋美齡和孔家的主旨下，勵志社逐漸變成一個濃厚基督教氛圍的場所，最後演變為兩項功能，一是接待外賓、為外國援華部隊服務，二是為蔣家服務，成為蔣家的「內務府」。蔣為名義上的社長，宋美齡掌有人事權。勵志社的首任總幹事，是孔祥熙任部長時的實業司長朱懋仁上校。朱調離後，黃仁霖接任。

勵志社於一九二八年籌建之初，僅有三間簡易平房，在黃仁霖的努力下，僅僅兩年時間，擴充至占地四十畝，闢有體育場、會所大樓（位於南京黃浦路口），樓內有分社辦公室、總幹事辦公室、大禮堂（可容一千一百餘人，為當時南京最大的會議場所，亦可演戲、演講）、教堂、宴會廳、宿舍、廁所、浴室、圖書室、娛樂室（設有乒乓球臺、棋牌桌、計分桌等），戶外運動有排球、籃球、足球、騎馬等，一應俱全。全部建築費達十六萬八千元，其中八萬元為南京各界「慰勞討逆將士會」捐助（實際為黃仁霖以該會名義，向各處逼捐而來），印行《勵志社年刊》等。到一九三〇年年底，勵志社慰勞官兵、傷病員計四十萬人次以上，直接發放給人的慰問金近六萬元。其中僅蘇、寧等後方幾家大醫院，他代表蔣、宋幾乎每月前往一次。

一九三二年，勵志社再度擴建，占地達一百二十英畝，興建兩座樓宇，設有寬大的會客廳、畫報室、五個貴賓室、教室、理髮室、宿舍等，計有六十個房間。到一九四六年初，勵志社下屬「戰地服務團」的分支機構遍布全國，開設的招待所就有一九四處，共有床位可同時供八八八五三人入住，所開辦的「譯員訓練班」，共為盟軍培訓翻譯員二四三六人。

曾任胡宗南副官的熊向暉認為：勵志社在一開始，是黃埔軍校軍官的俱樂部，雖然只是事務性的辦事機構，但來頭猛、機構多、影響大。

勵志社也成為推行西方文化和價值觀的重要場所，在圖書館中大量存放西方書籍、畫冊，經常放映歐美電影，舉行「西式」舞會、宴會，招待外國來賓。一九二九年十二月二十五日，蔣介石在宋美齡的勸說下，到勵志社觀看有關耶穌的影片後，當晚在日記中稱讚耶穌：「其能生死如一，始終不渝，為可法也。」可見，宋美齡致力在勵志社中傳播西方文化和宗教，多方促成蔣介石改變了宗教信仰。

勵志社在全國設有眾多分社，但他們的模式都是一樣的，管理嚴格，講究衛生。說到衛生，有一個事例可以說明這一點。一九四二年二月，諾貝爾文學獎得主海明威，攜第三任新婚妻子瑪莎來華訪問，到重慶後，先是住在宋子良寓所，但新娘子似乎有極至的潔癖，向丈夫發牢騷，海明威不耐其煩，耍起他的硬漢脾氣：「我沒有請你到中國來！」瑪莎氣憤地發誓說，她要三天不跟丈夫說話。到成都後，為他們的住宿頗費周章，最後由全程陪同的夏晉熊（孔祥熙秘書）找黃仁霖商議，住到了勵志社成都分社，這對針尖對麥芒的夫妻才算結束爭鬧。

美國副總統華萊士曾下榻於此，也感到很滿意，並在大廳接見飛虎隊成員。蔣介石多次在此留宿，並接見過美國援華飛行員、召開記者招待會等。抗戰勝利後成為行政院和一些中央機關的辦公地。一九四九年後，一度為中共四川省委辦公樓。

曾任蔣介石侍從多年的張令澳這樣評價黃仁霖：

他是當時很走紅的人物。他的正式職務是軍委會後方勤務部副部長，但卻是一個最接近宋美齡的「洋副官」。他的日常職責主要是為蔣介石夫婦辦理外國來訪貴賓的接待事宜，所以不論是嘉陵賓館還是勝利大廈，都屬他的勵志社管轄。在他的手下，還有一批訓練有素、懂得接待事務又熟悉英語的管理人員，以及會製作西點西餐的廚師和服侍洋人的僕歐（Boys），所以黃仁霖操辦懇親會這類事，真可謂得心應手，遊刃有餘。此外，黃還負責當時大批援華美軍的住宿、膳食、娛樂生活等事項，因而常奔走於重慶、昆明、成都等地。

其實，黃仁霖的職責範圍，遠不止於此，比如：他是宋美齡提出新生活運動的積極策劃人和推行者；是民國時期集體結婚的重要推手；他最早將西方的「自助餐式」宴會，成功引入勵志社，並在中國推廣，他設計的新式桌曆，是每次新年的熱門禮物。三〇年代，在上層社會最時髦的食品，是一種用大豆為主料，加以其他佐料配製的「維他餅」，據說不但口感好，而且很有營養。孔祥熙不但設立專門機構推銷，還辦有專刊廣泛宣傳，因此大發其財。但孔不得不坦承：這是黃仁霖發明的。

## 引入「新式犒賞法」

過去慰勞、犒賞官兵，沿用舊軍隊作法，層層轉發，隨意性強，不但耗費時間，耗費大量人力物力，而且弊端滋多，如克扣乃至吃空頭，底層士兵苦不堪言。蔣介石統兵以來，一直頭疼這件事，終於在一九二九年十一月，他向黃仁霖詢問，有沒有一種新的方法，可以改變流弊滋多的現行犒賞。黃仁霖把他所瞭解的美國大型企業的勞工薪金支付方式，向蔣作了介紹，蔣介石笑著走了。幾天後，蔣介石正式下令勵志社研究「新式犒賞法」。

黃仁霖找來了一些美國著名大型工廠發薪的資料，幾經研究，終於在一九三一年一月中旬初步定稿，蔣介石聽了黃仁霖的詳細介紹，表示滿意。在這年的春節前，蔣撥出五萬元，交給黃仁霖，採用此法犒賞某軍，當場試驗。結果證明：此法每小時可直接把賞金，發放到六百名士兵手中，做到發放、收取、監督三方均有據可查，無一差錯，比舊法提高效率三十餘倍。最重要的是，避免了舊法層層克扣賞金的惡習，由此蔣介石予以大力提倡。

這種「新式犒賞法」大致為：將錢分別裝入不同顏色的小信封裡，紅色為將官，裡面有二百元；黃色為校官，一百元；藍色為尉官，三十元；白色為病傷患，十五元；赭色為士兵，五元。信封上聯有收條，由收取人蓋章，及醫院院長證明蓋章。並有手寫的時間、地點、事由、發給單位等，以便隨時複查。給賞後在收款人姓名之後面蓋一戳記，以避免重複領取。蔣介石對這一「新法」很賞識，指令將此法印成傳單，廣泛分發給各集團軍，協助參照執行。

## 引進西式自助餐

黃仁霖把西方的自助餐，成功的移植到勵志社。黃在他的回憶錄中說道：這種方法是，許多盛有食物的盤子，放在熱的櫃檯上，食客端著小碟子或小碗，排著隊，邊走邊用公用筷子、勺子、刀叉等餐具，將自己喜歡的菜餚，放入碗或盤子裡，並照價付錢。

在第一次的試驗性自助餐宴會上，蔣介石微笑著手持盤子，走在隊伍的前面，沿著長條櫃臺，邊走邊看，挑選他所要的食物。他的身後是何應欽、孔祥熙、宋子文、熊式輝等官員，魚貫而隨。當他們開始進餐時，還播放著愉快的西方輕音樂。對他們而言：「這是一樁有趣的集體進餐方式，同時，他們都認為價格公道」，而且合乎衛生、節省時間、避免浪費。因而得到蔣介石的讚賞，並在政府中大力提倡和推廣，各地報紙相繼載文介紹，後來成為一種時髦的會餐模式。一九二九年初，馮玉祥來南京參加編遣會議，在勵志社享受過一次這樣的「自助招待」，也覺得很新穎，並在日記中記下，回去後要在他的部隊中採用。

黃仁霖還引進西方的淋浴方法。在勵志社的浴室裡，他設計了一個只能裝五加侖水的舊「洋油桶」，掛在一人高的鐵鉤子上，用一個水龍頭和一根繩子控制，每次可同時洗兩個人，而又不浪費水。對於推行新生活運動、在軍隊中普及勤洗澡的衛生習慣，起到一定的促進作用。

## 策劃大師

黃任霖最擅長的，是對各種事務性工作的策劃和接待，如策劃祝壽、婚慶、宴會、喪事、送禮、募捐、接待外賓和各地來京的高官等。他的策劃和接待，常給人意外和驚喜，並「留下長久記憶」。

抗戰前有一次端納（William Donald）過生日，蔣介石在南京官邸設家宴，為他祝壽。黃仁霖事先在官邸裡安裝擴音器。宴會開始後，由侯鳴皐在馬路旁一輛電影宣傳車上獨唱《生日快樂》的曲子，然後假充中央廣播電臺廣播中、英語新聞，內容都是有關為端納祝壽的。中文由侯鳴皐播講，英文由上海的《字林西報》編輯曹勵恒播講。參加宴會的所有客人都大感意外，認為「為一個外國人的生日，鬧了這麼大的響動」，蔣宋夫婦也非常高興，他們都誤以為：連新聞界也被勵志社動員起來了，而且如此神速，十分難得，又擔心費用會太大了。宋美齡隨後詢問，當得知是黃的策劃，只用了很少的錢和只有兩個人參與，蔣宋夫妻恍然大悟、哈哈大笑，莫名其妙的端納也隨之笑起來，立刻邀請黃入席作陪，感謝再三。②

一九四二年七月，中美兩國政府協商，決定解散陳納德領導的「美國志願隊」。蔣介石於七月三日頒發命令，令陳納德親自解散他的屬下。第二天晚上，在國府主席林森官邸舉行「美國志願隊結束儀式」（實為告別晚宴），參加者有蔣與宋氏三姐妹、國民政府要員，各盟國使館代表，美、英兩國軍方代表、陳納德和他的自願隊員們。黃仁霖策劃並主持了這次歡送活動，在他宣佈「宴會開始！」後，先由樂隊演奏美國樂曲《啊，小小的伯利恒鎮》，然後由兩名勤務兵抬上來用紅綢子包裹的東西，黃仁霖宣佈：請蔣委員長和陳納德將軍揭幕！蔣介石和陳走上前揭開一看，原來是宋慶齡、宋靄齡聯名送給陳納德的禮物：一幅油畫巨匾，畫面是根據多幅照片取捨而創作的蔣介石、宋美齡、陳納德三人在一起的場景，會場立刻爆發熱烈的掌聲。

在日本宣佈無條件投降前的兩個月，因某些原由，陳納德被迫退役，他認為自己功勳在在，卻不能參加太平洋的日本投降儀式，有種無法說出的沮喪。為了安撫他，蔣介石決定在他回美國前，為他舉行一個特別的歡送儀式。黃仁霖受命後，精心策劃了這一系列的歡送活動，蔣介石的座駕成為這次活動的專車，因為那個車牌號，就是萬用通行證。黃仁霖特意製作了一頂「萬民傘」，作為自己的禮物，送給悶悶不樂的陳納德，感謝他為中國抗戰做出的卓越功績。

七月三十日，蔣介石親自為陳納德舉行授勳儀式，授予他中國最高榮譽：「青天白日勳章」。八月二日，重慶有一百六十個團體發起，為他舉行盛大的歡送會。汽車在市內被人群堵塞，人群推著汽

---

② 侯鳴皋，《勵志社內幕》（南京：南京出版社，一九八九年），頁六九。

車在重慶陡峭的街道上，緩慢地走了好幾個小時，一直推到一個廣場的中央。廣場上，用木頭搭了一個臺子，用鮮花和松針裝飾起來，主席臺上裝飾著鮮花和飛虎隊的標誌。人們帶來了自己認為是最珍貴的禮物，老百姓帶來了他們各自的萬民傘，各團體贈送了難以數計的各種錦旗。

陳納德獨自站在臺上，面對認識或不認識的人們，排著長長的佇列，逐個上臺與他握手、擁抱、道別，有笑顏逐開的，有揮淚惜別的。他聽不清他們對他說的是什麼，但他知道那都是讚揚自己的簡短祝詞。臺上堆滿了人們贈送給他的寶石、碧玉、漆器、古董、字畫、玉如意，以及各種條幅和對聯、牌匾，還有那些甚至是從沒見過的吃的、用的、穿的、玩的……面對這如此熱烈的盛大場面，陳納德仰天歎息，不知所措，淚水從他那飽經風霜的臉頰上，拐來拐去的流了下來。在歡呼聲中，一個中國老學究興奮的對他說：「自從馬可·波羅以來，還沒有一個外國人，能博得中國民眾這樣的擁護。」

在昆明，為他舉辦的送別儀式上，送給他一部大型紀念冊，裡面有超過千人的題詞，每人一頁，表彰他在抗戰中對中國做出的貢獻。其中有蔣介石、孔祥熙、李宗仁、宋子文、陳誠、于右任、白崇禧、朱學範、沈鈞儒等各界人士。當這位剛強的美國硬漢，翻開紀念冊看著，禁不住的淚水再次流了下來，滴在紀念冊上，浸透了淚水的紙皺起的紋路，恰似朵朵小白花。

到臺灣後，黃仁霖策劃的一件大事，是在臺北恢復他的母校——東吳大學，並於一九五八年出任董事長。

## 首席迎賓專使

黃仁霖被稱為「首席迎賓專使」和「招待專家」，他對這兩個稱號很自豪，但也的確是實至名歸。他負責接待過的美國高官有威爾基、華萊士、赫爾利（Patrick Hurley）、馬歇爾、美國戰時生產委員會主任納爾遜（Donald Nelson）、美國雜誌大王魯斯夫婦，以及英國駐印度戰區最高軍事官員蒙巴頓、丹麥王子等。威爾基很有才華，曾與羅斯福競選總統失敗，因此他與黃開玩笑說：在我競選時，我只要有一位像你這樣的競選經理，我相信我一定早已當選為美國總統了！他的話立刻引起哄堂大笑。也可能這是事實。

一九四四年六月十八日，美國副總統華萊士訪華，得到黃仁霖熱情、周到的接待。當時黃的第二個女孩出生不久，華萊士為她取名叫「苔勃勒」（Deborah），這是《聖經》中的一位女戰士的名字，黃認為在當時的環境下，這個名字是再恰當不過的。當華萊士回國時，送給「苔勃勒」一件禮物：他在一枚棒球上寫到「給我的教女，苔比和愛心」，並簽上自己的名字「亨利・愛・華萊士」。

一九四五年十二月二十三日，馬歇爾作為駐華特使奉命來到重慶，調解國共糾紛。鑒於史迪威事件，蔣介石需要小心翼翼的搞好與馬歇爾的關係，負責接待馬歇爾的責任又落在黃仁霖身上，他本著讓他：吃好、睡好、玩好和高興，其它的則不是自己的職責範圍。黃仁霖首先把馬歇爾安排在重慶牛角沱街的怡園住下，那是宋子文的官舍，一度是專門接待美國軍官的，如威爾基曾下榻於此。不過這次又重新裝修了一番，充滿了東方陳設和色彩情調。三十一日是馬歇爾六十歲生日，蔣介石為他舉行有六百多人參加的盛大祝壽宴會。當宴會快結束時，有一穿長袍馬褂的服務員，雙手捧來一個中國地圖形狀的大蛋糕，上面插著六十枝明亮的，散發出香味的蠟燭，中間是美國國旗圖形。這時，隔壁一間屋子裡演奏四重奏的《生日快樂》樂曲。讓在場的人大為意外，馬歇爾後來對黃仁霖說，那天他感到十分的驚異和驚喜。

宴會之後，放映的電影，也是馬歇爾沒看過的《情書》，入戲的馬歇爾「狀至愉快」。③聯一九四六年十月三十一日，是蔣介石六十歲生日，藉此機會舉行中美聯誼會，「促進彼此友情」。聯誼會之後，蔣與夫人邀請馬歇爾，以及雜誌大王魯斯夫婦一同遊覽無錫，自晨由南京啟程，迄晚始返，竟日泛舟於太湖，欣賞山水佳景。

黃仁霖還瞭解到，馬歇爾在美國時就喜歡吃中國菜，到中國後每頓飯都盼望能吃到中國菜，而不是其他美國人希望的花式西餐。黃仁霖認為：這！太小意思了。黃仁霖還知道馬歇爾喜歡花卉，他在美國的家中自己種菜種花，這就由宋美齡出場了：她隔三差五的送去時令鮮花。

因接待美軍來華作戰人員的工作卓有成效，黃仁霖曾面見美國總統杜魯門，並獲其頒發的《褒獎狀》，稱讚他「有傑出之表現，著有功勳。」一九四五年美國政府因此授予他「司令級功猷勳章」。

## 籌備喪祭

勵志社成立不到半年，就遇到為孫中山移葬舉行的「奉安大典」的籌備工作，也就是把當時暫厝於北平西山碧雲寺的靈柩，移葬到南京紫金山新建的陵園內。蔣介石把這一艱巨任務，交給了「勵志社」。孔祥熙出任「奉安」總指揮，有兩方面的原因：一是他與勵志社的關係；二是孫中山在北京逝世時，孔捐贈了五萬大洋，為孫購置了一口銅棺。而總其成者，就是「奉安」副總指揮黃仁霖——幕

③ 胡春惠、陳紅民，《宋美齡及其時代國際學術研討會論文集》（香港：珠海書院亞洲研究中心，二〇〇九年），頁一一二一—一一二〇。

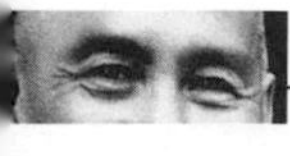

後的無名功臣。

「奉安大典」是當時全國矚目的一件大事，有數萬人要來參加，而在沿途兩千多里的路程中，將會有數百萬人圍觀。參與南北兩京的盛典者，包括各國元首及他們的代表、使節、親族、政府要員，以及黨員、學生，和其他執紼的代表們。這些人員往來所用的車、船，食宿、安全，甚至是如廁都必須安排的無差錯。有幾千個花圈、上萬副輓聯、匾額、「奠」字、上千匹白布、白綢緞。這些輓聯、花圈等的懸掛、抄寫、運送、陳列，以及最後登記造冊和保存，此外還有相關用品的計畫、採購、分配、發放等，這些事項，必須提前一個月就要安排好、採購到位。

僅以抬棺為例：「杠制」為封建帝王所採用的最高一級：六十四大杠。也就是說由六十四位杠夫抬棺，另外配備六十四人為替換者。這一百三十餘人，是從各地精心挑選出來的，他們中大多是杠夫世家，有的人甚至是為慈禧、袁世凱、黎元洪等人「奉杠」過的「專業人士」。據當時的杠夫們談體會，幾乎眾口一詞：這麼多人抬杠其實並不累，而彼此間的協調就太累了，其累在眼、在心、在虔誠。僅他們在南京的演練，就達一個月之久。演練時，每人頭頂一碗水，上坡下坡、起杠落杠、轉彎時的並步與闊步，哪怕是電閃雷擊，火燒眉毛，都不能灑一滴水。杠夫們在「奉杠」前的那一頓飯是不許吃的，也不許喝水，以免「奉杠」路上偶有內急。

整個「奉安大典」的程序，大事小情上萬項，細節超過十二萬個，所有這些細節，都必須提前考慮到、安排妥、行得通、無遺漏、不出錯。

一九二九年六月一日上午十時十五分，靈櫬移入祭堂，奉安典禮開始，由蔣介石主祭，譚延闓、胡漢民陪祭。典禮完畢，由孔祥熙率領杠夫移櫬入墓室，安放在墓壙內。十二時整，奉安結束，由宋慶齡率領親屬將墓門關閉。從中央黨部到中山陵山腳下，蜿蜒有七英里，送葬行列必須步行這七英里，任何人、任何理由都不能例外，否則就退出，但又不能中途退出。佇列總指揮孔祥熙騎著高頭大馬，走在前面，威風凜凜，副總指揮黃仁霖騎馬跟在其後。佇列行至山腳下，必須登三六五個臺階（象徵一年的天數），才能到達陵墓。同樣，任何人、任何理由也都不能免去這三六五個登步臺階，否則就退出，但又不能中途退出。

而黃仁霖則是七百三十個臺階，因為當他氣喘吁吁地登上最後一個臺階時，又熱又渴的宋美齡，微笑著向他要檸檬水。黃仁霖一下子就懵了，他知道這是他策劃上的一個失誤：為什麼不在這裡設個供水站？對於別人的要求，他可以不管不睬，但對宋美齡則萬萬不能。於是他不顧自己的累和熱，又氣喘吁吁、滿頭大汗的奔下臺階，取回檸檬水，再重新登這三六五個臺階，將檸檬水遞給了宋美齡和蔣介石。要知道，黃仁霖可是身高一九四公分，體重近兩百斤的大漢子，可以想見：他當時窘況的心態，是多麼的讓宋美齡感動。

由於黃仁霖成功的策劃和指揮了「奉安大典」，贏得各界的稱讚，也使蔣宋夫婦更加信任他。兩年後，他又一次策劃和指揮一項重大的喪事活動。一九三一年七月二十三日，宋美齡的母親倪太夫人在青島避暑時，仙島赴召，享年六十三歲。宋子文以長子的身分，毅然決定，先把母親的遺體運回上海，再行安排。國民政府認為：雖然倪太夫人沒有任何職位，但由於她的特殊身分，決定將她的喪事，定位為類似國葬的一級大典（此次「盛葬」是不公開、不具名、不邀請、不向外界發佈任何資訊）。蔣宋、孔宋、子文三兄弟一致認為，應由黃仁霖來籌畫、組織和指揮這次喪事。對於黃仁霖來說，與「奉安大典」相比，這一次的喪事規模，要簡單了許多，他駕輕就熟，終於達到各方的滿意。

## 籌款高手

一九三六年，黃仁霖出任「新生活運動委員會」總幹事。這是一項苦差事，其中最大的「苦」，是沒有固定的經費。他曾對「新生活運動委員會」有過這樣的論述：

> ……如果是政府機構，政府應當供給經費，而且列有預算；如果是社會團體，則「新運」總會自然可以自己籌款並公開尋求社會支援。在為「新運會」工作的十四年中，因為通貨膨脹以及政府

> 經濟緊縮，我總是在非常拮据的預算中設法維持，總會經費在南京開始時批准的數額，多年來都沒有怎麼調整。然而就是在目前，連買文具都不夠了。我經常向我的其他組織（如戰地服務團）挪用經費去支付兼任「新運會」工作人員的奉給。我們幾乎沒有其他的日常管理費用。我深深感覺，這是因為事實上是我缺乏才能，綆短汲長，我實有負蔣先生的託付，而使此一重要運動日趨消沉。

其實，勵志社的經濟情況，也不容樂觀。臥底胡宗南的中共間諜熊向暉認為：勵志社的經費，開始時是靠社員繳納常年會費維持的，一年有一次徵求大會。但社費畢竟不敷開支，就在委員長特別辦公費項下，每月撥出幾千元作為補助。

特別是在建築方面，有許多大筆的款項，是靠黃仁霖籌措的。他的所謂籌款——募捐！又是怎樣的？有人說他的募捐是「打秋風」，也有人不客氣的指責他善於「霸王請客」，說白了就是借官威的強迫攤派。

南昌分社是一九三四年，由江西省主席熊式輝帶頭捐錢修建的，黃仁霖認為：熊為其他分社的籌款，「帶了一個好頭」。

一九三六年，黃仁霖準備在成都設立勵志社成都分社，但資金無著，便在四川各地募捐，先在峨眉山的報國寺向「軍官訓練團」進行募捐，並印發精美的《捐冊》，很快就收到第一筆捐款。接著又

向四川各地將領打秋風，從劉湘起每人捐一、兩萬元不等。劉文輝、鄧錫侯、楊森、王瓚緒、王陵基、范紹增等都捐了不少錢，不到一個月，就湊集了十幾萬建築費。成都分社的建築是巍峨的翹簷式宮殿風格，均由基泰工程處設計，陸根記營造廠承包，開工不到一年就竣工了，人們不得不欽佩勵志社的高效率，而背後少不了罵聲的，則是川軍的那些老軍頭了。

勵志社在全國，共有三座豪華、巍峨的宮廷式建築，一座是南京總社，一座是南昌分社，再就是成都分社，都是很費錢的大手筆，也是黃仁霖足以自豪的傑作。

抗戰勝利後，宋美齡謀劃恢復原南京遺族學校，但經費很困難。宋美齡一方面自己出面化緣，連倔老頭吳稚暉，都撅著嘴幫她去得罪無錫的麵粉大王，這次撅嘴的代價是三十兩黃金。另一方面委託黃仁霖想辦法，黃仁霖果然又是大手筆。一九四六年十一月二十七日，黃仁霖與中華音樂劇團總經理鄧士萍，聯合招待上海新聞界，並舉行募捐義演。鄧士萍曾出任過蔣介石在家鄉溪口創辦的武嶺學校校務長，也是蔣宋信任的大紅人。中華音樂劇團在上海的南京大戲院演出，票價高達五萬元一張，一星期七場，場場爆滿。上海的黨政軍要員，特別是上海市長吳國楨熱心贊助銷票，由此帶動工商界名流，紛紛代為推銷演出票。人們都明白：誰敢不買以蔣夫人為背景的戲票？有人甚至打賭、請客、捧臭腳、婚禮謝客等等，都是以戲票為「兌賬」的籌碼。此次收入除開支外，全部作為南京遺族學校的復校經費。

一九四七年春，黃仁霖應馬歇爾之邀，去美國考察美軍後勤保障工作。到美國後，又以宋美齡的名義，向在美華僑募捐到十餘萬美元，終於還清了當年為建南京勵志社，向孔祥熙的借款。孔祥熙拿到這筆款子後，很快登上赴美飛機，作他悠哉悠哉的美國寓公去了。

## 兩次奉派　照料漢卿

黃仁霖與張學良同歲，幼年都在東北長大，黃自稱他有幸見過張作霖一面。從一九三〇年起，黃仁霖與張學良建立了不尋常的友誼，少帥成了勵志社的常客，只要他一來南京，黃就邀請他到勵志社吃喝玩樂，陪他打網球、騎馬、打牌、參加舞會，還為他找女人。不過，少帥扎嗎啡的那些事實，黃在回憶錄裡一字不提。

一九三二年國際聯盟派遣「李頓調查團」來華調查日軍侵華事件，黃仁霖陪同調查團來東北，與張學良多次接觸，並陪同他謁見蔣介石。西安事變發生後，宋美齡考慮到黃仁霖與張學良的關係，決定選派黃陪同端納到西安與張學良斡旋，並於十二月二十日致宋子良電：

介兄被困，選派端納、黃仁霖二君前往探視。日昨銘三（蔣鼎文）總指揮回京，得悉介兄安適

如常，略以為慰。昨日大哥（宋子文）飛洛，今晨八時飛陝，俟得詳情，再為轉告……④

當黃仁霖和端納到達西安時，張學良派吉米·愛爾竇開車將兩人接進城內，然而黃仁霖一下車，卻立即被監視居住。

張學良陪蔣介石回南京，一下飛機，便被軟禁在孔祥熙公館。蔣介石特意召回已被宋美齡批准去上海度假的黃仁霖，委派他全權負責「照料」少帥的生活。黃仁霖是虔誠的基督徒，為了消釋張學良的孤苦寂寞，送給他一本《聖經》，還在扉頁上贈言：「我希望這本書能幫助你，就像它所幫助我的一樣。」黃仁霖陪伴張學良，委婉承曲，巧解多難，度過一段最初的羈押生活。

一九三七年八月，蔣介石派黃仁霖到上海，約趙四小姐同去雪竇寺見張學良。那時張學良的弟弟張學思也在上海，因苦於無從見到長兄，便向黃仁霖訴說自己探望大哥的迫切願望，黃電請蔣介石法外開恩，蔣介石很給黃仁霖面子，於是三人一行同奔赴雪竇山。在張家八兄弟、六姐妹中，張學思是唯一在張學良於大陸關押期間，見到張學良的人，所以後來張學思感慨道：幸甚之至。蔣派黃仁霖照顧張學良的主要目的，是要他勸說張學良寫信給東北軍各將領，要他們接受蔣介石的統一領導，不可亂來。黃仁霖果然沒有讓蔣介石失望，張學良數度親筆致函到西安所部。

一九五六年，宋美齡為引導張學良信仰基督教，再次將黃仁霖派到張的身邊，負有「陪讀」重任。經過努力，張學良終於放棄對明史的研究，轉而研讀《聖經》。最終，張學良皈依基督，進而成為「虔誠」的基督徒，並按照教規補行與趙四小姐的婚禮。

## 策劃送禮

黃仁霖參與策劃為蔣宋送禮的事例太多了，其中最重要一次國際贈禮，是一九四二年十一月，宋美齡將赴美尋求美國對中國抗戰的支援，需要一件拿得出手的「國禮」。為此，黃仁霖與宋美齡幾番策劃，最終採納了黃仁霖的意見：送給酷愛集郵的羅斯福總統一冊郵集。那是從中國發行第一套大龍郵票起，到抗戰前發行的所有紀念郵票，讓羅斯福非常高興。後來這件禮物，成為國際交往中，贈送「國禮」的經典範例。此事已於前文提及，不復贅述。

宋美齡欣賞黃仁霖的另一種原因，是黃的做事風格，與宋美齡相似。比如策劃送禮，他喜歡在細節上下功夫、找噱頭、出花樣、令人趣味盎然，回味無窮。蔣介石指派黃仁霖作每一項工作，一般只

④ 張友坤、錢進、李學群編著，《張學良年譜》修訂本，頁八七四。

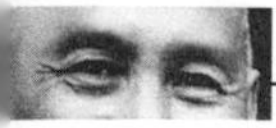

是給出大概情況和要求，撥出一筆錢款，其他就都不管了，全靠黃仁霖去想、去幹。當黃策劃好了，有時甚至不用再彙報，也許是蔣介石對他太信任了，根本不必要、也沒時間來聽彙報。

宋美齡贈給沈慧蓮一件奇特的禮物：那是一顆玻璃珠，裡面有一粒芥菜種子。這件禮物，也是黃仁霖為宋美齡策劃的，他的靈感來自《聖經》裡的一句話：「你們若有信心，像一粒芥菜種，就是對這座山說：你從這邊挪到那邊，他也必挪去；並且你們沒有一件不能做的事了。」⑤宋美齡是有感於沈慧蓮做事有持之以恆的堅定信心，才送這件珍貴的禮物，沈一直戴著它到魂歸天國。這件禮物的妙處還在於，那粒芥菜種子，如何放到玻璃珠裡面去的？沈慧蓮收到禮物不久，便問過黃仁霖，但黃只是笑笑沒回答。他知道，如果說破根由，這件禮物就失去神秘感，也就失去神秘感所附贈的價值，同時：「夫人會很不高興的。」

八・一三淞滬抗戰爆發後，蔣介石命令黃仁霖組織軍委會戰地服務巡迴宣傳車，並隨車攜帶慰問品慰問將士。這些慰勞品是以各界人士捐助的三十多萬元善款購置的。黃接手後，立即開始策劃，然後分別派人去徵車、採購、制定路線、確定人員、限制時間等。他委派侯鳴皋負責發放慰勞品，侯鳴皋將慰勞品交由上海著名的冠生園承辦；每人一條的毛巾，交給三友實業社生產；每人一罐牛肉罐頭、一瓶汽水、一包糖果，是從商店購買；再向胡文虎募捐萬金油、八卦丹；最有意義的是冠生園生產的壓縮餅乾，每人四塊。那時，壓縮餅乾還是稀奇食品，給人一種神秘感，但黃仁霖為它取名字叫「光餅」。「光餅」是明朝戚繼光抗倭鬥爭中，製作的一種特製乾糧，能夠長久保存，因而流傳到民間，被稱為「光餅」。黃仁霖在贈送時，還親自宣講「光餅」的來歷，既鼓舞了士氣，也普及了歷史知識，因而受到士兵們的歡迎。

全面抗戰爆發後，海外華僑向祖國捐贈了大批物資，包括藥品、車輛（救護車為主）、醫療器械、衣物、毛毯等。一九四〇年，黃仁霖根據蔣介石的指令，策劃了幾次派員赴延安慰勞八路軍傷兵員的活動，臨行前再次獲得蔣、宋的批准。他們先與八路軍駐西安辦事處取得聯繫，為延安送去現金和金雞納霜丸、食品、軍毯、軍用水壺等。毛澤東曾設宴款待他們，並向他們回贈了禮物。

自一九四〇年以後，每年的耶誕節前，蔣介石都要向在華、在臺的美軍高官贈送「聖誕禮物」。這類事務，也大都是由黃仁霖策劃的。一九四七年十二月十四日，蔣介石以耶誕節將至，特備輕巧精緻禮物，分贈駐華美軍軍官，即以綢紡料製成小手帕，上面繡一個「蔣」字，共準備了二五三條。據

⑤〈馬太福音〉十七章二十節，《聖經》。

聞，這一策劃，頗的宋美齡讚許。但費用令人咋舌，僅綢紡料的價款就達一四二五萬元。

一九五二年十二月二十四日，在耶誕節前，蔣介石以領帶贈送美軍顧問團（Military Assistance Advisory Group）團長蔡斯（William Chase）將軍，以及該團的其它高級官員，由時任聯勤總部副總司令的黃仁霖將軍親自轉交，並轉告蔣介石的問候：祝聖誕快樂！贈送領帶並不稀奇，珍貴的是製作領帶的材料，竟然是用中國古代遺存的「彩緞」製成。每條領帶在紮結後的正中，隱約有圓形圖案，仔細辨認，原來是古體的「壽」字，它不是後來繡的，而是當時的一種工藝——織錦。這一不特殊但很「特別」禮物，也是黃仁霖策劃的。顯然，這塊織錦彩緞不是普通的民間產物，據稱至少有五百多年的歷史了，很可能是為帝王祝壽特別監織的。整條領帶古色古香，極為精美。

這份禮物是夠昂貴的了，但不瞭解中國古代文化的美國軍人，是否體會到禮品的分量，是否珍惜？值得懷疑。對於古代遺存的彩緞，應該用於考古研究、科學發現，最好的歸宿是保存在博物館裡，而不該輕易的就這樣送了。單從送禮的策劃角度看，這次贈禮是成功的，值得稱讚。但從文物保護出發，應該予以嚴厲譴責。

## 代表蔣宋　實施贈禮

黃仁霖經常代表蔣宋到醫院、戰地慰問將士，每次都有大量贈禮。在那些元老人物生日時，又代表蔣宋，帶著禮物去慰問他們。

一九三三年一月二十六日，宋美齡派黃仁霖向榆關前方將士，送綢緞錦旗一百面，皮背心五千件，毛襪、手套各三千件。

一九三四年十二月，因打敗紅軍，迫使紅軍進行長征，蔣介石為慰勞江西、福建、湖南三省參戰部隊，特撥六千元，交勵志社購買魚乾、糖果、餅乾、罐頭、水果等食品，達千餘箱，運往三省收復區發放慰問。以後每三月犒賞一次。

一九三五年九月，在中秋節到來之前，蔣介石派黃仁霖從上海廣味齋訂購蛋黃、雞腿、滷肉三種，和大號廣式月餅，計三千箱，運往四川，犒賞川軍，以鼓勵川軍圍堵長征中的紅軍。

勵志社在成立之初，有一項工作是在軍隊中做鼓舞士兵士氣的任務，但抗戰爆發後，黃仁霖適時調整工作重點，一度轉移到為前線作戰部隊送醫送藥和慰問，得到蔣介石的肯定。淞滬戰役爆發後，蔣介石派黃仁霖到上海犒賞受傷官兵。他們先後去了三十多所傷兵醫院，慰問了一萬多人。發放的慰問金紙袋上印有慰勉詞：「昔我關公刮骨療毒，忠勇良模，同志毋忽。古語有云：克勤克儉，節衣縮食，免受艱辛……」用當年關公刮骨療毒的典故，鼓舞受傷的士兵，是黃的首創。黃仁霖在他的回憶錄中稱：到抗戰勝利，約有二十萬受傷的官兵，領受到這種犒賞，而獲得慰問的將士，則超過二百萬。

## 結語

可以說，是勵志社成就了黃仁霖，黃仁霖則造就了一個全新的勵志社。黃仁霖的確有那種本事，使勵志社與蔣宋夫婦建立一種特殊關係。在早期，張學良到了南京就去勵志社，就像到自己家裡一樣，隨隨便便的吃飯、休息、看電影、招待他的客人。到了後期，蔣經國、蔣緯國到了成都就去勵志社，就像到自己家裡一樣，隨隨便便的吃飯、休息、看電影，招待他們各自的客人。

晚年的熊向暉曾回憶道：

黃仁霖為人機警，善於奉承，一口流利的英語尤為宋美齡賞識。黃仁霖還有一套辦青年會的手法，開展一些體育文娛活動，說說唱唱，吹吹打打，把黃埔同學會俱樂部搞得門庭若市。那時候，蔣宋夫婦住在南京中央軍校內，也常到勵志社參觀。聽說蔣宋夫婦有一次看見黃仁霖親自在刷洗一個搪瓷馬桶，就認為這個人有苦幹實幹的精神，不但很快提升他任總幹事，而且把家裡事務也交給他去辦了。

說來也怪，像黃仁霖這樣的專以接待、服侍為特長的角色，在西方政壇是不會被欣賞和重視的，而黃仁霖卻非也，他所接待過的西方政要名流，都對他留下不錯的印象，甚至感謝他，事後給予相應的回報，堪稱中國之絕、一代奇才。

國民政府先後授予黃仁霖雲麾勳章、寶鼎勳章、采玉大勳章、景星勳章、勝利勳章、忠勤勳章等榮譽。蔣介石辭世後，黃仁霖受到蔣經國的冷遇，於一九七五年徹底退休，長住美國。一九八三年五月二日，一代奇才，在美病故，年八十二齡。

# 十八 皇親名醫身後貧

骨科名醫牛惠生博士，因慢性腎炎久纏無望，於一九三七年五月四日晨二時，溘然化羽，終年四十六歲。

牛惠生，一八九二年生，一九〇一年畢業於上海聖約翰大學，獲文學學士學位，後赴美國哈佛大學醫學院深造，一九一四年獲醫學博士學位，回國後在上海哈佛醫學校任教授，兩年後再度赴美專攻骨科。回國後任北京協和醫院骨科教授一年，一九二〇年與胞兄牛惠霖共同在上海創辦「霖生骨科醫院」，一九二八年創辦「上海骨科醫院」，繼而任紅十字會總醫院院長，同時在上海哈佛醫學校、聖約翰大學醫科任教，嗣後創辦各種與醫學有關的社會事業。北伐時任北伐軍軍醫總監，隨北伐軍奔走前線，與各地教會接洽救治傷病兵事宜。中外醫界一致推為醫林碩望、骨科聖手。

## 家族關係

牛惠生與宋子文是姨表兄弟。宋子文的外祖父倪蘊山，育有兩子三女，長子倪錫令為牧師，早年傳教途中因沉船溺水而逝；次為長女倪桂清，即牛惠生之母，一八六五年生；三為二女倪桂珍，即宋子文的母親，一八六九年生；四為次子倪錫純，一八八〇年生，為浦東川沙第一位留美學生，頗具才幹，回國後任漢冶萍礦務公司督辦，對家鄉公益事業多有貢獻；五為三女倪秀珍，一八八二年生，嫁給溫秉忠（第二批公費留美學童）。

牛惠生的父親牛尚周，一八六二年生，十一歲時，作為中國首批公費學童，隨容閎赴美留學，回國後供職於江南製造局，為中層技術職員。牛尚周、溫秉忠在美留學時就與宋耀如相識，牛尚周還是宋耀如與倪桂珍相戀的月老。牛尚周與倪桂清夫婦育有兩子兩女，兩子為牛惠霖、牛惠生昆仲，兩女為牛惠珠、牛惠珍姐妹，均從事教育工作，並卓有成就，上海《申報》在介紹兩姐妹時，均稱之為「教育家」。

牛母倪桂清與宋母倪桂珍雖為嫡親姐妹，又同樣篤信基督教，但性格上有些不同，宋母喜歡清靜和遊歷，講究飲食，享受生活。牛母為人處事隱逸，不喜喧囂外張，但熱心公益事業，又具悲憫心腸，對那些老弱無依、流離失所者極表同情，久思建一養老院。宋子文六姐弟對這位姨母較親近，年節及生日多有探視禮贈，特別是母親倪桂珍在一九三一年夏去世後，與姨母往來增多，對姨母每年十一月十六日的壽辰，宋家姐弟不是提出祝壽，就是專車送禮，至少也有代表前來祝賀。蔣宋夫婦更是每年都備有重禮，如墨玉透雕貴妃、瑪瑙寶瓶、蘇繡錦扇、織錦臺布、花插掛燈等，多為宋美齡親自送往，但這位姨媽對此也要「辭之避之」的退讓一番。

一九三四年她的六旬晉九生日，牛氏兄妹四人提議為母親祝壽，倪桂清因「蒿目時艱，不許稱觴」，牛氏兄弟敬遵母訓，以力避鋪張為前提，舉行家慶，不料被教會方面得知，還是備了賀禮、派人前往祝壽。是日在牛惠生住宅舉行感謝禮拜，以「福壽乃上帝所賜」，由李福江牧師領導唱詩祈禱。蔣介石夫婦的壽禮是「大喜黃楊木雕無量佛」一尊、壽字水晶寶瓶一件，財政部長孔祥熙夫婦除送珍貴禮品外，並託宋子良、宋子安代表到場祝賀，宋子文因在南京公務纏身，派夫人張樂怡代為祝嘏。聖約翰大學校長卜舫濟博士、中央委員宋慶齡及孫科夫人等中外名流、學者數十人皆虔誠參加禮拜，藉申慶祝。當晚還舉行祝壽宴會，佐以音樂、清唱。牛母囑子女將所收壽儀，連同自捐萬元在上海北橋建養老院，可收容貧叟寡嫗數百人，終於實現她多年的願望。牛氏兄弟則向親友表示，待養老院建築竣工，當邀請前往參觀，以示對母壽時不發請柬之歉意。①到轉年她七十壽慶，祝壽的人們卻怎麼也找不到壽星何在。

孫中山與牛尚周是好友，對他的子女們也很關愛。牛惠霖與劉義基結婚時，孫中山送的賀禮是一

只銀盾，上面刻著：「惠霖先生義基女士　鸞鳳和鳴　孫中山賀」。宋慶齡與牛惠霖關係密切，稱他為「大阿哥」，常有往來。他的大女兒牛恩美，每年春節均與宋慶齡互贈新年賀卡。小女兒牛恩德是美籍華人鋼琴家。一九七七年夏，牛恩德由美國回大陸旅行，一到北京就去看望表姑媽宋慶齡。那天天氣特別熱，宋應齡留她用餐，還親自下廚掌勺，燒了海參烹對蝦、咖喱雞等幾樣可口的菜點。她們邊吃邊談，宋慶齡關切地詢問她工作、學習、生活狀況以及在美國的親朋好友近況，其樂融融。牛恩德返美前，宋慶齡特地去北京榮寶齋買了一本緞面冊送給她，並在冊頁上面寫有：「望你手下的琴聲奏出欣欣向榮的景象　恩德留念　宋慶齡　一九七七年八月」。

## 兄弟名醫

牛惠生與胞兄牛惠霖均為當時名醫，在國際上卓有美譽。

牛惠霖，一八八八年生，畢業於上海聖約翰大學，獲醫學學士學位，赴英國入劍橋大學、倫敦醫學院就讀，回國後任上海中國紅十字會總醫生兼名譽外科醫生、仁濟醫院醫生、聖約翰大學醫科教

①《申報》（上海），一九三四年十一月十八日，第十版。

授、中國全國醫學會會長、中國醫學會上海分會會長。牛惠生專長骨科，一九二六年獲得美洲醫術學會名譽會員。牛惠霖卻一專多能，擅長外科，兼治內科、肺科、婦產科、眼科和耳鼻喉科等。中華醫學會於一九一五年成立，首任會長為顏福慶，第五任會長是牛惠霖，第八任就是牛惠生，並且連任兩屆。他們兄弟共同在上海創建「霖生醫院」，美譽廣播，並分別在福煦路（今金陵西路）和南京路（今南京東路）設立診所。為方便病人就診配藥，還在南京路開設利濟藥房。

一九二三年日本關東大地震時，牛惠霖率領中國紅十字會救護隊東渡救援，獲得日方表彰，並贈送紀念勳章。一九三二年淞滬抗戰時，牛氏兄弟都參加了宋慶齡、何香凝等組織的救護工作。牛惠霖擔任上海市地方協會救護傷兵第一醫院院長、公共租界萬國商團華隊軍醫長。一九三七年八・一三抗戰時，牛惠生已病逝，牛惠霖因患重病在嘉興治療，但他毅然趕回上海參與救護傷病軍民的艱巨工作，受到各界的讚揚。

當時的中國生理學會會長朱恒璧教授，在五月八日的牛惠生大殮儀式上，致詞回憶說：他有一位朋友，害了骨病，跑到美國去找專家求治。美國專家問他為什麼捨近求遠？朋友回答：中國沒有好的醫生。美國專家告訴他：中國有世界最著名的骨科專家，他叫牛惠生，就在上海！

從牛惠生開辦骨科醫院，到他去世的十七年間，共實施大小手術五六〇〇次，有時一天就實施

六、七次。這些手術是怎樣進行的？對於大型的重要手術，每次在手術前，他都要先把相關的資料和病人的實際情況相比對，認真研究一番，制定嚴格的手術方案。開刀前一天晚上，家人絕對不許和他說話，好像古人祭天地、祭祖宗時齋戒沐浴一樣虔誠，靜思手術中的每一個細節。開刀時的所有消毒手續，他都要親自檢查。別人辦醫院發財，可他的醫院，常有虧累，因為他的病人，即使沒有錢，不能繳費，他也一定要把人家治好才放他走。當時中國西醫界分屬許多不同的派別，彼此不聯繫，甚至對立。他很痛心，努力勸說他們消除成見，聯合起來，終於使有四十多年歷史的博醫會和中華醫學會合併，英、美、德、日、法、義等國的會員都有。朱教授哀傷的感歎道：他死了，中國找不到像他一樣的骨科醫生了，他是真正擔當起中國西醫學界「泰斗」二字的人。

對於朱恒璧的回憶，這裡還有一個補充：一九二〇年，英國駐香港總督患重病，致電外交大臣請求回國醫治，並詢問欲請最好的骨科醫生。外交大臣將電報轉給英國衛生部門。總督很快就收到衛生部門的專電，請他與上海新創辦的霖生醫院院長牛惠霖處「往診」。總督半信半疑的與上海哈佛醫學校聯繫，以求確認，該校誠摯推薦牛氏兄弟。不久牛氏兄弟前往香港，即治癒，此事轟動香港，譽傳醫界。

牛氏兄弟以孔子「有教無類」的精神對待病人，所以，在霖生醫院是「有醫無類」。來找他們看病的，上至國家元首，下有普通百姓或者乞丐，甚至還有四處躲藏的共產黨將領，但在兩兄弟眼裡，只有兩個字——病人！黃埔學生陳賡是中共高級將領，曾臨戰左腿中三彈，脛骨、腓骨被打斷，行軍途中簡單手術卻給接歪了，兩月輾轉尋醫使傷勢惡化。經過組織的聯繫，陳賡找到了牛氏兄弟，起初牛惠霖懷疑他的腿是盜竊作案時摔傷的，雖經陳反覆解釋，未能消除猜疑。陳賡只好說出自己的真實身分，牛惠霖再與表妹宋慶齡聯繫，終於獲得諒解。但像他這種病情通常只能截肢，因陳賡的堅決反對，牛氏兄弟最終重新給他接起來，保住了這條腿。如果不是牛氏兄弟冒著極大的政治風險和高超的醫術，真難以想像。陳賡對牛氏兄弟非常感激，多年後每每提及，仍讚不絕口。

一九二一年八月，工商界名流穆藕初因連日勞累染疾，「來勢甚重之痢疾，綿延至六十餘日，病至不起。」初被中醫誤診至病情加重，後請某西醫診視亦無效，又入某西醫院治療，雖花費甚巨，卻對病人極為漠視，仍未起效，穆藕初極為不滿。通過歐美同學會的介紹，該會會員牛惠生於十月十七日到醫院視疾，見穆氏所食「油膩甚重」，即詳告之：「患痢者之所忌，及調攝方法。」穆氏「毅然出院，即敦請牛醫生到家診治。」牛惠生未施一藥一針，未收一分一文，即告痊癒。穆藕初為感謝牛惠生，於十二月十五、十六兩日，在《申報》上發表〈穆藕初敬謝牛惠生醫生啟〉。②

一九三四年二月十六日下午三時，翁文灝、王竹泉由南京赴杭州，在行至武康縣洋橋附近發生車禍，翁頭部重傷，當場昏迷，一小時後被行經此處的長途汽車發現，送往武康醫院搶救，次日轉杭州廣濟醫院。此次車禍，驚動各界，連在美國出版的華僑報紙《大漢報》也予以報導。在南昌的蔣介石得知，立即連發三電：一是致浙江省主席魯滌平，速派牛惠霖駐杭州（時已在杭州），負責對翁治療，並延請有關專家、名醫到杭會診；二是電慰翁文灝本人：

> 翁詠霓鑒：頃接陳布雷兄筱（十七日）電報，告兄在武康撞車遇險，至深繫念，當即電牛惠生醫師馳杭專為診治，請兄安心調養為盼。中正秘贛

三是電請陳布雷代表他就近前往致慰。胡適閱報後「幾乎落淚」，認為「此種人才，世間稀有，豈但是一國之寶而已？」在醫院病榻上的丁文江「雙淚齊墜」，次日即要南下看望，被醫生所勸阻。張壽鏞偕德國醫生趕赴杭州，汪精衛亦有電慰。二月十九日，經牛氏兄弟、中央醫院沈克非、德國醫生及廣濟醫院三天來的四方會診和治療，已「無性命之憂，可不必手術」，並能「進牛奶和開水

② 穆家修、柳和城、穆偉杰，《穆藕初先生年譜》（上海：上海古籍出版社，二〇〇六年），頁二三七、二四一。

了」。

由此可見，一旦遇到重大意外傷害事故，蔣介石立刻想到的，就是牛氏兄弟。

一九三五年十一月五日下午四時，張靜江乘車赴湯山沐浴療養，將抵達時，在一斜坡處翻車引起車胎爆炸，傷及右腿。第二天就得牛惠霖的診治，為他扶正接骨。當時蔣介石、居正、孫科等人也正好趕來探望，目睹了牛惠霖的診療過程，「均有親聞所見的感慨」。③張靜江對牛惠霖至為感激，當牛惠生大殮出殯時，張靜江不顧自己的殘疾病腿，遠道親來送葬，哀以熱淚，撫棺不起。

汪精衛於一九三五年十一月一日，在南京開會合影時突遭遇刺，即請牛惠霖、牛惠生及德國諾爾醫生診療，他們根據病情研究後建議：這種傷害稍有偏離，會導致左臉癱瘓，最好由南京中央醫院的骨科主任沈克非主治，汪精衛立刻點頭應允。沈不負眾望，順利為汪取出左頰子彈。出院後，汪贈沈克非六尺大銀匾，上有「極危起廢」四字，讚揚他的高明醫術。此匾於十一月二十四日送到中央醫院時，另贈沈千元酬謝，又向中央醫院的附屬護士學校補助四〇〇〇元經費。④不久，沈克非升任中央醫院院長。汪精衛夫婦對牛氏兄弟的醫德和精湛的醫術極為敬佩，陳璧君親自到牛惠生家拜謝，贈以厚禮。十一月二十一日，汪精衛來滬療養時，又兩次延請牛氏兄弟及諾爾醫生會診。

一九三七年四月十八日，蔣介石在溪口辦理完胞兄蔣介卿的葬禮後，與夫人飛上海靜養，但他總是擔心西安事變時的腰部創傷，便請牛惠生來檢查身體。儘管這時牛惠生的病情也很重了，但仍堅持前往，牛夫人心痛的勸他不要帶過多的東西，甚至建議他向蔣介石說明情況可以不去，也可推薦別人。牛惠生一邊準備醫械，一邊咳嗽著說：我不是把他當作親戚，更不是看作什麼領袖，只是作為我的普通病人的一次正常出診，怎能不認真準備？經他的檢查，蔣介石的身體基本康復，只是近來過多勞累，需要靜養一段時間，另外給他開了一些醫治牙齒的藥，蔣介石這才放心。

事後，宋美齡從表嫂徐亦蓁那裡得知表兄的病情，立即轉告蔣介石，蔣非常感動，派錢大鈞前往慰問。那時孔祥熙恰好在英國訪問，並為中央醫院代購了一批醫療器械，由宋美齡做主，轉贈給了上海「霖生骨科醫院」一部分。原來，宋美齡已派人瞭解過，所以，轉贈的醫療器械，正是霖生醫院所需要的，但牛氏兄弟堅持要照原價付費。宋美齡非常清楚，霖生醫院此時是絕對拿不出這筆費用的，便安慰說：請不要為錢的事再費心思了，我已經付過了錢。

蔣介石兩次派代表探病時，送去的禮物有：象牙筷子、汽鍋雞、人參、虎骨、鹿茸、燕窩、蟲

③《民報》（上海），一九三五年十一月七日，第一張第二版。
④《民報》（上海），一九三五年十一月二十五日，第一張二版。

草、蛇酒、阿膠等名貴中藥和滋補品，都是中草藥，⑤今牛惠生夫婦頗為意外。據分析，蔣介石對汪精衛搞得「廢止舊醫」運動是不滿意的。

## 反對中醫

當然，也有的病人遭到牛氏兄弟拒絕治療，但極為少見。一九三五年十二月二十五日，外交部次長唐有壬在上海家門口遇刺後，唐夫人當即將他送到霖生醫院，經牛惠霖診察，認為已無可救藥，雖經唐夫人再三懇求，仍拒絕留院。唐夫人只得急送金神父路廣慈醫院，未及到達，即在車中氣絕。⑥這也說明牛惠霖醫術高超，對傷情判斷十分準確。

牛氏兄弟在對待中醫的存廢問題，均十分矛盾，一方面兩人同樣激烈的反對中醫，是廢除中醫的積極分子。另一方面，又是實事求是的醫生，當他們遇到棘手的難症時，也會真誠地勸病家找中醫名家治療，而且還提供自己的判斷意見，協助中醫。汪精衛是第二次廢除中醫運動的幕後主使，一九三二年出任行政院長後，再次通過牛惠生、顏慶福二人，向立法院提交了「廢止舊醫」的提案。汪對制定的「國醫條例」尤為不滿，在中政會上一再提出反對意見，認為「此事不但有關國內人民生計，亦有關國際體面，今若授國醫行政權力，恐非中國之福。」有時汪不便自己出面的事，便通過褚



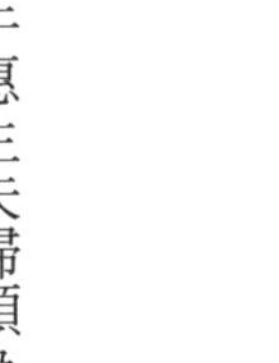

民誼、顏福慶、牛惠生等人，在公開的和暗中分別來推行。

## 牛夫人徐亦蓁

徐亦蓁，江蘇昆山人，一八九四年出生基督徒家庭；一九一五年就讀於南京新創辦的金女大，一九二二年赴美入紐約哥倫比亞大學師範學院，主修教育行政，副修心理學；一九二三年獲教育碩士學位。回國後在上海從事教育工作，先後主持盲童學校、教會免費學院及孤兒院等教育機構。

一九一九年，南京金女大第一屆畢業生只有五名，其中就有徐亦蓁和吳貽芳。她們五人在畢業時相約發誓，要一生都不結婚，以便全身心的「為社會做貢獻！」一九二三年徐亦蓁遇到了牛惠生，她被他的高超醫術和敬業精神，以及謙和的君子風度所感動，不久便不能自拔，決定嫁給他。於是她找來其它四位盟誓的姐妹，述說自己如何改變初衷，請求原諒。沒想到四姐妹不但沒有責怪，反而為她遇到這樣好的郎君而為她慶幸。一九二四年徐亦蓁在姐妹的祝福中，披上了婚紗。婚後，她可以更好

⑤《人民晚報》（南京），一九三七年四月十一日，第二版；一九三七年六月三日，第二版。
⑥《傳記文學》（臺灣），二〇〇八年八月，頁四一。

的協助牛惠生的救死扶傷事業。以前，五姐妹相聚，一直沒有一個穩定的場所，婚後，她的家竟然成了姐妹們相聚、議論國家大事、討論社會公益事業的最佳場所。而牛氏兄弟創辦的骨科醫院，在徐亦蓁的協助下，很快成為遠東第一所現代化的骨科專業醫院。

一九二八年，金女大董事會改組，徐亦蓁當選董事會主席，吳貽芳當選校長。抗戰爆發後，徐亦蓁抑制住喪夫的悲痛，投入緊張的救護工作，先後擔任國際紅十字會上海分會執行委員、難民營衣服工作組負責人、志願護理大隊長、搶救負傷市民醫院院長、全國學生及孤兒救濟會主席等職務。一九四三年再赴哥倫比亞大學深造，獲女生訓導長專業執照。一九四五年初入選美國女生訓導長協會委員，成為第一位，也是當時唯一的中國籍女會員。一九四五年吳貽芳出席聯合國制憲會議，聘請徐亦蓁為私人顧問。一九四六年徐亦蓁出任聯合國婦女地位委員會的中國代表，她的發言與意見常使其它國家代表刮目相看。同年十月回國，創立全國大學婦女協會，任副會長。其後，金女大校董會組建諮詢委員會，被推舉為主席。一九五一年「金女大旅美校友會」在紐約成立，當選第一任會長。一九五五年應聘在俄亥俄州西方女子大學任教，先後任歷史系講師，新生輔導及訓導主任等職，素為美國教育界人士所敬重。六十五歲退休時獲該校榮譽博士學位，晚年多次向臺北金陵女中捐款。一九八一年二月一日，在佛羅里達聖彼德堡市療養院去世，享年八十七歲。遺囑將骨灰撒入大海。

## 中外同悲

牛惠生患胃病有十四年了，不幸又染上白喉，繼發慢性腎炎，海上名醫王邦椿直言道：此病是「該死的病」，言下之意是根本無法治癒的病，但纏病三年未能影響他的醫事活動，終入膏肓。彌留之際，尚關切醫學事業，諄諄告誡家屬：我走後，喪事一切從簡，棺木不得超過四百元，並希望親友不要賻贈奠儀、花圈幛聯。如有贈送，將全部捐助杭州廣濟醫院，作為充實骨科設備之用。牛惠生僅遺一子，中文名康民，西名彼得，年僅九歲，在上海中西小學就讀。

牛惠生逝世後，當即停靈於萬國殯儀館（今上海膠州路假肢廠），親友組織治喪處，連陳璧君也側顧其中，跑前跑後，非常熱心。霖生醫院所屬的「牛致遠堂」於六日在《申報》刊出「報喪」啟事，稱：

> 牛惠生醫師，痛於五月四日上午二時五十分，疾終正寢，茲定於五月八日在上海膠州路萬國殯儀館大殮，即日舉殯，安葬虹橋萬國公墓，哀此報聞。牛致遠堂謹啟。再：遺命身後，喪葬從簡，親友勿饋花圈，如贈賻金悉數捐助杭州廣濟醫院小兒骨科部基金，尚希矜鑒。

一連刊出四天。

各界唁電唁函如雪花一般飛來，宋美齡唁電懇辭淒切：

牛博士一生為國家為社會奔走，犧牲個人生命，其斯成就，將永垂歷史，非特為醫界之模範，亦全國公民之表率。一旦溘逝，萬分悲惜……⑦

中政會主席汪精衛發來唁電：

牛夫人徐女士惠鑒：驚悉惠生先生逝世，中國醫界失此名彥，至深悼惜，謹電奉唁。汪兆銘歌

發來唁電的有廣東省主席吳鐵城、北大校長蔣夢麟、銓敘部次長劉紀文、曾仲鳴，以及教育部醫學教育委員會、金陵大學、聖約翰大學、聖約翰大學校長卜舫濟、衛生部、紐約金陵大學董事會、齊魯大學醫學院等，甚至還有北平燕京大學校務長司徒雷登。

五月四日前來弔唁者有：宋子文、劉瑞恒、顏福慶、金寶善、朱恒璧、徐士浩、陳叔通、陳璧君、陳鶴琴等數百人。送輓幛花圈者有蔣介石夫婦、汪精衛夫婦、孔祥熙夫婦、宋慶齡、徐堪、陳行等數十人，祭堂一片潔白，哀樂低吟。⑧蔣介石、宋美齡合送的大花圈，中間一個最大的花朵為八重十六瓣，是用純銀片製成的，襯葉是紫銅片的，很是逼真、格外醒目。⑨

五月八日上午，在萬國殯儀館舉行大殮，中外名流前來弔唁、執紼者有宋氏三姐妹、宋子文、劉瑞恒、李廷安、陳叔通、王曉籟、袁履登、徐佩璜、金善寶、張靜江、周象賢、蔡勁軍、黃仁霖、董顯光、顏福慶、朱恒璧、杜月笙、龐京周、汪企張、晉文穎等。居正派陳賢賡代表、黃金榮派王文奎代表、褚民誼派許曉初代表等千餘人。首先在化裝室整容，再穿以博士服，隨即入棺，所有往吊親友，在棺木旁循行一周。下午二時舉行殯葬典禮，朱恒璧、馬雅各博士等講述牛惠生的事蹟。家屬代表牛惠霖致答詞，旋即出殯至萬國公墓，以宗教儀式安葬。⑩

## 身後家貧

牛惠生從醫多年，雖收入豐厚，但創辦多種醫學機構，盡數花費私蓄。又如他兼任的中華醫學會

---

⑦《新聞報》（上海），一九三七年五月五日，第八版。
⑧《大美晚報》（上海），一九三七年五月五日，頭版。
⑨《人民晚報》（南京），一九三七年五月六日，第二版。
⑩《時代報》（上海），一九三七年五月九日，第三版。

會長、中央衛生委員會委員、醫學教育委員會委員、法醫審查委員會委員、防癆協會理事長、痲瘋病救濟會董事長、慈幼協會董事、全國醫師聯合會執行委員兼會計等，非但沒有津貼，反而要拿出錢來補助它們。此外，牛氏兄弟還常向公益事業捐贈，如為紀念父親，兄弟倆聯名向母校上海聖約翰大學捐款，設立「貸學金」，指定給文理學院每年每級可允許一名學生借款一百元，其在離校後四年中，連同利息一併歸還學校。⑪至於賑災救濟捐款，則難以數計，所以，到他去世時，家中已無餘存。

喪事結束後，徐亦蓁就為籌措追悼會的費用而發愁，她本人生活也很清苦。後來籌到一筆錢，準備在十月份舉行，不久抗戰爆發，錢也挪做急需。還是由上海醫師公會、全國醫師聯合會等團體籌款並發起，以「上海各界」名義，終於在次年的五月三日，即牛惠生的週年忌日舉行。儘管徐夫人孤兒寡母的生活清苦，卻婉謝宋子文、孔祥熙等人的贈款，還秉承丈夫的遺願，向中華醫學會捐出一一六〇〇元。這筆款項中的一萬元，是牛惠生在英美菸草公司做兼職醫師十二年的撫恤金，六百元是他作為中山醫院院長時，早就應該支付的車馬費、一千元是無法退回的數位「無名者」捐贈的賻儀金。為中華醫學會遵牛惠生遺願，以一萬元作為圖書館費用，一千元作為醫院開支，六百元用於教學。⑫為表彰牛惠生對中華醫學事業做出的巨大貢獻，中華醫學會將所屬圖書館改名為「牛惠生圖書館」。一九三九年牛夫人代表已去世的丈夫，再次向中華醫學會捐助四千元美金，支援骨科醫學的研究工作。

⑪熊月之、周武主編，《聖約翰大學史》（上海人民出版社，二〇〇七年），頁六六。

⑫《新聞報》（上海），一九三八年五月十七日，第十四版。

# 十九 為棒球王賀婚贈禮

臺灣的棒球運動，已有百餘年的歷史了，並且深受日本棒球運動的影響。日據時代的棒球運動，具有濃厚的殖民主義色彩。戰後初期（一九四五—一九六〇年），民眾生活困苦，娛樂活動不多，觀賞棒球逐漸成為一部分庶民的消遣方式。一九七〇年代，臺灣的棒球運動開始進入三級棒球的狂飆時期。一九八〇年代以後，開始在國際間揚眉吐氣。而旅居日本的華人棒球運動員王貞治，成為臺灣民眾的敬仰人物。

## 王貞治及家庭

王貞治有一半的中國血統（母親是日本人），於一九四〇年五月二十日，出生在日本東京都墨田區。他的父親王仕福，一九〇一年出生於浙江青田縣一戶種山茶的窮苦人家，曾被叔父寄養，因日子太難熬，於一九二二年和同村人一起，漂泊到日本東京做苦力。第二年卻因日本發生關東大地震，以及其他一些因素，被日本政府強制遣返回國。因三餐無繼，兩年後不得已再次偷渡日本。

在日本的艱苦生活中，王仕福認識同樣困苦的日本姑娘，富山縣的當住登美。兩人於一九二八年結婚，按照中國習俗，日本妻子隨夫改名為王登美。婚後，夫妻倆在東京都墨田區開了一家名為「五十蕃」的中餐館，生活日漸改善。他們育有兩男三女，長子名鐵城，老二幸江和老三順子均為女孩，廣子和貞治是異卵龍鳳胎，廣子出生十五個月後，得天花夭折。

鐵城比王貞治大十歲。鐵城在讀書時就是標準的「棒球迷」，常騎自行車帶著貞治去看棒球賽。王貞治在小學五年級時，一次觀看球賽，得到一位棒球名將的親筆簽名，他興奮極了，從此，在他幼小的心靈裡，立下從事棒球運動的決心。可是父親因苦難的生活經歷，迫使他想讓長子鐵城學醫，次子貞治當電氣工程師。鐵城沒有辜負父親的期望，幸運地考上慶應大學醫學系，後來成為一名出色的醫生。但王貞治是家中的老么，備受寵愛，而且還特別調皮搗蛋，學習成績也不好，真讓雙親頭疼。為了消耗他旺盛的精力，父親接受友人的建議，讓他跟著哥哥打棒球，在鐵城的引導下，王貞治的球技日漸進步。

王仕福晚年飽受病魔的煎熬，幾乎是在病床上度過。他一直沒能實現自己的願望——回浙江青田老家，家鄉人卻為他買好了墓地。一九八五年八月二十五日，因肺炎病逝，享壽八十四歲。當時王貞治正在外地比賽，得知噩耗，他無法立即奔喪，只得雙手合一，對著父親的方向，默默祈禱。二〇一〇年八月十六日，母親王登美辭世，享年一〇八歲。王貞治於八月十七日，通過球隊對外界表示：「母親頤享天年，雖在漫長的人生中經歷許多坎坷，但作為兒子，我為母親頑強地面對生活而感到驕傲。」

## 世界棒球王

王貞治身高一七九公分，壯碩魁梧，英俊挺拔，臂力過人。一九五九年進入讀賣巨人隊，成為職棒球員，簽約金為一八〇〇萬日圓。同年六月二十五日，在昭和天皇親臨現場觀賽的「御前試合」中，王貞治與長嶋茂雄同場擊出全壘打，演出史上第一次的「ON砲」。

一九六二年，王貞治隨讀賣巨人隊赴美國佛羅里達州春訓，首度辦理中華民國護照，也是王貞治第一次離開日本。這一年也是他最不平凡的一年，他創造了「王式」擊球絕技——「金雞獨立」姿勢（又稱「稻草人式」）。這一獨特擊球姿勢，猶如一尊蘊含著力與美的大理石塑像，深深地定格在億萬觀眾心中。並於當年獲得「日本職棒全壘打王」、「日本職棒打點王」，標誌著日本棒球史上「王貞治時代」的開始。


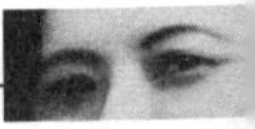

一九六四年，第三次獲得「日本職棒全壘打王」、「日本職棒打點王」，並創下單季擊出五十五支全壘打的日本職棒新記錄。此項記錄直到二〇〇一年以後才被追平。一九六五年，他第四次獲得「日本職棒全壘打王」、「日本職棒打點王」、「日本職棒年度MVP」，由此，讀賣巨人隊獲得年度總冠軍。球季結束後，首度訪問臺灣，並受到蔣總統父子的接見。一九六六年第五次獲得「日本職棒全壘打王」、「日本職棒打點王」。讀賣巨人隊第二次獲得年度總冠軍。

一九七七年九月三日，在東京後樂園棒球場，他創造了七五六次本壘打的世紀新紀錄，從而登上了「世界棒球王」的寶座！當時他的父母也在場上為他加油，他跑到場邊對父母說：「二老辛苦了！」更難得的是，美國運動員漢克・阿倫（Henry Aaron）創造的七五五次本壘打，是在第一二三六四次擊球時完成的，而王貞治破紀錄時的擊球數只有八千次。日本國會召開緊急會議，為他設立日本「國民榮譽獎」，他同時也是第一屆國民榮譽獎得主中，唯一的非日本國民獲獎者。此後他又創造了最高本壘打紀錄是八六八次，直到目前仍無人能破。因而他也被人稱為「國民英雄」、「世界奇才」，成為受人敬仰的一代「棒球王」。

一九八〇年十一月四日，王貞治含著依依不捨的心情，退出了馳聘二十二個寒暑的球壇，一號球衣便成為巨人隊的永久缺號之一。新任日本首相鈴木發表講話，對他的退役深表惋惜。

一九八二年，日本文部省作出決定，將王貞治《自傳》中的一部分，編為《中學道德教材》，印發全國。日本文部省把王貞治作為國民的道德楷模，並不是著眼於他的豐功偉績，而是看重他那「厚道的中華人品」——謙虛、敬和、刻苦、向上的品德。

## 國籍問題

儘管王仕福婚後生子，家庭美滿、經濟安定，卻從不以日本為他的家，落葉歸根一直是他要圓的一個夢。正因為如此，雖然旅居日本多年，但始終一口濃重地青田話，而日文卻並不流利。他的理由是：「早晚要回中國，何必費心費時學日本話？」

抗戰時期，除王仕福依舊持有中華民國國籍外，其餘家庭成員，均以母親登美的姓氏為姓，登記為日本籍。抗戰勝利後，王仕福毅然將全家脫離日本國籍，並順利取得中華民國國籍；妻子登美的姓氏也再次更改為「王」姓。王貞治將父親的「中國觀」，徹底灌輸在對女兒的教育上，「我們是中國人」，成了他耳提面命，不斷在後輩面前重複的一句話。

一九五七年，王貞治帶領早稻田實業高校隊，打進甲子園，取得代表東京都參加全國運動會的資格，九月初卻接到國體事務局的通知，王貞治因不具有日本國籍，不能參加國體比賽。高中畢業後，

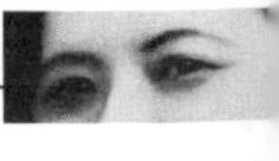

由於他拒絕放棄中華民國國籍，日本許多職業棒球隊將他拒之門外，唯獨不計較國籍的著名職業球隊「巨人隊」獨具慧眼，將他招入，並於一九五八年十月四日，在東京會館為他舉行隆重的入隊儀式，當眾把一號球衣授予了他。成為職業球員後，仍有球迷以及隊友因國籍而嘲弄、辱罵他，甚至還有更出格的事件發生，但是王貞治以優異的成績，改變了那些不友善人的偏執觀念。一九九七年日本「新歷史教科書編成會」，把他列入知名日本國民名單，因為百分之九十的日本國民認為：王貞治已經是日本人了。而王貞治仍以「我不是日本人」為由，要求更正。

一九七七年九月三日，當王貞治擊出七五六次「全壘打」，刷新了世界紀錄後，整個日本都沉浸在歡樂與興奮之中，引起了全球的矚目。當記者來訪時，要他談談對榮譽的感想時，他不假思索地回答說：「這屬於中華民族，也屬於日本人民。」

國際政治風雲的變幻，也影響到王貞治與父親在國籍問題上的不同態度。一九七二年，臺灣與日本斷交，隨即日本與北京建交，王仕福改用「中華人民共和國護照」，雖然有人解釋說：「此事無關政治，而是打從心底，就情感認同而言，在大陸、在青田那塊地方才是王仕福的『家』，而非臺灣那個小島上。」但王貞治仍然堅持他的原有護照。為此，王仕福在臨終前，曾詢問過兒子關於「歸化」問題。

王貞治一家的「中華民國護照」，曾給他們帶來一些不方便。一九六三年，法國航空公司招待日本職棒兩聯盟冠軍隊總教練，和最有潛力球員前往歐洲旅遊，王貞治就因此不能進入當時已和大陸建交的英國。一九九二年王貞治以球評身分前往巴塞隆納參加奧運會，原本打算順道到葡萄牙一遊，也是因簽證不好辦而放棄。他的三個女兒也常常為不能進入、或路過順便遊覽某些國家而抱怨：一句中國話都不會說，卻拿著中華民國的護照，讓人家看了怪怪的。但王貞治還是那句話，自豪地說：「我們是中國人，不要忘了！」

直到今天，王貞治是日本職業球壇中，身價最高的冠軍總教練，在日本已擁有無可取代的地位，但他仍然說：「我現在還是拿中華民國護照，中華民國需要的時候，我必誠心地來幫忙。」他的確是說到做到：只要是臺灣棒壇的重要事件、紀念日子，不管是請他回來開球，還是剪綵儀式，甚至是跑聖火，他都不會拒絕。人們記住了他的一句名言：「雖然我出生在東京，雖然我不會說中文，但無論走到哪裡，我都會說：我是一個中國人！」

## 婚事

王貞治成名後，引起各界關注，僅在東京就有成千上萬的女孩子，瘋狂的追求他，他的一舉一

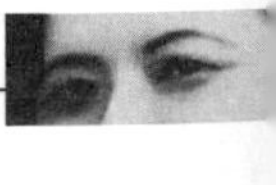

動，髮型衣著，哪怕是一個眼神，都會成為女孩子們的熱議話題。對於王貞治的婚事，父親原主張娶一位中國姑娘，將來也好一同回國，建設國家。但限於交友環境，王貞治的機會太有限了。

在王貞治參加比賽的不同賽場，經常出現一位與眾不同的女觀眾。她有著令人喜愛的鵝蛋型臉龐和修長的身材，嫺靜地安坐在觀眾席上。她並不為雙方的勝負而鎖眉或開顏，卻只為王貞治的好球而頻頻微笑。她那明眸的秋波，總是伴隨著王貞治的奔跑而不斷轉動。原來，在她那純潔而神秘的心靈中，已經在蘊藏和萌發著少女的熾熱戀情了。一天，王貞治剛下場休息，一雙纖細的手遞過紀念冊，請他簽名留念。這真是「球為紅娘、筆作月老」，王貞治記住了這位獨特的「球迷」——小八重恭子。

王貞治一直保密他的戀情，直到一九六六年春，他才向父親表示，已與二十一歲的小八重恭子相戀六年，決意訂婚。老人頗感意外，問明情況後沒有堅持他原來的觀點，在約見女方之後，向未來的親家提出一個條件：「婚後恭子小姐，一定要加入中國籍。」女方父母對王貞治的「國籍」問題，早就做了認真研究，所以並不意外，十分痛快的就接受了。在宣佈訂婚之後，歷來做事有板有眼的王仕福，仍不放心，在繁忙的籌辦婚事中，特別約見「旅日華僑王貞治後援會」的負責人丁慶祥，一起去拜訪女方家長，把加入中國國籍這件大事，再度鄭重提出，小八重老先生也對此很認真，並再次表示同意，王仕福邀小八重共同特請丁慶祥作見證人。可見王老先生對這件事毫不含糊的堅決態度。他對中國的執著熱愛，自然也成為深深影響王貞治，愛國情懷的因素之一。

從訂婚到結婚的十一個月間，王貞治至少在生活情緒上安定了許多，他那一度「最吃香的單身哥兒」的身分不復存在，不必為難以數計的多情小姐們的纏綿而煩心，也不必再像以前那樣偷偷摸摸的與心上人約會。他在棒球場上也揮灑自如，更顯神威。嫻淑文靜的恭子小姐在宣佈訂婚後，再也不會像過去那樣，躲躲閃閃的不敢公開與情郎見面了，經常陪同王貞治出席「王貞治後援會」組織的各種活動，不但關照王貞治的生活，也殷勤照料華僑球迷。她時常在公眾場合鑽入人叢，把王貞治從熱情的人海圍困中「救」出來，為一些被擠在圈外的華僑女孩子簽名。她還常常抱了一大捆球棒模型，到王家附近為等候簽名的孩子們，贈送王貞治的照片、球棒模型、代替王貞治簽名，她是最受孩子們歡迎的「阿姨」。

然而，恭子小姐還有一項重要的「任務」，那就是要認真學習中國習俗，讀一些有關中國歷史、文化的書籍，熟悉中國傳統的制饌、禮節、服飾。她最喜歡而經常佩戴的，是一付珊瑚耳環及扣花，那是在她的訂婚儀式上，外交部長魏道明的夫人贈送的。她最喜歡的服裝，是中國的旗袍，她非常欣賞蔣總統夫人得體、素雅、鮮明的旗袍，為此她時常向臺灣駐日本使館武官陳昭凱的夫人，商借各式



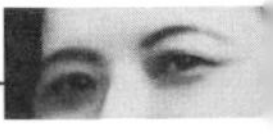

旗袍和服裝，作為她仿製的樣本。她的日本朋友們都說：婀娜多姿的恭子小姐，穿上旗袍，簡直就是一位標準的中國大美人。

他們的婚期，定在一九六六年十二月一日，在臨近婚期前的一段日子，日本各大旅行社，爭相向「旅日華僑王貞治後援會」申請，為他們設計、安排蜜月旅行的行程。就在那些五花八門的設計方案，令王貞治躊躇難決時，剛從臺灣為蔣總統祝八十大壽返回的王仕福，提出自己的主張，建議把臺灣作為蜜月旅行的第一站，恭子小姐搶先表示贊成，因為她早就想見到蔣總統夫人，欣賞她優雅的氣質和美麗旗袍。王貞治在一年前曾回過臺灣，並受到蔣介石的召見，祖國同胞的溫情熱愛，至今令他難忘。他馬上打電話通知「旅日華僑王貞治後援會」確定，「後援會」又代為選定了旅行社。此事一經宣佈，千千萬萬的球迷，和日本佳麗們，無不羨慕這位幸運的中國新娘子：祝賀，祝賀！早生貴子啊！

## 蜜月之行

王仕福所經營的中餐館，日漸紅火，後來還開設連鎖店。他在日本的華僑中，也有了一些知名度，還經常參加僑團舉行的各種活動，如臺灣的一些重大事件、國慶、蔣介石的生日等，都有他的身影。王貞治於一九六五年第一次訪問臺灣，就受到蔣介石的接見，他對蔣介石十分敬仰，對臺灣有很好的印象。蔣介石欣賞王仕福的愛國之情，更看重王貞治在「國籍觀念」上的正確選擇和堅持，認為這實在是臺灣的一大榮譽。因此，對於這樣一位世界級體育明星的婚事，蔣介石和夫人都表現出格外的關注。

十二月一日，王貞治的婚禮，如期在東京代代木的明治神宮舉行。三日，這對新人開始了他們的蜜月旅行。臺灣方面，為他們五天的臺灣之遊，做好了充分的接待準備，棒球協會已在臺北圓山飯店為他預定好了新房。一百位本屆亞運選手們，將穿著整齊的新制服，在機場歡迎這對世界矚目的新婚儷人，接受球迷們的新婚祝福。到達臺北後，在圓山飯店略事休息，然後接受僑務委員會委員長高信等官員的歡宴，其後的活動安排如下：

三日下午六時，參加全國棒球委員會舉行的歡迎晚會和晚宴。

四日上午十點三十分，在臺北棒球場參觀中日棒球友誼賽，並接受棒球委員會贈送的紀念品，特別訂製的鐫有「天作之合」的銀盾一座，與球迷慶祝、聯歡。中午在圓山飯店保齡球館與體育界人士會餐；下午六時半，參加中日棒球隊聚餐。

五日上午九時半，拜會政府首長；中午十二時半，參加「中央三組」歡宴；下午兩時半，拜會中央黨部秘書長谷鳳翔；三時拜會國防部長蔣經國；四時拜會教育部長閻振興；四時半拜會全國棒球委員會；六時三十分，參加教育部舉行的歡宴，

六日上午九時半，拜會外交部長魏道明；十時十分，拜會臺銀董事長陳勉修（陳誠胞弟）；十時四十分，拜會浙江同鄉會；中午十二時半，臺北市浙江同鄉會及青田同鄉會歡宴；下午三時半，拜會行政院新聞局長魏景蒙；四時，拜會體協理事長楊森將軍；晚六時半，在圓山飯店懷德廳，與政府相關部門首長共宴。

七日上午，遊覽臺北市區，並購買土特產；下午四時十五分，乘日航班機離臺赴檀香山，繼續蜜月旅行。①

## 蔣介石夫婦接見

然而這一周密的接待計畫，卻被最高層的「突然」給打亂了。

①《中央日報》（臺北），一九六六年十二月五日，第三版。

四日下午四時一刻，王貞治與新娘子，由旅日僑領劉天祿陪同，在日月潭官邸，受到蔣介石夫婦的接見。「蔣總統首先祝賀我們新婚」，新娘子興奮地回答。的確，蔣介石夫婦提前接見這對新人，大大提高了臺灣各部門在此後的接待規格。

蔣氏夫婦對他們返國歡度蜜月，表示歡迎。在二十多分鐘的談話中，蔣介石殷殷問及王貞治的近況，瞭解棒球運動，並對他父親的愛國行為表示讚許。同時，還對他們的蜜月旅行，提出指導性建議，蔣介石說：本省的橫貫公路、高雄的出口加工區，都是很好的觀光項目，你們不妨在國內多停留幾天，更仔細的遊覽一番。王貞治夫婦欣喜的說，如果有可能的話，希望在國內長期住下去。蔣介石連說：好，好！

宋美齡熱情的握著恭子小姐的手，問長問短，讚美她的服裝，還拿出王仕福不久前，來臺參觀時的一些照片，給他倆欣賞。當獲知王貞治的婚禮是在十二月一日舉行的，就微笑著說：四十年前的十二月一日，就是我與蔣總統結婚的佳日，真是巧合呀。

小倆口立刻相對而視，爽朗的笑起來，又一同面向蔣夫婦，不約而同地說道：十分榮幸！宋美齡問新娘子是第一次來臺灣嗎？對臺灣的印象如何？新娘子回答：臺灣非常好，我第一次到這裡就喜歡上它了。我和貞治都希望能在這裡安居。夫人又問：喜歡吃中國菜嗎？恭子回答：很喜歡，在認識王


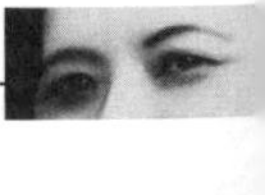

貞治不久，就常常吃中國菜。還說，為了適應中國習俗，在婚前還特別向為日本太子妃美智子做菜的野司廚師，學了半年中國烹飪，所以還勉強能做一、兩道中國菜。宋美齡聽了，撫著她的肩膀，誇獎說：恭子是個聰明、謙虛又懂事的孩子，我們祝你們幸福！蔣介石夫婦以茶點招待他們，臨別時，宋美齡拿出兩枚金質紀念章送給他們作紀念，並與他們合影留念。他們在日月潭一晚的住宿費用，都由蔣介石夫婦招待了。②

辭別蔣介石與宋美齡，王貞治與恭子在閻振興部長的陪同下，遊覽了教師會館、光華島、文武廟，以及「毛王爺」的住宅等。這位不會說中國話的球王，鍾情於臺灣的綺麗風光，他還換上山地服，拍攝許多蜜月照，以及珍貴的風景照片。

②《中央日報》（臺北），一九六六年十二月五日，第三版。

國家圖書館出版品預行編目(CIP)資料

蔣介石、宋美齡的禮物政治學 / 安淑萍, 王長生著.
-- 新北市 : 傳記文學, 2017.02

面； 公分

ISBN 978-957-8506-79-4 (平裝)

1.禮品 2.人際關係 3.政治行爲

538.36 106000739

# 蔣介石、宋美齡的禮物政治學

著　　者：安淑萍、王長生
出 版 者：傳記文學出版社股份有限公司
社　　長：成嘉玲
副 社 長：溫洽溢
責任編輯：林承慧
封面設計：許晉維
內頁美編：張文馨

地址：231-41 新北市新店區民權路115號8樓
電話：(02) 8667-5461
傳真：(02) 8667-5476
E-mail：nice.book@msa.hinet.net；biogra-phies@umail.hinet.net
郵政劃撥：00036910‧傳記文學出版社股份有限公司
登記證：局版臺業字第○七一九號

總經銷：聯合發行股份有限公司
地址：231-45 新北市新店區寶橋路235巷6弄6號2樓
電話：(02) 2917-8022
印刷：祥新印刷股份有限公司

定價：380元
出版日期：2017年02月


ISBN